财务软件应用——
用友 U8 V10.1

主　编　李举芝　宋红菊
副主编　郭金林　宗文娟
参　编　耿秀珍　孙永慧

北京理工大学出版社
BEIJING INSTITUTE OF TECHNOLOGY PRESS

版权专有　侵权必究

图书在版编目（CIP）数据

财务软件应用：用友 U8 V10.1/李举芝，宋红菊主编．—北京：北京理工大学出版社，2015.8（2021.9重印）

ISBN 978-7-5682-0969-4

Ⅰ.①财…　Ⅱ.①李…②宋…　Ⅲ.①财务软件－高等学校－教材　Ⅳ.①F232

中国版本图书馆 CIP 数据核字（2015）第 173626 号

出版发行 / 北京理工大学出版社有限责任公司	
社　　址 / 北京市海淀区中关村南大街 5 号	
邮　　编 / 100081	
电　　话 /（010）68914775（总编室）	
82562903（教材售后服务热线）	
68944723（其他图书服务热线）	
网　　址 / http：//www.bitpress.com.cn	
经　　销 / 全国各地新华书店	
印　　刷 / 北京虎彩文化传播有限公司	
开　　本 / 787 毫米×1092 毫米　1/16	
印　　张 / 21.25	责任编辑 / 王玲玲
字　　数 / 499 千字	文案编辑 / 王玲玲
版　　次 / 2015 年 8 月第 1 版　2021 年 9 月第 9 次印刷	责任校对 / 周瑞红
定　　价 / 49.90 元	责任印制 / 李志强

图书出现印装质量问题，请拨打售后服务热线，本社负责调换

前　言

本书以《企业会计准则》和现行《企业会计制度》为依据，以用友财务软件 U8V10.1 为蓝本，以培养会计电算化应用型人才为目标，以工作任务为中心组织课程内容。全书按照企业电算会计岗位的真实工作过程及其工作任务，将课程内容整合为会计信息系统认知与实施、系统管理、总账核算与管理、薪资核算与管理、固定资产核算与管理、购销存核算与管理、应收应付款核算与管理及会计报表计算与管理等 8 个项目，每个项目分解为若干个工作任务，每个工作任务都按照任务目标、任务导入、任务解析及知识链接进行设计，将华通机械厂一个会计期间的经济业务整理编写成财务业务一体化综合实训案例供学生使用，全面讲解用友 U8V10.1 财务软件的使用方法和技巧，并将学习该软件应掌握的技能点分布在每个工作任务中，使学生在工作任务的完成过程中提高职业能力，实现毕业与上岗的无缝对接。本书岗位明确、内容翔实、图文并茂，任务导向性强，具有先进性、实用性、应用性、可操作性等特点。

课程安排如下：

项目	项目名称	学时
1	会计信息系统认知与实施	5
2	系统管理	5
3	总账核算与管理	30
4	薪资核算与管理	15
5	固定资产核算与管理	10
6	购销存核算与管理	25
7	应收应付核算与管理	15
8	会计报表计算与管理	10
9	财务业务一体化综合实训	30
	合　　计	145

本书由李举芝、宋红菊任主编，郭金林、宗文娟任副主编，耿秀珍、孙永慧参与编写。项目一、二由郭金林老师编写，项目三由李举芝老师编写，项目四、

五由耿秀珍老师编写，项目六由宋红菊老师编写，项目七由宗文娟老师编写，项目八由孙永慧老师编写，最后由李举芝老师审阅并定稿。

由于编者水平所限，如有不妥之处，恳请批评指正。

编　者

目 录

项目一　会计信息系统认知与实施 ………………………………………… (1)
　　任务一　会计信息系统认知 ………………………………………………… (1)
　　任务二　用友 U8 V10.1 产品安装 ………………………………………… (14)

项目二　系统管理 …………………………………………………………… (20)
　　任务一　系统注册 …………………………………………………………… (21)
　　任务二　增加用户 …………………………………………………………… (21)
　　任务三　建立账套 …………………………………………………………… (23)
　　任务四　设置操作员权限 …………………………………………………… (31)

项目三　总账核算与管理 …………………………………………………… (34)
　　任务一　基础设置与总账初始 ……………………………………………… (35)
　　任务二　日常业务处理 ……………………………………………………… (58)
　　任务三　外币核算 …………………………………………………………… (69)
　　任务四　数量核算 …………………………………………………………… (76)
　　任务五　出纳管理 …………………………………………………………… (80)
　　任务六　期末处理 …………………………………………………………… (85)
　　任务七　账簿查询 …………………………………………………………… (93)

项目四　薪资核算与管理 …………………………………………………… (101)
　　任务一　薪资管理系统初始化 ……………………………………………… (102)
　　任务二　工资计算与所得税扣缴 …………………………………………… (118)
　　任务三　工资分摊 …………………………………………………………… (128)
　　任务四　工资报表查询 ……………………………………………………… (135)

项目五　固定资产核算与管理 (139)

- 任务一　固定资产初始化 (139)
- 任务二　日常业务处理 (153)
- 任务三　期末业务处理 (161)
- 任务四　账表管理 (165)

项目六　购销存核算与管理 (170)

- 任务一　购销存系统初始设置 (170)
- 任务二　购销存系统日常业务处理 (194)
- 任务三　购销存系统月末处理 (222)
- 任务四　购销存系统账表查询 (228)

项目七　应收应付款核算与管理 (234)

- 任务一　应收应付款初始设置 (234)
- 任务二　日常业务处理 (260)
- 任务三　账表管理及期末处理 (300)

项目八　会计报表计算与管理 (305)

- 任务一　报表设计 (305)
- 任务二　报表模板 (312)

财务业务一体化综合实训 (317)

项目一

会计信息系统认知与实施

当人类从工业社会进入信息社会,信息技术对人类的生活、学习和工作产生了巨大影响,同时对会计理论和实务也产生了强烈冲击,并推动着会计信息系统不断完善和发展。

项目目标

通过学习,使学生熟悉会计信息系统的基本概念及会计信息系统的发展、会计信息系统的总体结构、实施过程及会计信息系统管理,完成用友财务软件的安装与调试。

项目重点难点

1. 会计信息系统的总体结构、实施过程;
2. 财务软件的安装。

项目内容

任务一 会计信息系统认知

任务目标

通过学习,使学生熟悉会计信息系统的基本概念及会计信息系统的发展、会计信息系统的总体结构、实施过程及会计信息系统管理。

任务导入

1. 会计信息系统的基本概念;
2. 会计信息系统的发展;
3. 会计信息系统的总体结构;

4. 会计信息系统应用方案；
5. 会计信息系统的实施与管理。

任务解析

【子任务1】 会计信息系统的基本概念。

（一）会计信息

1. 数据和信息

数据是反映客观事物的性质、形态、结构和特征的符号，并能对客观事物的属性进行描述。数据可以是具体的数字、字符、文字或图形等形式。

信息是数据加工的结果，它可以用文字、数字、图形等形式，对客观事物的性质、形式、结构和特征等方面进行反映，帮助人们了解客观事物的本质。

数据和信息是密不可分的，如果将数据看作原料，信息就是通过信息系统加工数据得到的产品。信息必然是数据，但数据未必是信息，信息仅是数据的一个子集。

2. 会计数据和会计信息

会计数据是用于描述经济业务属性的数据。在会计工作中，从不同来源、渠道取得的各种原始资料、原始凭证、记账凭证等会计数据的载体上就有大量描述经营业务属性的数据，都称作会计数据。

会计信息是反映单位财务状况和经营成果的信息，它是对反映单位运作的数据，按照一定的要求或需要进行加工、计算、分类、汇总而形成有用的信息产品。

（二）会计信息系统

1. 系统

系统是由一些相互联系、相互作用的若干要素，为实现某一目标而组成的具有一定功能的有机整体。

系统具有以下特征：

（1）独立性。每个系统都是一个相对独立的部分。它与周围环境具有明确的界限。但又受到周围环境的制约和影响。

（2）整体性。系统各部分之间存在相互依存关系，既相对独立，又有机地联系在一起。

（3）目标性。系统的全部活动都是为了达到特定的目标。系统中各组成部分分工不同，活动目标却是共同的。

（4）层次性。一个系统由若干部分组成，称为子系统。每个子系统又可分成更小的子系统，因此系统是可分的，相互之间有机结合，具有结构上的层次性。

系统根据其自动化的程度，可以分为人工系统、自动系统和基于计算机的系统。

（1）人工系统。大部分工作都是人工完成的系统称作人工系统，如手工会计系统。

（2）自动系统。大部分工作都是由机器自动完成的系统称作自动系统，如室内恒温系统、数控机床系统等。

（3）基于计算机的系统。大部分工作是由计算机自动完成的系统称作基于计算机的系统，如机器人系统、计算机会计信息系统等。

2. 信息系统

信息系统是以信息为处理对象，进行信息的收集、传递、存储、加工，最终将处理结果向信息使用者传递的系统。

随着计算机技术和网络技术等信息技术的发展，信息系统出现了各种分支，目前主要有电子数据处理系统、管理信息系统、决策支持系统、专家系统、总裁信息系统、办公自动化系统、国际电子商贸系统等。

3. 会计信息系统

会计信息系统是单位管理信息系统中最重要的子系统之一，该系统能够从各个职能子系统中获取信息，动态反映单位的财务状况和经营成果，控制经营活动，为管理和决策提供信息。

会计信息系统除了具有一般系统的基本特点之外，由于会计工作的特殊性，还具有以下几个特点：

（1）数据来源广泛，数据量大；
（2）数据的结构和数据处理的流程较复杂；
（3）数据的真实性、可靠性要求高；
（4）数据处理的环节多，很多处理步骤具有周期性；
（5）数据的加工处理有严格的制度规定，并要求留有明确的审计线索；
（6）信息输出种类多、数量大、格式上有严格的要求；
（7）数据处理过程的安全、保密性有严格的要求。

【子任务2】 会计信息系统的发展。

管理水平的提高和科学技术的进步对会计理论、会计方法和会计数据处理技术提出了更高的要求，使会计信息系统由简单到复杂，由落后到先进，由手工到机械，由机械到计算机。会计信息系统的发展历程是不断发展不断完善的过程。从数据处理技术上看，会计信息系统的发展可分为三个阶段。

（一）手工会计信息系统阶段

手工会计信息系统是指财会人员以纸、笔、算盘等为工具，实现对会计数据的记录、计算、分类、汇总，并编制会计报表。这一阶段历史漫长，直至今天，仍有很多单位停留在手工阶段。

（二）机械会计信息系统阶段

19世纪末20世纪初，随着科学管理理论与实务的发展和应用，会计更加受到重视，出现了相应的改进，对会计数据处理提出了更高的要求，因而不得不用机械化核算代替手工操作。财会人员借助穿孔机、卡片分类机、机械式计算机、机械制表机等机械设备实现会计信息的记录、计算、分类、汇总和编制报表。这一阶段在计算机出现后很快结束，国外只有少数大型组织在会计中运用过机械装置，而我国几乎没有经历这一阶段。

（三）基于计算机的会计信息系统阶段

第二次世界大战后，资本主义社会竞争日益激烈，单靠垄断已难以维持资本家的高额利润，不得不转向加强管理来增加产量，提高质量，降低成本，提高竞争力。特别是日本、德国等战败国，政治和经济都处于劣势，其他无可依靠，只有加强内部管理。此时会计成了加强内部管理的重要手段，出现了重大变革，对会计数据处理提出了更高的要求，计算机的产生为会计数据处理带来了根本性的变革。采用计算机进行会计信息处理后，会计数据的主要处理过程全部由计算机系统自动完成，如数据检验、分类、记账、算账、编制会计报表等，并能准确、高效地完成任务。

计算机技术不是一成不变的，它随着时代的变迁而飞速发展，新的技术、新的观念、新的思想层出不穷，人们已经把"计算机"作为信息技术的代名词。只要以计算机为代表的信息技术有了新发展，这种技术立即就被应用于会计信息系统，同时又推动会计信息系统的发展和革命，推动会计人员观念的更新。因此，人们称计算机会计信息系统的产生是会计史上的第四次革命。基于计算机的会计信息系统的发展可以细分为以下几个阶段：

1. EDP（电子数据处理）阶段

本阶段也称为面向事务处理阶段，是会计信息系统的初级阶段。它所追求的目标是用计算机代替人工操作，提高处理效率。

2. 会计管理信息系统阶段

管理信息系统（简称 MIS）是为实现辅助管理功能而设计的一种信息系统。它是由 EDP 逐渐发展形成的。主要功能是在电子数据处理的基础上，依靠电子计算机存储的数据和建立的相应经济管理模型，迅速地为管理的规划、实时控制提供必要的参考信息。一般来说，管理信息系统是企业计算机会计信息系统的一个核心子系统。

3. 会计决策支持系统阶段

决策支持系统（简称 DSS），是以提高决策的效果为目标，面向决策者的一种信息系统，它是由 MIS 系统逐渐发展形成的。DSS 的关键组成部分是有一个以计算机为基础的、反映决策者面临的某些方面问题的模型库和对应的方法库。它们利用 MIS 系统数据库中的信息，以及大量外部的、往往是半结构化和非结构化的信息，可以使决策者模拟实际经营活动中可能出现的情况，在计算机上试验各种各样的处理方案，并且选择最优方案辅助决策。

计算机会计信息系统的工作方式不同于手工会计，具体表现在：

（1）数据处理方式：计算机会计信息系统的数据处理工具是电子计算机。在计算机会计系统中，所有会计数据以文件的形式组织和存放。其存放介质为硬盘等磁性介质。查看这些会计资料必须通过程序，将数据显示在显示器或通过打印机打印成文字资料。磁性介质记录的信息复制方便、查找迅速，但也有修改难以保留痕迹的问题。需要采取措施保留必要的修改痕迹。

计算机会计系统与手工系统一样，要从原始凭证中获取会计的原始数据。为了计算机自动处理的需要，计算机会计系统必须对会计原始数据进行规范化、标准化处理。所有的数据均由计算机集中进行处理，而原始数据又必须由人工输入计算机。由于存在人工操作，出现差错在所难免，一旦出现输入错误，将会导致一系列错误发生。因此，在计算机会计系统中必须加强对采集、输入数据的校验，以保证数据的正确性和可靠性。

（2）数据处理流程：在计算机会计系统中，日常会计数据的处理表现为：人工采集、进行标准化处理并输入计算机；由计算机集中、自动地进行处理；计算机根据使用者的需要自动输出各种会计信息。除输入过程外，数据的计算、处理的过程中几乎没有发生错误的可能性。分类账没有必要区分总分类账和明细分类账，从而调整和取消了由于手工操作限制而人为增加的诸多重复环节，使数据处理流程更加简捷、合理。

（3）人员构成和工作组织体制：计算机会计信息系统中，除了专业会计人员外，还需要计算机操作人员和维护人员共同进行工作，会计工作组织形式发生较大变化，通常按照数据的处理阶段分工组织。

(4) 系统的内部控制：在计算机会计系统中，原来手工系统内部控制制度的基本原则，例如必须有明确的职责分工及账、钱、物三分管等仍然是系统内部控制的基本原则。由于计算机会计系统控制的具体方式为组织管理控制与计算机程序控制相结合的方式，控制的要求更为严格，控制的内容更为广泛。

【子任务3】 会计信息系统的总体结构。

会计信息系统的总体结构是指一个完整的会计软件由哪几个子系统组成，每个子系统完成哪些功能，以及各子系统之间的相互关系等。

由于企业性质、行业特点以及会计核算和管理的需求的不同，会计信息系统所包含的内容不尽相同，其子系统的划分也不尽相同。财务业务一体化的会计信息系统的功能结构一般可以分成三个基本部分，分别是财务系统、购销存系统、管理分析系统，每部分由若干子系统所组成。

(一) 财务系统

财务系统主要包括总账子系统、薪资子系统、固定资产子系统、应收子系统、应付子系统、成本子系统、报表子系统、资金管理子系统等。

1. 总账子系统

总账子系统是以凭证为原始数据，通过凭证输入和处理，完成记账和结账、银行对账、账簿查询及打印输出，以及系统服务和数据管理等工作。近年来，随着用户对会计信息系统的需求不断提高和软件开发公司对总账子系统的不断完善，目前许多商品化总账子系统还增加了个人往来款核算和管理、部门核算和管理、项目核算和管理及现金银行管理等功能。

2. 薪资子系统

薪资子系统是以职工个人的原始工资数据为基础，完成职工工资的计算，工资费用的汇总和分配，个人所得税的计算，各种工资表的查询、统计和打印，以及自动编制工资费用分配转账凭证传递给总账系统等功能。薪资子系统实现对企业人力资源的部分管理。

3. 固定资产子系统

固定资产子系统主要是对设备进行管理，即存储和管理固定资产卡片，灵活地进行增加、删除、修改、查询、打印、统计与汇总；进行固定资产的变动核算，输入固定资产增减变动或项目内容变化的原始凭证后，自动登记固定资产明细账，更新固定资产卡片；完成计提折旧和分配，产生"折旧计提及分配明细表"、"固定资产综合指标统计表"等；费用分配转账凭证可自动转入总账系统，可灵活地查询、统计和打印各种账表。

4. 应收子系统

应收子系统完成对各种应收款项的登记、核销工作；动态反映各客户信息及应收账款信息；进行账龄分析和坏账估计；提供详细的客户和产品的统计分析，帮助财会人员有效地管理应收款。

5. 应付子系统

应付子系统完成对各种应付款项的登记、核销以及应付账款的分析预测工作；及时分析各种流动负债的数额及偿还流动负债所需的资金；提供详细的客户和产品的统计分析，帮助财会人员有效地管理应付款。

6. 成本子系统

成本子系统是根据成本核算的要求，通过用户对成本核算对象的定义、对成本核算方法的选择以及对各种费用分配方法的选择，自动对从其他系统传递的数据或用户手工录入的数据汇总计算，输出用户需要的成本核算结果或其他统计资料。

随着企业成本管理意识的增强，目前，很多商品化成本子系统还增加了成本分析和成本预测功能，以满足会计核算的事前预测、事中控制和事后分析的需要。成本分析功能可以对分批核算的产品进行追踪分析，计算部门的内部利润，与历史数据对比分析，分析计划成本与实际成本的差异。成本预测功能运用移动平均、年度平均增长率，对部门总成本和任意产量的产品成本进行预测，满足企业经营决策的需要。

7. 报表子系统

报表子系统主要根据会计核算数据（如账务处理子系统产生的总账及明细账等数据）完成各种会计报表的编制与汇总工作；生成各种内部报表、外部报表及汇总报表；根据报表数据生成各种分析表和分析图等。

随着网络技术的发展，报表子系统能够利用现代网络通信技术，为行业型、集团型用户解决远程报表的汇总、数据传输、检索查询和分析处理等功能，既可用于主管单位，又可用于基层单位，支持多级单位逐级上报、汇总的应用。

8. 资金管理子系统

随着市场经济的不断发展，资金管理越来越受到企业管理者的重视，为了满足资金管理的需求，目前有些商品化软件提供了资金管理子系统。资金管理子系统实现工业企业或商业企业、事业单位等对资金管理的需求。以银行提供的单据、企业内部单据、凭证等为依据，记录资金业务以及其他涉及资金管理方面的业务；处理对内、对外的收款、付款、转账等业务；提供逐笔计息管理功能，实现每笔资金的管理；提供积数计息管理功能，实现往来存贷资金的管理；提供各单据的动态查询情况以及各类统计分析报表。

（二）购销存系统

对工业企业而言，购销存系统包括采购子系统、存货子系统、销售子系统。对商业企业而言，有符合商业特点的商业进销存系统。

1. 采购子系统

采购子系统是根据企业采购业务管理和采购成本核算的实际需要，制订采购计划，对采购订单、采购到货以及入库状况进行全程管理，为采购部门和财务部门提供准确及时的信息，辅助管理决策。有很多商品化会计软件将采购子系统和应付子系统合并为一个子系统——采购与应付子系统，以更好地实现采购与应付业务的无缝连接。

2. 存货子系统

存货子系统主要针对企业存货的收、发、存业务进行核算，掌握存货的耗用情况，及时准确地把各类存货成本归集到各成本项目和成本对象上，为企业的成本核算提供基础数据；动态反映存货资金的增减变动，提供存货资金周转和占用的分析，为降低库存，减少资金积压，加速资金周转提供决策依据。

3. 销售子系统

销售子系统是以销售业务为主线，兼顾辅助业务管理，实现销售业务管理与核算一体化。销售子系统一般和存货中的产成品核算相联系，实现对销售收入、销售成本、销售费用、销售税金、销售利润的核算；生成产成品收发结存汇总表等表格；生成产品销售明细账等账簿；自动编制机制凭证供总账子系统使用。

有很多商品化会计软件将销售子系统和应收子系统合并为一个子系统——销售与应收子系统，以更好地实现销售与应收的无缝连接。

4. 商业进销存系统

商业进销存系统是以商品销售业务为主线，将商品采购业务、存货核算业务、销售业务有机地结合在一起，实现进销存核算和管理一体化的子系统。

（三）管理分析系统

管理分析系统一般包括财务分析、利润分析、流动资金管理、销售预测、财务计划、领导查询和决策支持等子系统。目前，在我国大多数会计信息系统软件中，有关管理分析部分都还显得不够完善，多数子系统还处于准备开发和正在开发的阶段。目前比较成熟的主要是财务分析、领导查询等子系统。

1. 财务分析子系统

财务分析子系统的功能是从会计数据库中提取数据，运用各种专门的分析方法对财务数据做进一步的加工，生成各种分析和评价企业财务状况和经营成果的信息；编制预算和计划，并考核预算计划的执行情况。

2. 领导查询子系统

领导查询子系统是企业管理人员科学、实用、有效地进行企业管理和决策的一个重要帮手。它可以从各子系统中提取数据，并将数据进一步加工、整理、分析和研究，按照领导的要求提取有用信息（如资金快报、现金流量表、费用分析表、计划执行情况报告、信息统计表、部门收支分析表等），并以最直观的表格和图形显示。在网络计算机会计信息系统中，领导还可以在自己办公室的计算机中及时、全面了解企业的财务状况和经营成果。

3. 决策支持子系统

决策支持子系统是利用现代计算机、通信技术和决策分析方法，通过建立数据库和决策模型，利用模型向企业的决策者提供及时、可靠的财务、业务等信息，帮助决策者对未来经营方向和目标进行量化分析和论证，从而对企业生产经营活动做出科学的决策。

以上讨论了会计信息系统的总体结构，即会计信息系统包括哪些子系统、各子系统的基本功能，以及它们之间的相互关系。然而，不同的单位由于其所处的行业不同，会计核算和管理需求不同，因此，其会计信息系统的总体结构和应用方案也不尽相同。在建立会计信息系统时，应该根据行业的特点和企业的规模，具体考虑其会计信息系统结构和应用方案。

【子任务4】 会计信息系统应用方案

（一）财务应用方案

财务应用方案适用于只希望使用会计信息系统解决企业会计核算与资金管理的企业。在这一方案中，系统构成为：总账、应收管理、应付管理、报表。其扩展子系统为：薪资管理、固定资产管理、资金管理和财务分析。

使用方案是：在总账及薪资管理、固定资产管理子系统中完成日常财务核算。在报表系统编制有关的财务报表。在固定资产管理子系统中进行固定资产的日常管理及折旧的计提。在资金管理子系统中进行企业内、外部存贷款的管理。在财务分析系统中制定各项支出、费用计划并进行相应的考核。

在这一方案中，对往来业务一般有两种基本的处理方法：对于往来业务不多，只需要进行简单的往来管理和核算的企业，可以使用总账系统提供的往来管理功能进行往来业务的处理；对于往来业务频繁，需要进行详细和严格的往来管理的企业，则可以使用应收、应付子系统与总账系统集成运行来解决往来管理和核算的需要。

（二）工业企业应用方案

工业企业解决方案可以全面解决企业会计核算、资金管理和购销存管理的问题。

在工业企业解决方案中，系统的标准构成为：财务解决方案中的各子系统及存货核算、库存管理、采购管理、销售管理、成本核算子系统。其扩展系统为采购计划子系统。

其使用方案是：财务处理过程与财务解决方案相同。在这一方案中，针对工业企业的特点，增加了处理购销存业务和成本核算的相关子系统，从而使财务系统与购销存业务处理系统集成运行。同时，为消除信息"孤岛"现象，及时传递有关信息对购销存业务的处理过程进行控制，从而强化企业管理提供了有利条件。

（三）商业企业应用方案

商业企业由于没有产品的生产过程，因此商业企业解决方案除了没有成本核算子系统外，系统构成和解决方案与工业企业解决方案基本相同。

（四）行政事业单位解决方案

行政事业单位会计核算与财务管理的核心是预算的制定和预算执行情况的统计分析。因此，这一方案中，总账、财务分析与报表子系统是其核心子系统。其扩展系统为薪资管理和固定资产管理子系统。

【子任务5】 会计信息系统的实施与管理

会计信息系统的建设是一个系统工程，是基层单位会计信息系统建设工作的具体实施过程。会计信息系统的建设除了配备计算机等硬件设备、操作系统、会计软件外，还需要进行组织规划、建立会计信息系统工作机构、完善计算机硬件、软件管理制度，进行人员培训等。

（一）会计信息系统的实施

1. 计划与组织

制订会计信息系统的组织是指适应电算化的需要，设置单位电算化的机构并调整原有会计部门的内部组织。会计信息系统的组织工作涉及单位内部的各个方面，需要人力、物力、财力等多项资源。因此，必须由单位领导或总会计师亲自抓这项工作，成立一个制订本单位会计信息系统发展规划和管理制度，组织会计信息系统的建立和本单位财务人员培训，并负责会计信息系统的投入运行的组织策划机构。

在会计信息系统的具体实施过程中，必须制订一个详细的实施计划，对在一定时期内要完成的工作有一个具体的安排。各单位的财会部门，是会计工作的主要承担者，负责制订本单位会计信息系统的具体实施计划和方案。在制订本单位会计信息系统的实施计划时，应从本单位的具体情况出发，按照循序渐进、分步实施的原则进行，有计划、有步骤地安排实施机构及人员的配置、计算机设备的购置、软件开发及购置以及其他相关费用的预算安排等，使单位能从整体上合理安排人力、物力和财力。

2. 配备计算机硬件和资源

（1）硬件资源。硬件资源是指会计信息系统进行会计数据输入、处理、存储、输出和传输的各种电子设备，主要包括主机、显示器、打印机、键盘等。配备计算机硬件是指会计电算化所需硬件系统的构成模式。目前主要有单机系统、多用户系统和计算机网络系统等模式。

单机系统是指整个系统中只配置一台计算机和相应的外部设备，所使用的计算机一般为微型计算机，同一时刻只能供一个用户使用。单机系统具有投资规模小、见效快的特点，适合会计电算化初期或核算简单、经济和技术力量比较薄弱的小型单位，但其可靠性比较差，不利于设备、数据共享。

会计业务量大、地理分布集中、资金雄厚且具有一定系统维护力量的大中型企、事业单位，可选用多用户系统。多用户系统配置一台主机和多个终端，数据可由各终端同时输入，主机对数据集中处理，可以很好地实现数据共享，提高系统效率且具有良好的安全性。

网络系统包括文件服务器（FS）网络结构、客户机/服务器（C/S）网络结构和浏览器/Web 服务器（B/S）网络体系。因为网络系统具有在网络范围内实现硬件、软件和数据的共享费用低、传输速度快、易维护、使用方便、可靠性高等优点，正被越来越多的实现电算化的单位采用。

（2）软件资源。软件资源是保证会计信息系统能够正常运行的核心和灵魂。软件资源又分为系统软件和会计软件。

系统软件主要包括：

① 操作系统，即对计算机资源进行管理的系统软件。采用单机系统的单位，可选用 Windows 操作系统，也可采用 DOS 操作系统；采用多用户系统的单位，可选用 UNIX 作为操作系统；采用计算机网络系统的单位，可选用 Novell 公司的 NetWare 操作系统。

② 数据库管理系统，即对数据进行管理的系统，如 Oracle 数据库管理系统等。

会计软件是专门用于会计核算和会计管理的软件，是会计信息系统的一个重要组成部分。借助于会计软件，可以运用计算机强大的运算、存储和逻辑判断功能对原始会计数据进行加工、存储处理，输出各种有用的会计信息资料。会计电算化工作也由此变成了会计数据的输入、处理、输出这样一个简单的过程，即输入会计数据，依托会计软件对会计数据进行处理，最后输出会计信息，从而可以基本上实现会计数据处理的自动化，并使得会计数据处理的精度和速度有了很大的提高。目前，会计软件非常多，国内会计软件有上百种，如用友公司、金蝶公司、安易公司、浪潮公司等都推出不同版本的会计软件，国外会计软件在中国的销售也非常多，如 Oracle 公司、JDE 公司、D&B 公司、SAP 公司等也推出了不同版本的会计软件。

3. 人员培训

会计信息系统人才问题是发展会计事业的关键因素。会计信息系统的建设不仅需要会计和计算机方面的专门人才，更需要既懂会计又懂计算机技术的复合型人才。培养会计电算化人才应分层次进行，可分为初级、中级、高级 3 个层次。

初级人才的培养：财会人员通过初级培训，应该掌握计算机和会计核算软件的基本操作技能，了解会计电算化工作的基本过程。

中级人才的培养：培养中级人才的目的，是通过学习掌握计算机和会计专业知识，能够使他们了解会计信息系统和企业管理信息系统的开发过程，对计算机系统环境进行一般维护，对会计核算信息简单地进行分析和利用。

高级人才的培养：可以通过在高等学校设置研究生课程，培养出掌握计算机专业、会计专业、会计信息系统和企业管理信息系统开发方法等多学科的知识的高级会计电算化人才和管理人才，能够进行会计软件的分析和设计。

4. 新旧系统转换

新旧系统转换包括数据转换和新旧系统并行。

（1）数据转换：整理手工会计业务数据，建立会计科目体系，统一证、账、表的格式，规定操作过程和核算方法。

（2）新旧系统并行：新旧系统并行是指系统转换过程中，新系统与旧系统同时进行会计业务处理的过程。主要任务：一是检验两种方式下核算结果一致性；二是检查新系统是否充分满足要求；三是完善各项信息化管理制度。并行期间还要适当安排好实施进度，定期检查，及时总结，如果实施效果不理想，应向软件公司或有关方面的专家咨询，修订实施方案。及时发现解决问题，缩短并行时间。并行起始时间应放在年初或季初等特殊会计时期，并行时间长度为三个月。并行阶段，通过两种方式下的数据对比，主要检查各种核算方法的正确性、检验会计科目体系的正确性和完整性、考查操作熟练程度、纠正业务处理流程错误。并行期间的会计档案应以手工方式下会计档案为主、计算机的会计档案为辅。如果计算机与手工核算结果不一致，要查明原因，纠正错误。在转换的最后阶段，应当逐步将工作重心转移到计算机核算上来，为彻底甩掉手工账做好准备。

（二）建立会计信息系统管理制度

为了对会计信息系统进行全面管理，保证会计信息系统安全、正常运行，在单位中应切实做好会计信息系统内部控制以及操作管理、会计档案管理等工作。

1. 建立内部控制制度

内部控制制度是为了保护财产的安全完整，保证会计及其他数据正确可靠，保证国家有关方针、政策、法令、制度和本单位制度、计划贯彻执行，提高经济效益，利用系统的内部分工而产生相互联系的关系，形成一系列具有控制职能的方法、措施、程序的一种管理制度。内部控制制度的基本作用是保护财产安全完整；提高数据的正确性、可靠性。贯彻执行方针、政策、法令、制度、计划，是审计工作的重要依据。

内部控制制度的基本目标是健全机构、明确分工、落实责任、严格操作规程，充分发挥内部控制作用。其具体目标如下：

合法性，保证处理的经济业务及有关数据符合有关规章制度。

合理性，保证处理的经济业务及有关数据有利于提高经济效益和工作效率。

适应性，适应管理需要、环境变化和例外业务。

安全性，保证财产和数据的安全，具有严格的操作权限、保密功能、恢复功能和防止非法操作功能。

正确性，保证输入、加工、输出数据正确无误。

及时性，保证数据处理及时，为管理提供信息。

单位开展会计信息系统建设工作应从人员培训、经费使用、工作规划等方面加强管理。

2. 建立岗位责任制

会计信息系统的建设应建立、健全会计工作岗位责任制，要明确每个工作岗位的职责范围，切实做到事事有人管，人人有专职，办事有要求，工作有检查。按照会计信息系统的特点，在实施会计信息系统建设过程中，各单位可以根据内部控制制度和本单位的工作需要，对会计岗位的划分进行调整和设立必要的工作岗位。

会计电算化后的工作岗位可分为基本会计岗位和电算化会计岗位。

基本会计岗位可分为：会计主管、出纳、会计核算、稽核、会计档案管理等工作岗位。各基本会计岗位与手工会计的各岗位相对应，基本会计岗位必须是持有会计证的会计人员，未取得会计证的人员不得从事会计工作。基本会计工作岗位可以一人一岗、一人多岗或一岗多人，但应当符合内部控制制度的要求。出纳人员不得兼管稽核、会计档案保管和收入、费用、债权债务账目的登记工作。基本会计岗位的会计人员还应当有计划地进行轮换。会计人员还必须实行回避制度。

电算化会计岗位是指直接管理、操作、维护计算机及会计软件系统的工作岗位，实行会计电算化的单位要根据计算机系统操作、维护、开发的特点，结合会计工作的要求，划分会计电算化会计岗位。大中型企业和使用大规模会计电算化系统的单位，电算化可设立以下岗位。

电算主管：负责协调计算机及会计软件系统的运行工作。要求具备会计和计算机应用知识以及有关的会计电算化组织管理的经验。电算化主管可由会计主管兼任，采用大中型计算机和计算机网络财务软件的单位，应设立此岗位。

软件操作：负责输入记账凭证和原始凭证等会计数据，输出记账凭证、会计账簿、报表和进行部分会计数据处理工作。要求具备会计软件操作知识，达到会计电算化初级知识培训的水平。各单位应鼓励基本会计岗位的会计人员兼任操作岗位的工作。

审核记账：负责对已输入计算机的会计数据（记账凭证和原始凭证等）进行审核，以保证记账凭证的真实性、准确性；操作会计软件登记机内账簿，对打印输出的账簿、报表进行确认。此岗位要求具备会计和计算机应用知识，达到会计电算化初级知识培训的水平，可由主管会计兼任。

电算维护：负责保证计算机硬件、软件的正常运行，管理机内会计数据。此岗位要求具备计算机应用知识和会计知识，经过会计电算化中级知识培训。采用大中型计算机和计算机网络会计软件的单位，应设立此岗位。此岗位在大中型企业中应由专职人员担任；维护员不应对实际会计数据进行操作。

电算审查：负责监督计算机及会计软件系统的运行，防止利用计算机进行舞弊。审查人员要求具备会计和计算机应用知识，达到会计电算化中级知识培训的水平。此岗位可由会计稽核人员或会计主管兼任。采用大中型计算机和大型会计软件的单位，可设立此岗位。

数据分析：负责对计算机内的会计数据进行分析。要求具备计算机应用和会计知识，达到会计电算化中级知识培训的水平。采用大中型计算机和计算机网络会计软件的单位，可设立此岗位。此岗位可由主管会计兼任。

档案管理：负责磁盘或光盘等数据、程序的保管，打印输出账表、凭证等各种会计档案资料的保管工作，做好数据及资料的安全保密工作。

软件开发：主要负责本单位会计软件的开发和软件维护工作。由本单位人员进行会计软件开发的单位，设立此软件开发岗位。

在实施会计信息系统过程中，各单位可根据内部牵制制度的要求和本单位的工作需要，参照上述电算化会计岗位进行内部调整和增设必要的工作岗位。基本会计岗位与电算化会计岗位，可在保证会计数据安全的前提下交叉设置，各岗位人员应保持相对的稳定。由本单位进行会计软件开发，还可增设软件开发岗位。小型企事业单位设立电算化岗位，应根据实际需要对上述岗位进行适当的合并。

3. 操作管理

电算化后，会计信息系统的正常、安全、有效运行的关键是操作使用。操作管理主要体现在建立与实施各项操作管理制度上。如果单位的操作管理制度不健全或实施不得力，都会给各种非法舞弊行为以可乘之机。如果操作不正确，会造成系统内的数据的破坏或丢失，影响系统的正常运行，也会造成录入数据的不正确，影响系统的运行效率，直至输出不正确的账表。因此，单位应建立健全操作管理制度并严格实施，以保证系统的正常、安全、有效地运行。

操作管理的任务是建立电子计算机会计系统的运行环境，按规定录入数据，执行各自模块的运行操作，输出各类信息，做好系统内有关数据的备份及故障时的恢复工作，确保计算机系统的安全、有效、正常运行。操作管理制度主要包括以下内容。

规定操作人员的使用权限。通常由会计主管或系统管理员为各类操作人员设置使用权限和操作密码，规定每一个人可以使用的功能模块和可以查询打印的资料范围，未经授权，不得随便使用。在授权时应注意，系统开发人员、维护人员不得担任操作工作；出纳人员不得单独担任除登记日记账以外的其他操作；对不同的操作人员规定不同的操作权限，对企业的重要会计数据要采取相应的保护措施；未经授权的人一律不得上机。

操作人员上机必须登记，包括姓名、上机时间、操作内容、故障情况和处理结果等。上机操作记录必须由专人保管。

操作人员必须严格按照会计业务流程进行操作。要预防已输入计算机的原始凭证和记账凭证未经审核而登记机内账簿；已输入的数据发生错误时，应根据不同情况进行留有痕迹的修改。

为确保会计数据和会计软件的安全保密，防止对数据和会计软件的非法修改和删除，操作人员应及时做好数据备份工作，对磁性介质存放的数据要保存双备份，以防发生意外。

为避免计算机病毒的侵入，操作人员不得使用外来硬盘，如必须使用，要先进行病毒检查，健全计算机硬件、软件出现故障时进行排除的管理措施，确保会计数据的安全性与完整性。

4. 维护管理

系统的维护包括硬件维护和软件维护两部分。软件维护主要包括正确性维护、适应性维护、完善性维护3种。正确性维护是指诊断和清除错误的过程；适应性维护是指当单位的会计工作发生变化时，为了适应会计工作的变化而进行的软件修改活动；完善性维护是指为了满足用户在功能或改进已有功能的需求而进行的软件修改活动。软件维护还可分为操作性维护与程序性维护两种。操作性维护主要是利用软件的各种自定义功能来修改软件，以适应其变化；程序性维护主要是指需要修改程序的各项维护工作。

维护是系统整个生命周期中最重要、最费时的工作，应贯穿于系统的整个生命周期，不断地重复进行，直至系统过时和报废为止。现有统计资料表明：在软件系统生命周期各部分的工作量中，软件维护的工作量一般占50%以上，因此，各单位应加强维护工作的管理，保证软件的故障及时排除，满足单位会计工作的需要。加强维护管理是系统安全、有效、正常运行的保证之一。

在硬件维护工作中,较大的维护工作一般是由销售厂家进行的,使用单位一般可不配备专职的硬件维护员。硬件维护员可由软件维护员担任,即通常所说的系统维护员。

对于自行开发软件的单位,一般应配备专职的系统维护员。系统维护员负责系统的硬件设备和软件的维护工作,及时排除故障,确保系统能正常运行,负责日常的各类代码、标准摘要、数据及源程序的正确性维护、适应性维护,有时还负责完善性的维护。

维护的管理工作主要是通过制定维护管理制度并组织实施来实现的。维护管理制度主要包括:系统维护的任务、维护工作的承担人员、软件维护的内容、硬件维护的内容、系统维护的操作权限、软件修改的手续。

5. 机房管理

保证计算机机房设备的安全和正常运行是进行会计电算化的前提条件。因此,设立机房有两个目的:一是给计算机设备创造一个良好的运行环境,保护计算机设备;二是防止各种非法人员进入机房,保护机房内的设备、机内的程序与数据的安全。以上是通过制定与贯彻执行机房管理制度来实施的。因此,机房管理的主要内容包括机房人员的资格审查,机房内的各种环境、设备要求,机房中禁止的活动和行为,设备和材料进出机房的管理要求等。

6. 档案管理

会计档案管理主要是建立和执行会计档案立卷、归档、保管、调阅、销毁等管理制度。电算化后,大量的会计数据存储在磁盘中,而且还增加了各种程序、软件等资料。各种账表也与原来的有所不同,主要是打印账表。这些都给原有的档案管理工作提出了新的要求,需要加强会计档案的管理。这里的档案主要是指打印输出的各种账簿、报表、凭证;存储会计数据和程序的磁盘及其他存储介质;系统开发运行中编制的各种文档以及其他会计资料。档案管理的任务是负责系统内各类文档资料的存档、安全保管和保密工作。有效的档案管理是存档数据安全、完整与保密的有效保证。档案管理一般也是通过制定与实施档案管理制度来实现的。档案管理制度一般包括以下内容。

存档的手续:主要是指各种审批手续,如打印输出的账表必须有会计主管、系统管理员的签章才能存档保管。

各种安全保证措施:如备份磁盘应贴上写保护标签,存放在安全、洁净、防热、防潮的场所。

档案使用的各种审批手续:调用源程序应由有关人员审批,并应记录调用人员的姓名、调用内容、归还日期等。

各类文档的保存期限及销毁手续:打印输出账簿应按《会计档案管理办法》的规定保管期限进行保管。

档案的保密规定:对任何伪造、非法涂改、更改、故意毁坏数据文件、账册、硬盘等的行为都将进行相应的处理。

7. 病毒预防

计算机病毒是危害计算机信息系统的一种新手段,其传播泛滥的客观效果是危害或破坏计算机资源,轻则中断或干扰信息系统的工作,重则破坏机内数据造成系统重大甚至是无可挽回的损失。因此,在会计信息系统的运行过程中,必须对计算机病毒问题给予充分的重视。

病毒感染的具体表现主要有：侵害计算机的引导区或破坏文件分区表，使系统无法启动或调用文件；系统无法调用某些外部设备，如打印机、显示器等，但这些设备本身并无故障；系统内存没有原因的减少，软件运行速度减慢甚至死机；在特定的日期，当前运行的文件突然被删除；用户储存在硬盘上的文件被无故全部删除；正在运行的计算机突然无故重新启动；突然格式化特定的磁道、扇区甚至整个磁盘；屏幕突然出现弹跳的小球、字符、某些特定的图形等。除以上表现外，一般来说，只要正在工作的计算机发生突然的非正常运行，通常都应首先怀疑是计算机病毒在起作用。

根据病毒的特点和侵害过程，防范计算机病毒的主要措施主要有以下几种。
① 建立网络防火墙以抵御外来病毒或"黑客"对网络系统的非法侵入。
② 使用防病毒软件经常对计算机系统进行检查，以防止病毒对计算机系统的破坏。
③ 不断改进数据备份技术并严格执行备份制度，从而将病毒可能造成的损失降低到最小的程度。

目前出现了一些可以对受到破坏的数据进行抢救的软件，这些软件甚至可以在对硬盘进行格式化后，恢复硬盘中原来保存的数据。有条件的单位应根据需要置备这些软件，以便在必要时抢救机内数据。

信息系统存在风险毋庸置疑，会计信息系统也不例外。风险的发生将导致系统运行出现故障，系统资源受到破坏。面对这种风险，我们必须做到能够预测风险、发现风险和控制风险，把风险带来的损失降到最低点。

任务二　用友 U8V10.1 产品安装

任务目标

通过学习，使学生完成用友财务软件的安装。

任务导入

1. 用友 U8V10.1 产品安装准备；
2. 用友 U8V10.1 产品安装。

任务解析

【子任务1】 用友 U8V10.1 产品安装准备

安装 U8V10.1 全产品的软件要求如下：

1. 操作系统

Windows 2000 Professional ＋ SP4（或更高版本）＋ KB835732 – x86

Windows 2000 Server ＋ SP4（或更高版本）＋ KB835732 – x86

Windows XP ＋ SP2（或更高版本）

Windows 2003 ＋ SP2（或更高版本）

Windows Vista ＋ SP1（或更高版本）

Windows 2008

2. 数据库

Microsoft SQL Server 2000 + SP4（或更高版本）

Microsoft SQL Server 2005 + SP2（或更高版本）

Microsoft SQL Server 2008

3. 浏览器

Internet Explorer 6.0 + SP1 及更高版本

4. 信息服务器

IIS 5.0 及更高版本。

5. .NET 运行环境

.NET Framework 2.0 Service Pack 1

【子任务2】 用友 U8V10.1 产品安装。

安装步骤：

① 确保计算机上所安装的操作系统满足上面的要求（一般用 Windows XP + SP2 或 SP3，可通过"系统属性"查看是否满足要求）。

② 安装 IIS（Internet 信息服务），可通过"控制面板"→"添加/删除程序"→"Windows 组件"，添加 IIS 组件来安装。安装过程中需要用到 Windows XP 安装盘。

③ 安装 Microsoft SQL Server，一般安装 SQL Server 2000 + SP4 即可，如图 1 - 1 ~ 图 1 - 9 所示。相应的补丁程序可通过网上免费下载。

SQL Server 2000（个人版）安装过程设置如下：

如果用户之前安装过 SQL Server，再次安装时，可能会出现"从前的安装程序操作使安装程序操作挂起，需要重新启动计算机"提示，可选择"开始"→"运行"，在"运行"对话框中输入"regedit"，打开注册表，找到如下目录：HKEY_ LOCAL_ MACHINE \ SYSTEM \ CurrentControlSet \ Control \ SessionManager，删除 PendingFileRenameOperations 项，就可以正常安装了。

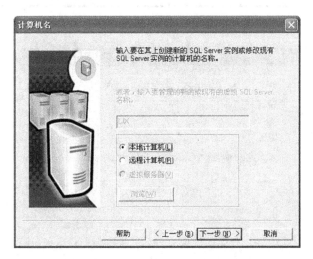

图 1 - 1

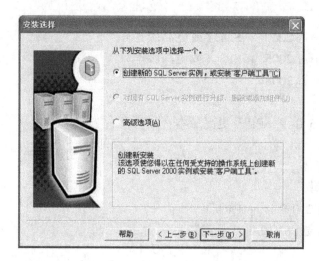

图 1-2

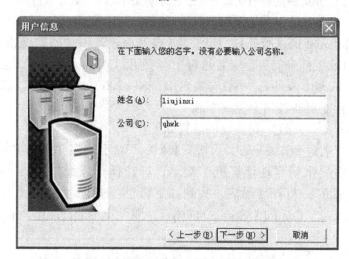

图 1-3

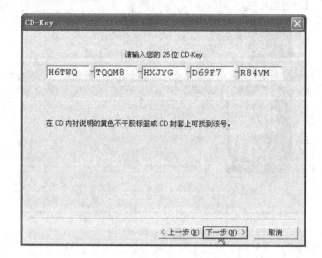

图 1-4

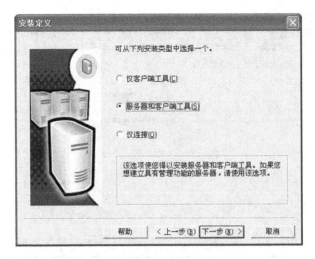

图 1−5

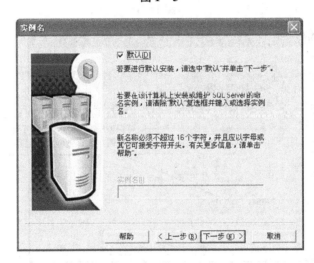

图 1−6

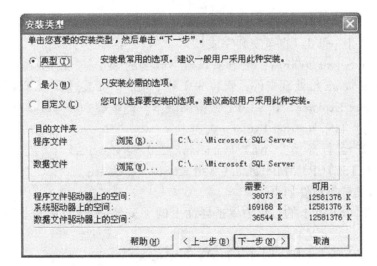

图 1−7

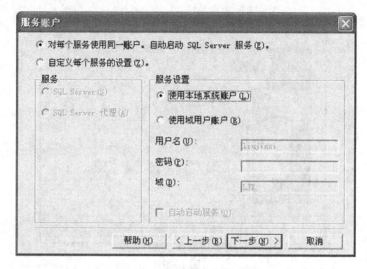

图 1-8

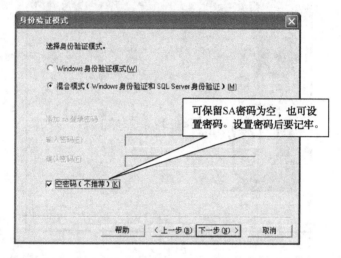

图 1-9

接下来选择"下一步",直至安装完成。

安装完成 SQL Server 2000 后,接下来双击下载到的 SP4 补丁,将其解压缩,然后双击解压缩文件夹中的 setup 批处理文件,安装 SP4 补丁程序。安装过程中可保留 SA 密码为空。

④ 安装 Internet Explorer 6.0 + SP1 或更高版本。此步骤一般可以省略,Windows XP + SP2(或更高版本)自带 Internet Explorer 6.0。

⑤ 安装 .NET 运行环境:.NET Framework 2.0 Service Pack 1。安装文件位于光盘:U8V10.1 \ U8V10.1SETUP \ 3rdProgram \ NetFx20SP1_ x86.exe。

⑥ 需要安装的缺省组件如下:

可在安装用友 U8V10.1 的过程中单击界面上的"安装缺省组件"进行安装,或到以下目录自行安装:

光盘 \ 用友 U8V10.1 \ U8V10.1SETUP \ 3rdProgram \ iewebcontrols.msi

上述步骤完成后,接下来就可以安装用友 ERP - U8V10.1 系统了。

① 双击光盘 \ 用友 U8V10.1 \ U8V10.1SETUP \ setup.exe 文件(标志为一个 U8 图标),

运行安装程序。

② 根据提示单击"下一步"按钮进行操作，直至出现下面的界面。若将 SQL Server 数据库和用友 U8V10.1 安装到一台计算机上（也是大家通常选择的安装模式），可选择"标准"安装类型，或"全产品"安装类型。标准安装模式为除 GSP、专家财务评估之外的"全产品"安装。

③ 单击"下一步"按钮，接下来进行系统环境检测，看系统配置是否已经满足所需条件，并出现如图 1-10 所示界面。

图 1-10

图 1-10 中所示为所需环境已经满足。若有未满足的条件，则安装不能向下进行，并在图中给出未满足的项目，此时可单击未满足的项目链接，系统会自动定位到组件所在位置，让用户手动安装。

④ 接下来单击"安装"按钮，即可进行安装了。（此安装过程较长，请耐心等待）
⑤ 安装完成后，单击"完成"按钮，重新启动计算机。

项目二

系统管理

用友 U8V10.1 软件产品是由多个产品组成的,各个产品之间相互联系,数据共享,完整实现财务、业务一体化的管理。其为企业的资金流、物流、信息流的统一管理及实时反映提供了有效的方法、工具。对于多个产品的操作,系统需要对账套的建立、修改、删除和备份,操作员的建立、角色的划分和权限的分配等功能,需要一个平台来进行集中管理,系统管理模块的功能就是提供这样一个操作平台。其优点就是,企业的信息化管理人员可以进行方便的管理,及时的监控,随时可以掌握企业的信息系统状态。系统管理的使用对象为企业的信息管理人员(即系统管理软件中的操作员 admin)或账套主管。

系统管理模块主要能够实现如下功能:

① 对账套的统一管理,包括建立、修改、引入和输出(恢复备份和备份)。

② 对操作员及其功能权限实行统一管理,设立统一的安全机制,包括用户、角色和权限设置。

③ 允许设置自动备份计划,系统根据这些设置定期进行自动备份处理,实现账套的自动备份。

④ 对年度账的管理,包括建立、引入、输出年度账,结转上年数据,清空年度数据。

项目目标

通过学习,使学生能完成核算单位账套的建立、修改和用户注册、权限设置的工作任务。

项目重点难点

1. 账套建立、注册用户、权限设置及账套输出、引入;
2. 账套维护、权限设置。

项目内容

任务一　系统注册

任务目标

通过学习，使学生能完成系统注册。

任务导入

系统注册与注销。

任务解析

由于在第一次运行该软件时还没有建立核算单位的账套，所以，在建立账套前，应由系统管理员 admin 进行系统注册，admin 首次注册的口令为空。

任务二　增加用户

任务目标

通过学习，使学生能完成核算单位用户注册与修改的工作任务。

任务导入

1. 增加用户；
2. 修改用户。

任务解析

【子任务1】　增加用户。

(1) 账套主管——张东（编号：201，口令：001），负责会计软件运行环境的建立，以及各项初始设置工作；负责会计软件的日常运行管理工作，监督并保证系统的有效、安全、正常运行；审核业务兼负责财务分析、决策支持和行业报表管理。负责供应链、财务链管理工作。

(2) 会计岗位——梁慧（编号：202，口令：002）负责总账、应收应付、存货核算及会计报表计算工作。

(3) 出纳岗位——李云（编号：203，口令：003），负责现金、银行存款核算、薪资及固定资产核算与管理工作。

(4) 库管岗位——程林（编号：301，口令：004），负责库存管理工作。

(5) 采购岗位——张明亮（编号：601，口令：005），负责采购业务的核算工作。
(6) 销售岗位——董维（编号：701，口令：006），负责销售业务的核算工作。
操作步骤如下：

第一步，在"系统管理"界面，选择"权限"菜单中的"用户"，单击进入"用户管理"功能界面，如图 2 - 1 所示。

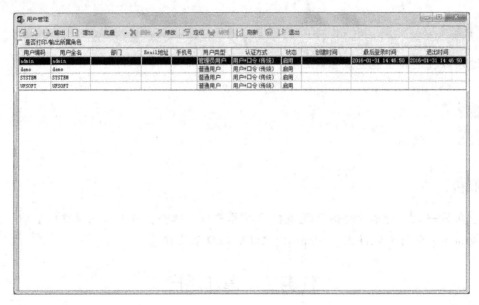

图 2 - 1

第二步，在用户管理界面，单击"增加"按钮，显示"增加用户"界面。录入编号、姓名、口令、所属部门、E - mail 地址、手机号等内容，如图 2 - 2 所示。然后单击"增加"按钮，保存新增用户信息。

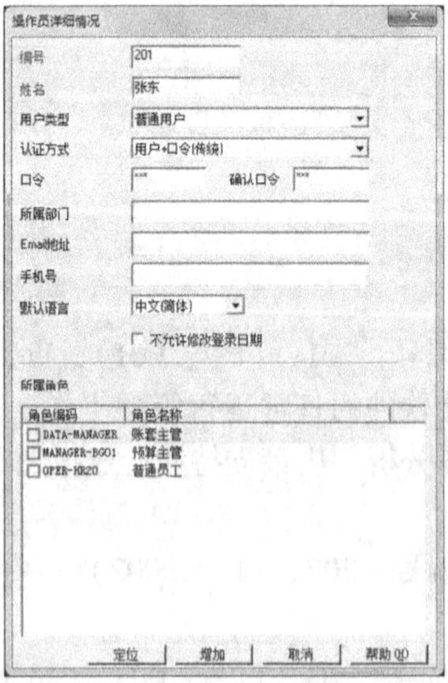

图 2 - 2

【子任务 2】 修改用户信息。

第一步，选中要修改的用户信息，单击"修改"按钮，可进入修改状态，但已启用的用户只能修改口令、所属部门、E-mail 地址、手机号和所属部门信息。此时系统会在"姓名"后出现"注销当前用户"的按钮，如图 2-3 所示，如果需要暂时停止使用该用户，则单击此按钮。此按钮会变为"启用当前用户"，可以单击继续启用该用户。

图 2-3

第二步，选中要删除的用户，单击"删除"按钮，可删除该用户。但已启用的用户不能删除。

第三步，对于"刷新"功能的应用，是在增加了用户之后，在用户列表中看不到该用户。此时单击"刷新"，可以进行页面的更新。

任务三　建立账套

任务目标

通过学习，使学生能完成核算单位账套的建立、修改、引入和输出。

任务导入

1. 账套的建立；
2. 账套修改、引入、输出。

任务解析

【子任务 1】 建立华通机械厂账套。

账套号：008；账套名称：华通机械厂；简称：华通机械；启用日期：2016 年 01 月 01 日。

地址：济南市天桥区堤口路6号；法定代表人：许一君；联系电话及传真：82667146。纳税人登记号：562367007156809；开户银行：工行济南分行天桥办事处；账号：23098902（人民币户）。本币名称：人民币（代码：RMB）；行业性质：2007年新会计制度科目（建账时按行业性质预留会计科目）。进行经济业务处理时，无外币核算，需要对存货、客户、供应商进行分类。会计科目编码级次：42221；客户分类编码级次：22；供应商分类编码级次：22；存货分类编码级次：1222；部门编码级次：122；结算方式编码级次：12；收发分类编码级次：12。存货数量、存货单价、开票单价、件数及换算率、税率的小数均为2。

操作步骤如下：

第一步，在"系统管理"窗口中选择"账套"菜单中的"建立"命令，选择"新建空白账套"，单击"下一步"，进入图2-4所示窗口，输入账套号、账套名称、启用会计期。

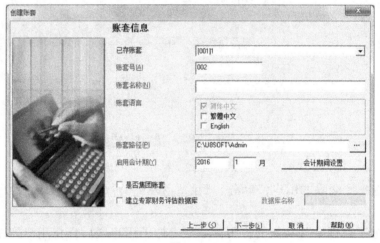

图2-4

第二步，单击"下一步"，进入"单位信息"窗口，如图2-5所示。依次输入单位相关信息。

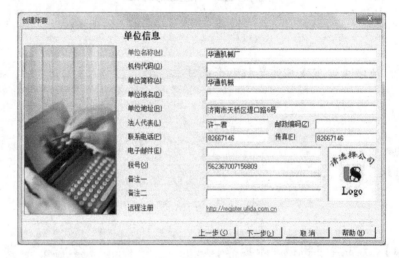

图2-5

第三步,单击"下一步",根据企业要求选择本位币、企业类型、行业性质等,如图 2-6所示。如果用户希望采用系统预置所属行业的标准一级科目,则在"按行业性质预置科目"选项前打钩;如果不选,则由用户自己设置会计科目。

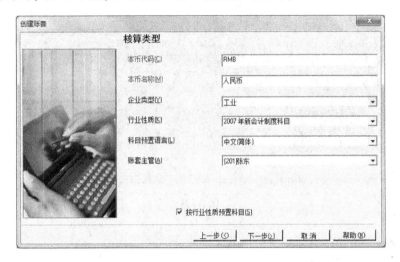

图 2-6

第四步,单击"下一步",确定分类信息。如果企业的存货、客户、供应商比较多,管理起来比较复杂,可以对它们进行分类核算。依据华通机械厂的管理需求,选择"存货是否分类"、"客户是否分类"、"供应商是否分类",如图 2-7 所示。

图 2-7

第五步,单击"下一步",如图 2-8 所示。

第六步,单击"完成",然后单击"是",系统便根据前面用户的要求开始创建账套了,创建后期会要求用户确定编码方案和数据精度。

编码是代表事物名称、属性、状态等的符号,在会计信息系统中,需要对各种数据进行编码设计。编码是人和计算机共同的语言,是人机交换信息的工具。使用编码便于数据的存储和检索,提高系统数据处理的效率和精度。进行编码设计时,必须遵循简单性、规范性、

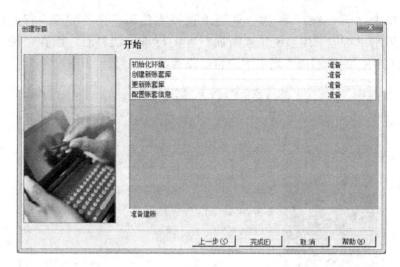

图 2-8

可扩展性等原则。

数据精度是指定义数据的小数位数。

第七步，根据华通机械厂的要求，确定编码方案，如图 2-9 所示。

第八步，单击"确定"，然后单击"取消"，显示"数据精度"窗口，根据要求修改数据精度，如图 2-10 所示。

图 2-9

图 2-10

第九步，单击"确定"，如图 2-11 所示。

用户可以现在进行系统启用设置，或以后从"企业应用平台—基础信息"进入"系统启用"功能。选择"是"进入系统启用设置界面，选择"否"，账套建立完成，以后进入"企业应用平台—基础信息—基本信息"进行设置。本例选择"否"，以后再行启用。

【子任务2】 补充华通机械厂单位邮政编码为250031。操作步骤如下。

第一步，用户以账套主管的身份注册系统管理，如图 2-12 所示。

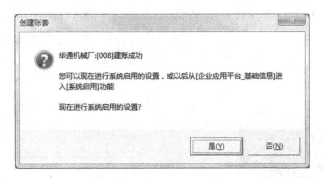

图 2–11

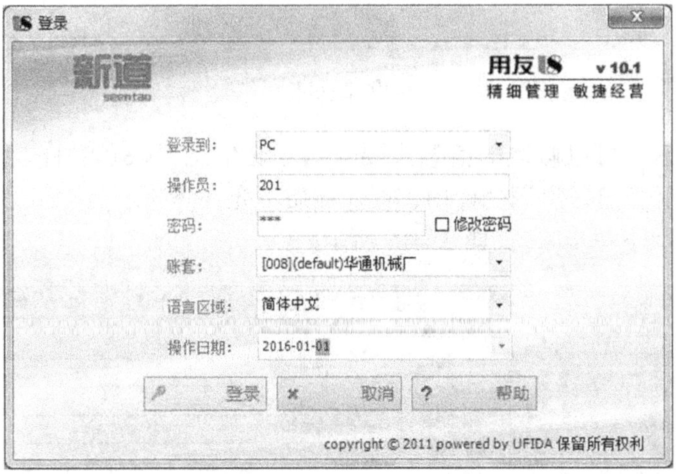

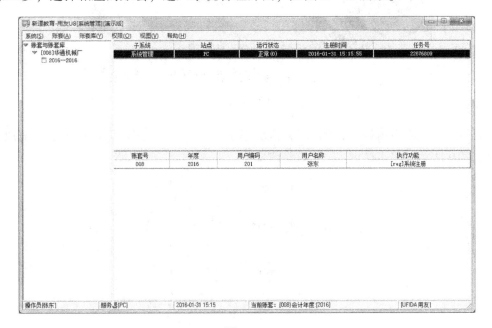

图 2–12

第二步,选择相应的账套,进入系统管理界面,如图 2–13 所示。

图 2–13

第三步，选择"账套"菜单中的"修改"，则进入修改账套的功能，如图 2-14 所示。

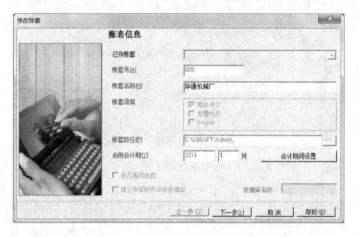

图 2-14

系统注册进入后，可以修改的信息主要有：账套信息；账套名称；单位信息；所有信息；基础信息；分类信息。启用会计期、行业性质不允许修改。

第四步，单击"下一步"，如图 2-15 所示。

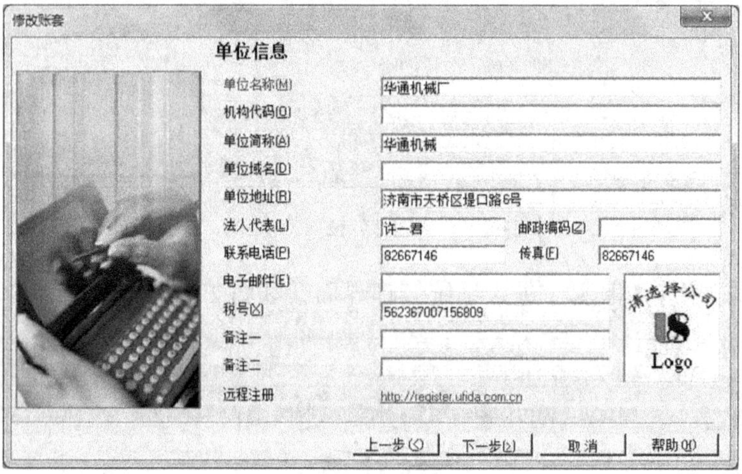

图 2-15

第五步，输入邮政编码"250031"，依次单击"下一步"，修改完成后单击"完成"，最后如图 2-16 所示。单击"是"，完成修改。

图 2-16

【子任务3】 将008账套数据备份到D盘"华通机械厂"文件夹中,操作步骤如下。

第一步,以系统管理员身份注册,然后单击"账套"菜单下的"输出"功能,在"账套号"处选择需要输出的账套,如图2-17所示。

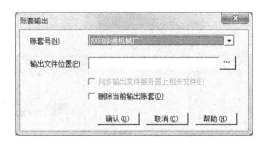

图 2-17

第二步,单击"确认"进行输出。如果将"删除当前输出账套"同时选中,在输出完成后,系统会确认是否将数据源从当前系统中删除。

在系统进行输出时,要选择账套备份路径,如图2-18所示。

第三步,单击"确定"完成输出。系统提示输出是否成功的标识,如图2-19所示。

图 2-18

图 2-19

【子任务4】 将D盘华通机械厂文件夹中的008账套数据恢复到硬盘中。操作步骤如下。

第一步,系统管理员用户在系统管理界面单击"账套"下的"引入",如图2-20所示,选中文件UfErpAct.Lst。

第二步,单击"确定",如图2-21所示。

第三步,单击"确定",选择账套存放路径,如图2-22所示。

第四步,单击"确定",单击"是",账套引入成功,如图2-23所示。

图 2-20 图 2-21

图 2-22 图 2-23

> **知识链接**
>
> 　　账套是指一组相互关联的账务数据，一般来说，可以为企业中每一个独立核算的单位建立一个账套，系统最多可建 999 套账。
> 　　账套输出功能是指将所选的账套数据进行备份输出。对于企业系统管理员来讲，定时地将企业数据备份出来存储到不同的介质上（如常见的硬盘、光盘、网络磁盘等），对数据的安全性是非常重要的。如果企业由于不可预知的原因（如地震、火灾、计算机病毒、人为的误操作等），需要对数据进行恢复，此时备份数据就可以将企业的损失降到最小。当然，对于异地管理的公司，此种方法还可以解决审计和数据汇总的问题。各个企业应根据实际情况对其加以应用。
> 　　账套输出除了完成账套备份，还具有删除账套的功能。此功能是根据客户的要求，将所希望的账套从系统中删除。此功能可以一次将该账套下的所有数据彻底删除。

账套引入功能是指将系统外某账套数据引入本系统中。该功能的增加将有利于集团公司的操作,子公司的账套数据可以定期被引入母公司系统中,以便进行有关账套数据的分析和合并工作。

注意:只有系统管理员(admin)有权限进行账套输出及引入。

任务四 设置操作员权限

任务目标

通过学习,使学生能完成核算单位操作员权限的设置。

任务导入

操作员权限的查看与设置。

任务解析

【子任务1】 查看"张东"是否为008账套的主管。操作步骤如下。

第一步,以系统管理员身份注册登录,然后单击"权限"菜单下的"权限",选中账套008,然后选中用户201,可以看到"账套主管"复选框为选中状态,如图2-24所示。

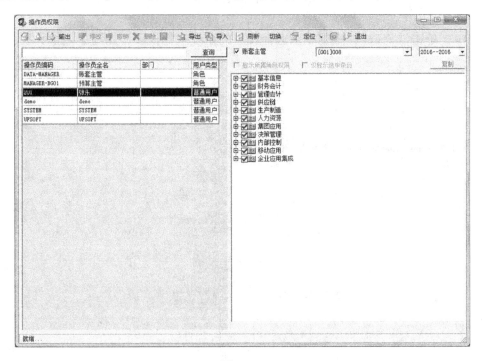

图2-24

【子任务2】 根据华通机械厂的要求,指定梁慧(202)为008账套的会计,操作步骤如下：

第一步，以系统管理员身份注册登录，然后单击"权限"菜单下的"权限"，选中账套008，然后选中用户202，如图2-25所示。

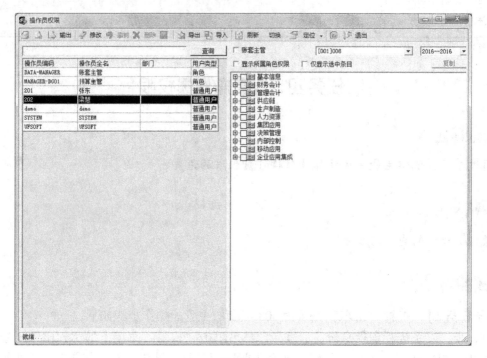

图2-25

第二步，单击"修改"，根据要求选择相应的系统操作权限，如图2-26所示。

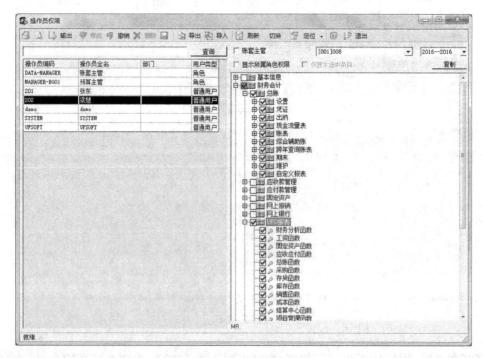

图2-26

第三步，单击"保存"，该用户即拥有所选中系统的操作权限。依次分配其他用户的操作权限。

> **知识链接**
>
> 　　为了保证权责清晰和企业经营数据的安全与保密性，企业需要对系统中所有的操作人员进行分工，设置各自相应的操作权限。
>
> 　　系统管理员和账套主管都有权分配权限，但系统管理员可以指定某套账的账套主管，还可以对所有账套的操作员分配权限，而账套主管只能对其所管辖账套的操作员分配权限。
>
> 　　账套主管拥有其所在账套的所有权限，一般来说，账套主管负责其所在账套的维护工作。主要包括对所选账套进行修改、对年度账进行管理、分配其所管辖账套操作员的权限等。
>
> 　　系统提供22个子系统的功能权限的分配，企业可以根据需要对系统用户进行权限分配。

项目三

总账核算与管理

总账系统是会计信息系统的一个子系统,是会计信息系统实施的基础和关键,是整个电算化会计信息系统的核心。其他各子系统的数据必须传输到总账系统,同时还要把总账系统中的某些数据传输给其他子系统以供使用。

许多单位的会计电算化工作往往都是从总账系统开始的。如果企业业务简单、数据量较少,可以只使用总账系统的基本功能,完成填制凭证、审核、记账、查询、结账等功能。如果企业业务比较复杂,可以使用总账系统提供的各种辅助功能进行管理,如单位往来、个人往来、部门核算、项目核算等。

项目目标

通过学习,学生能够操作财务软件完成基础档案设置、会计科目设置、凭证类别定义、期初余额录入、凭证填制、审核、记账、银行对账及期末处理等任务,熟悉辅助管理、常用摘要及凭证模板的定义。

项目重点难点

1. 基础档案设置;
2. 会计科目设置;
3. 期初余额录入;
4. 填制凭证;
5. 审核凭证、记账;
6. 月末业务处理;
7. 出纳管理;
8. 账簿查询、打印。

项目内容

任务一 基础设置与总账初始

任务目标

通过学习，学生能够操作财务软件完成系统启用、基础档案设置、会计科目设置、凭证类别定义、期初余额录入等工作任务。

任务导入

1. 完成华通机械厂的总账启用；
2. 完成部门档案、职员档案、客户及供应商分类、客户及供应商档案设置；
3. 完成会计科目设置；
4. 完成凭证类别定义；
5. 定义结算方式、开户银行定义；
6. 完成期初余额录入。

任务解析

【子任务1】 2016年1月1日，华通机械厂账套主管张东（密码001）注册企业应用平台，启用总账系统，启用日期为2016年1月1日。操作步骤如下：

第一步，单击"开始"→"程序"→"用友U8V10.1"→"企业应用平台"，如图3-1所示。

图3-1

第二步，输入操作员编号201、口令001，选择"［008］华通机械厂"账套，单击"登录"，进入"新道教育—UFIDA U8"对话框，如图3-2所示。

第三步，在"新道教育—UFIDA U8"对话框中，单击"基础设置"，如图3-3所示。

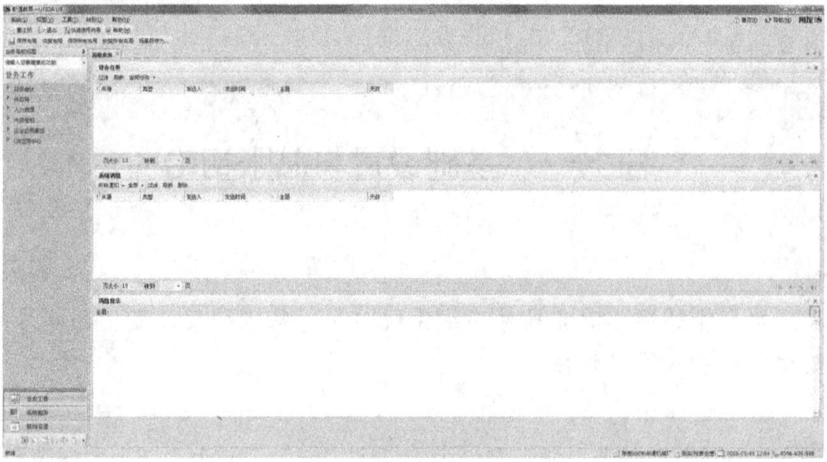

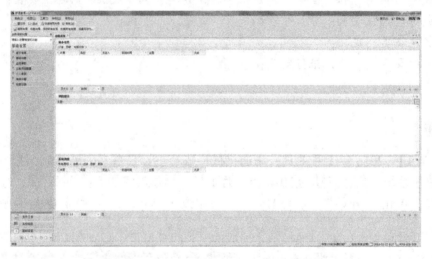

图 3-2

图 3-3

第四步,单击"基本信息"后,双击"系统启用",进入"系统启用"对话框,如图 3-4所示。

图 3-4

第五步,在"系统启用"对话框中,单击选中"总账"复选框,弹出"日历"对话框,选择"2016-01-01",如图3-5所示。单击"确定",系统提示"确实要启用当前系统吗?",单击"是"。

图3-5

第六步,其他系统启用的操作步骤同"总账"。

系统启用是指设定在用友U8V10.1应用系统中各个子系统开始使用的日期。只有启用后的系统才可以登录。系统启用的方法有两种:

(1)在系统管理创建账套时启用系统。

当用户完成一个新账套的创建后,系统弹出一个信息对话框,可以选择立即进行系统启用的设置。

(2)在企业应用平台中启用系统。

如果在建立账套时未启用系统,也可以在"企业应用平台"中进行启用设置。

编码方案主要用于设置编码级次和各级编码长度,可分级设置的内容有:科目编码、客户分类编码、供应商分类编码、存货分类编码、部门编码、地区分类编码、结算方式编码和收发类别编码。编码级次和各级编码长度的设置将决定用户如何编制基础档案的编号,进而构成用户分级核算、统计和管理的基础。设置方法参照项目二。

【子任务2】 008账套的部门档案见表3-1。

表3-1

编号	名称	部门属性	负责人	电话	地址
1	厂办	管理	许一君	100	厂内
2	财务科	财务	张东	201	厂内
3	总务科	库房	程林	301	厂内
4	金装车间	基本生产	王洪	401	厂内
5	机修车间	辅助生产	马鸣	501	厂内
6	供应科	供应	张明亮	601	厂内
7	销售科	销售	董维	701	厂内

建立部门档案的操作步骤如下：

第一步，在"新道教育—UFIDA U8"对话框中，单击"基础设置"→"基础档案"→"机构人员"，双击"部门档案"，打开"部门档案"窗口。

第二步，在"部门档案"窗口中，单击"增加"，输入部门编码"1"，部门名称"厂办"，部门属性"管理"，电话"100"，地址"厂内"，如图3-6所示。

图 3-6

第三步，单击"保存"。

第四步，按照第二、三步依次完成其他部门的设置，如图3-7所示。

图 3-7

提示：负责人可在人员档案录入后输入。

在会计核算中，需要按照部门进行分类和汇总，下级部门自动向上级部门汇总。部门档案主要用于设置企业各个职能部门的信息。提示：

（1）部门编码必须符合编码方案，必须唯一；部门编码、部门名称必须录入，负责人、部门属性、电话、地址、备注可以为空。

（2）如果要设负责人，必须在设置人员档案后回到部门档案窗口使用"修改"功能进行设置。

（3）部门档案资料一旦使用，不能修改、删除。

【子任务3】 008账套的人员档案见表3-2。

表3-2

职员编号	职员名称	所属部门	职员属性	人员类别	性别
101	许一君	厂办	负责人	企业管理人员	男
102	林华	厂办	厂办秘书	企业管理人员	男
201	张东	财务科	会计主管	企业管理人员	男
202	梁慧	财务科	会计	企业管理人员	女
203	李云	财务科	出纳	企业管理人员	女
301	程林	总务科	保管员	企业管理人员	男
401	王洪	金装车间	车间主任	车间管理人员	男
402	周俊	金装车间	工人	基本生产人员	男
403	于立鑫	金装车间	工人	基本生产人员	男
404	钟立峰	金装车间	工人	基本生产人员	男
405	朱廷	金装车间	工人	基本生产人员	男
406	陈涛	金装车间	工人	基本生产人员	男
407	王力	金装车间	工人（合同工）	生产工人	男
408	孙海	金装车间	工人（合同工）	生产工人	男
501	马鸣	机修车间	工人	辅助生产人员	男
601	张明亮	供应科	采购员	企业管理人员	男
701	董维	销售科	销售员	销售人员	男

首先，设置人员类别，步骤如下：

第一步，在"基础档案—机构人员"下，双击"人员类别"，进入"人员类别"对话框，如图3-8所示。

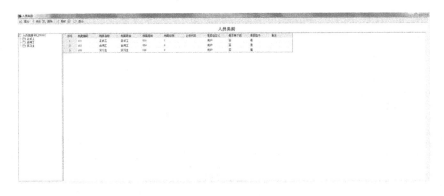

图3-8

第二步,在"人员类别"对话框中,选择左侧"正式工",单击"增加",出现如图3-9所示窗口。

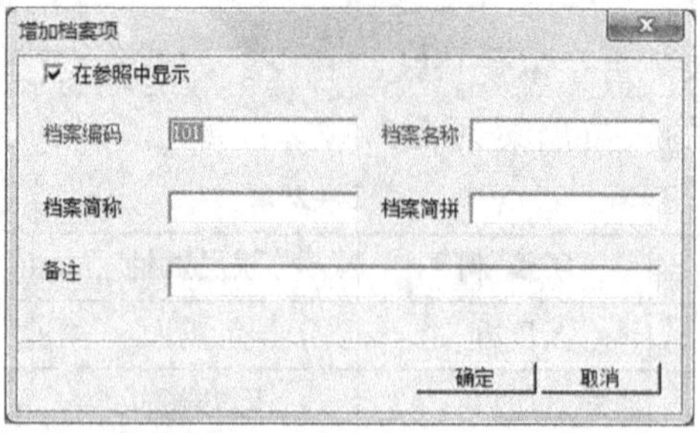

图 3-9

第三步,输入档案编码"1011",档案名称"企业管理人员"如图3-10所示。

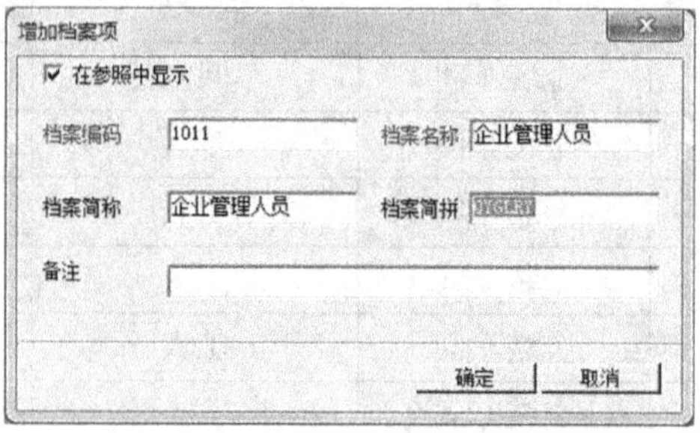

图 3-10

第四步,单击"保存",使用同样操作依次完成车间管理人员、基本生产人员、辅助生产人员、销售人员类别的设置,如图3-11所示。

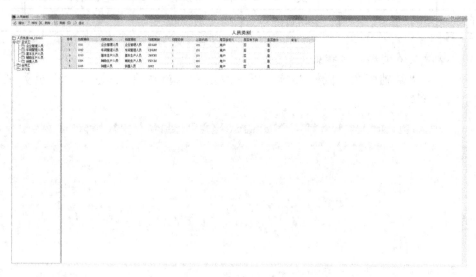

图 3-11

第五步,在"人员类别"对话框中选择"合同工",完成"生产工人"类别设置。

然后，建立人员档案，操作步骤如下：

第一步，在"基础档案—机构人员"下，双击"人员档案"，进入"人员档案"对话框，选择左侧"1 厂办"，单击"增加"，如图 3-12 所示。

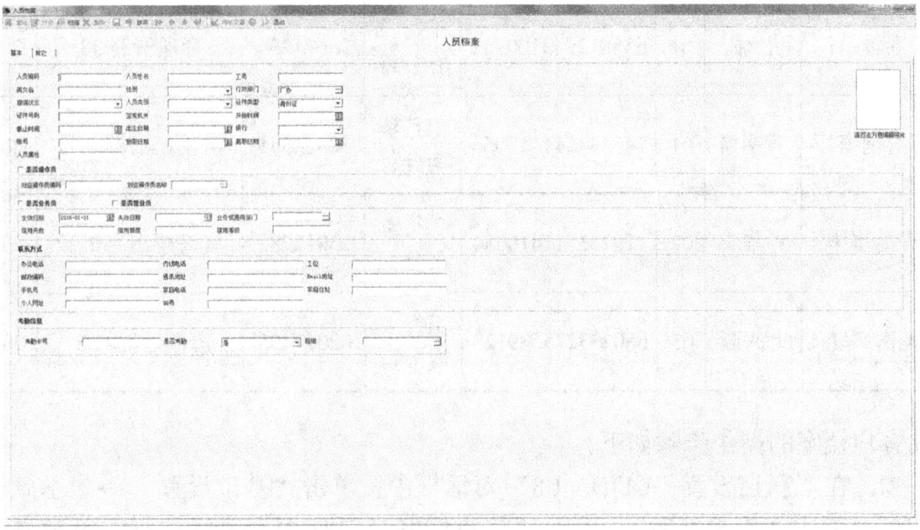

图 3-12

第二步，输入人员编码"101"，人员姓名"许一君"，选择"性别"、"人员类别""雇佣状态"，单击"保存"。

第三步，使用同样操作依次完成其他人员档案的设置。

提示：供应科"张明亮"、销售科"董维"设为"业务员"。

人员档案主要用于设置企业各部门中需要进行核算和业务管理的人员信息，必须先设置好部门档案、人员类别后才能设置相应的人员档案。人员档案资料一经使用，不能修改、删除。

【子任务 4】 将 008 账套客户划分为工业、商业和其他。

操作步骤如下：

第一步，在"新道教育—UFIDA U8"对话框中，单击"基础设置"→"基础档案"→"客商信息"，双击"客户分类"，进入"客户分类"对话框。单击"增加"，输入类别编码"01"，类别名称"工业"，单击"保存"。

第二步，使用同样操作依次完成其他客户类别的设置。

第三步，供应商分类操作同客户分类。

注意：

（1）客户及供应商分类编码必须唯一，且符合编码方案。

（2）企业可从自身管理出发对客户及供应商进行分类，以便于业务数据的统计与分析。如果要对客户及供应商进行分类，必须在建账时选择客户及供应商分类。

【子任务 5】 008 账套的客户档案见表 3-3。

表 3-3

客户编号	客户名称	客户简称	分类	税务登记号	开户行	账号	地址	发展日期
001	长春轴承厂	长轴	01	658812943100782	工行长春分行	23671234	长春通安路38号	2013.08.26
002	济南钢窗厂	济钢窗	01	745233511415054	工行济南分行	30312345	济南解放路5号	2013.12.02
003	青岛华丰	青华丰	02	110233511410054	工行青岛分行	23012782	青岛中山路1号	2012.02.06
004	上海兴隆	上兴隆	03	680233225689123	工行上海分行	02017495	上海闸北路008号	2014.05.18

建立客户档案的操作步骤如下：

第一步，在"新道教育—UFIDA U8"对话框中，单击"基础设置"→"基础档案"→"客商信息"，双击"客户档案"，进入"客户档案"对话框，选择左侧末级客户分类"01-工业"，单击"增加"，如图3-13所示。

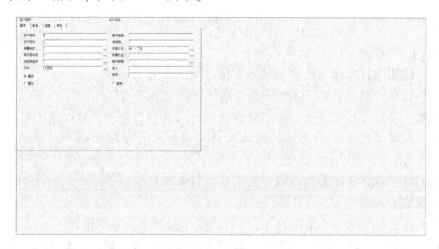

图 3-13

第二步，打开"基本"选项卡，输入客户编号"001"，客户名称"长春轴承厂"，客户简称"长轴"，税号658812943100782，如图3-14所示。

第三步，打开"联系"选项卡，输入地址。

第四步，打开"其他"选项卡，输入发展日期"2013-08-26"，单击"保存"。

第五步，单击"银行"按钮，单击"增加"，选择"所属银行"，输入"开户银行、银行账号"，选择默认值"是"，保存、退出，单击"保存并增加"。

同样方法完成其他客户档案的设置。

注意：企业如需要进行往来管理，必须将客户及供应商的详细信息录入系统中。

(1) 客户编码、简称及所属分类必须输入，其他可以为空。

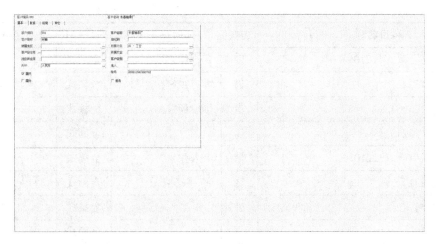

图 3-14

（2）客户编码必须唯一，可以是数字或字符，最多不超过 20 位数字或字符，一经保存，不能修改。

【子任务 6】 008 账套的供应商档案见表 3-4。

表 3-4

编号	名称	简称	分类	税务登记号	开户银行	账号	地址
001	郑州铸造厂	郑铸	01	338225533419040	工行郑州分行	88790123	郑州北京路 12 号
002	天津东华木器厂	东华	01	345812943100782	建行天津分行	36066134	天津平安路 26 号
003	北京顺达公司	顺达	02	008933511415054	工行唐山分行	03011245	北京通会路 116 号
004	成都文强公司	文强	02	300934567891098	工行成都分行	67234062	成都劲松路 18 号
005	金华电机厂	金华	01	026235696332352	建行上海分行	09823452	上海长江路 109 号

建立供应商档案的操作参考客户档案设置。

注意：每一个账套都由若干个子系统组成，基础档案是每个子系统共享的，可以在"基础档案"中设置，也可以在各个子系统分别设置。

【子任务 7】 增加"其他货币资金—银行汇票"会计科目。

会计科目及期初数据见表 3-5。

表 3-5

科目名称	方向	辅助账类型	账页格式	期初余额
库存现金（1001）	借	日记账	金额式	4 332.8
银行存款（1002）	借		金额式	751 480
工行存款（100201）	借	银行账、日记账	金额式	751 480
其他货币资金（1012）	借		金额式	50 000
银行汇票（101201）	借		金额式	50 000
应收票据（1121）	借		金额式	210 600

续表

科目名称	方向	辅助账类型	账页格式	期初余额
银行承兑汇票（112101）	借	客户往来	金额式	210 600
应收账款（1122）	借	客户往来	金额式	351 000
预付账款（1123）	借	供应商往来	金额式	20 000
其他应收款（1221）	借		金额式	4 400
应收职工借款（122101）	借	个人往来	金额式	4 400
坏账准备（1231）	贷		金额式	702
原材料（1403）	借		金额式	1 025 312
库存商品（1405）	借		金额式	152 500
周转材料（1411）	借		金额式	1 200
固定资产（1601）	借		金额式	4 333 000
累计折旧（1602）	贷		金额式	1 390 179
固定资产清理（1606）	借		金额式	
无形资产（1701）	借		金额式	
短期借款（2001）	贷		金额式	100 000
应付票据（2201）	贷		金额式	40 950
商业承兑汇票（220101）	贷	供应商往来	金额式	40 950
应付账款（2202）	贷		金额式	275 740
应付货款（220201）	贷	供应商往来	金额式	259 740
应付暂估款（220202）	贷		金额式	16 000
应付职工薪酬（2211）	贷		金额式	
工资　（221101）			金额式	
工会经费（221102）			金额式	
职工教育经费（221103）			金额式	
养老保险费（221104）			金额式	
单位（22110401）			金额式	
应交税费（2221）	贷		金额式	125 234.8
应交增值税（222101）	贷		金额式	
进项税额（22210101）	贷		金额式	
销项税额（22210102）	贷		金额式	
未交增值税（222102）	贷		金额式	79 658
应交企业所得税（222103）	贷		金额式	37 415
应交个人所得税（222104）	贷		金额式	196

续表

科目名称	方向	辅助账类型	账页格式	期初余额
应交城建税（222105）	贷		金额式	5 576.06
应交教育费附加（222106）	贷		金额式	2 389.74
其他应付款（2241）	贷		金额式	28 748
长期借款（2501）	贷		金额式	500 000
本金（250101）	贷		金额式	500 000
利息（250102）	贷		金额式	
实收资本（4001）	贷		金额式	3 888 900
资本公积（4002）	贷		金额式	358 609.21
盈余公积（4101）	贷		金额式	87 245.89
法定盈余公积（410101）	贷		金额式	87 245.89
本年利润（4103）	贷		金额式	
利润分配（4104）	贷		金额式	107 515.9
提取盈余公积（410401）	贷		金额式	
应付利润（410402）	贷		金额式	
未分配利润（410403）	贷		金额式	107 515.9
生产成本（5001）	借		金额式	
基本生产成本（500101）	借		金额式	
金装车间（50010101）	借		金额式	
钻床（5001010101）	借		金额式	
直接材料（50010101011）	借		金额式	
直接人工（50010101012）	借		金额式	
制造费用（50010101013）	借		金额式	
辅助生产成本（500102）	借		金额式	
工资（50010201）	借		金额式	
工会经费（50010202）	借		金额式	
职工教育经费（50010203）	借		金额式	
养老保险费（50010204）	借		金额式	
折旧费（50010205）	借		金额式	
制造费用（5101）	借		金额式	
工资（510101）	借		金额式	
工会经费（510102）	借		金额式	
职工教育经费（510103）	借		金额式	

续表

科目名称	方向	辅助账类型	账页格式	期初余额
养老保险费（510104）	借		金额式	
折旧费（510105）	借		金额式	
其他（510106）	借		金额式	
主营业务收入（6001）	贷		金额式	
主营业务成本（6401）	借		金额式	
销售费用（6601）				
工资（660101）	借		金额式	
工会经费（660102）	借		金额式	
职工教育经费（660103）	借		金额式	
养老保险费（660104）	借		金额式	
管理费用（6602）				
工资（660201）	借		金额式	
工会经费（660202）	借		金额式	
职工教育经费（660203）	借		金额式	
养老保险费（660204）	借		金额式	
折旧费（660205）	借		金额式	
其他（660206）	借		金额式	
财务费用（6603）			金额式	
利息支出（660301）	借		金额式	

操作步骤如下：

第一步，在"新道教育—UFIDA U8"对话框中，单击"基础设置"→"基础档案"→"财务"，双击"会计科目"，进入"会计科目"对话框，如图3-15所示。

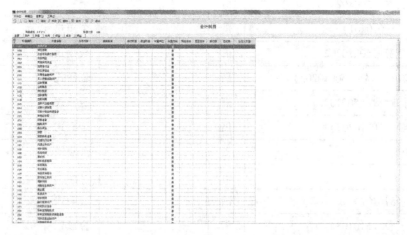

图3-15

第二步,单击"增加",进入"新增会计科目"对话框,输入科目编码"101201",科目中文名称"银行汇票"(其他项目默认系统设置),单击"确定"。

第三步,用同样方法完成其他会计科目的增加。

增加会计科目即在预置科目的基础上增加二级、三级、四级、五级等明细科目,或对已经设置完成的会计科目进行查询、修改、删除等操作。

【子任务8】 将销售费用(6601)下的二级科目复制到管理费用(6602)科目。

第一步,单击"编辑"菜单下的"成批复制",如图3-16所示。

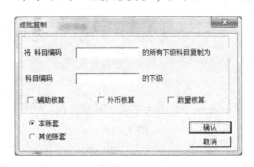

图 3-16

第二步,输入源科目"6601"、目标科目"6602",单击"确认",4个科目复制完成,如图3-17所示。

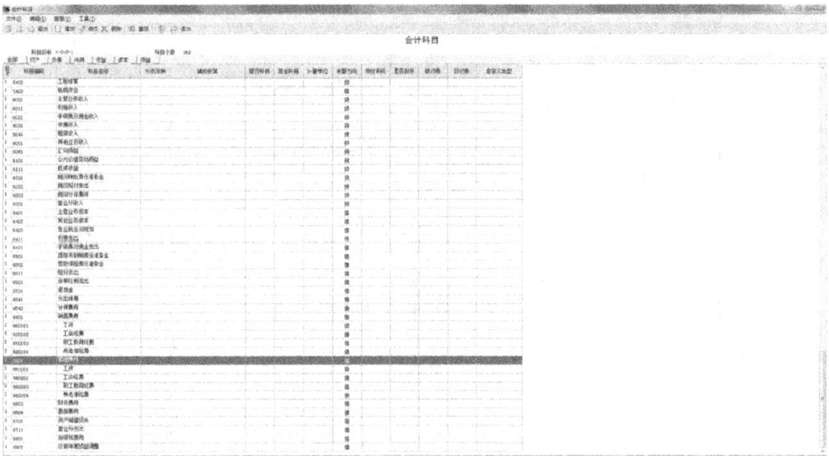

图 3-17

为了加快会计科目的设置速度,可以使用"编辑"菜单下的"复制"(单个)功能,复制后稍做修改即可完成科目增加;也可使用"成批复制"功能,对相同或相近的多个科目进行复制。

【子任务9】 东华厂有3个基本生产车间(铸造、加工、装配车间),生产2种产品(车床、铣床),将生产成本下的直接材料、直接人工、制造费用设置项目核算,操作步骤如下:

第一步,进入"新增会计科目"对话框,输入科目编码"500101",科目中文名称"直接材料",选择"项目核算"(其他项目默认系统设置),单击"确定",如图3-18所示。

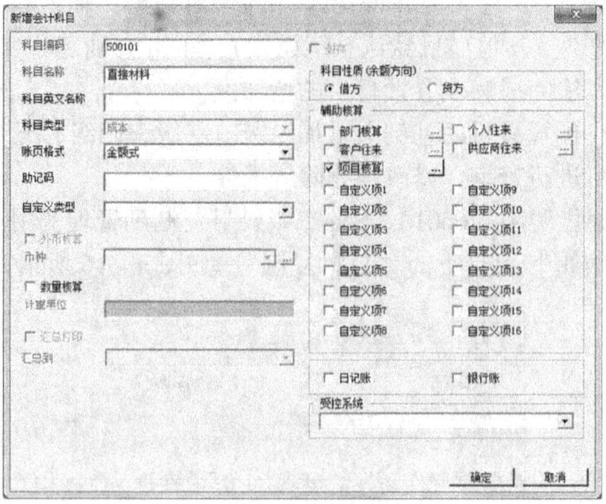

图 3-18

第二步，用同样方法完成"直接人工、制造费用"会计科目的增加。

第三步，在"新道教育—UFIDA U8"对话框中，单击"基础设置"→"基础档案"→"财务"，双击"项目目录"，进入"项目档案"对话框，如图 3-19 所示。

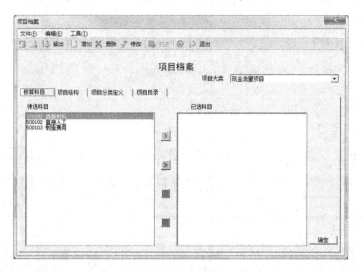

图 3-19

第四步，单击"增加"，输入项目大类"基本生产成本"，单击"下一步"，定义项目级次（默认），单击"下一步"，单击"完成"。选择项目大类"基本生产成本"，单击"〉〉"，选择待选科目，如图 3-20 所示，单击"确定"。

第五步，单击"项目分类定义"，单击"增加"，输入分类编码"1"、分类名称"铸造车间"，依次输入"2"、"加工车间"及"3"、"装配车间"，如图 3-21 所示。

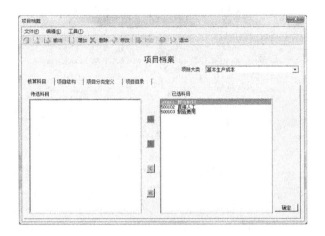

图 3-20

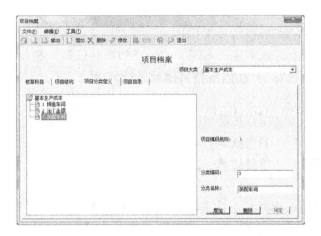

图 3-21

第六步,单击"项目目录"按钮,单击"维护",单击"增加",输入项目编号"1"、项目名称"车床",选择所属分类码"1",如图 3-22 所示。

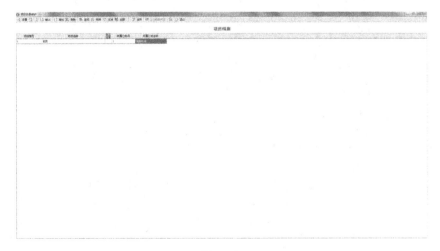

图 3-22

第七步,依次输入其他项目编号、项目名称,如图3-23所示。

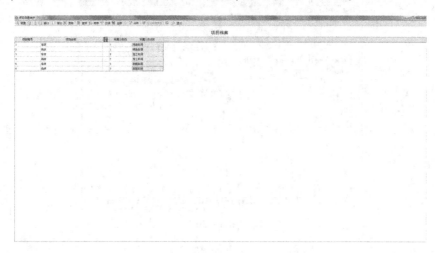

图3-23

如果企业有2个以上的基本生产车间,或生产的产品较多,在会计科目设置时可以将生产成本科目设置"项目核算",按以下科目体系进行设置:

5001　　生产成本
500101　直接材料　　(项目核算)
500102　直接人工　　(项目核算)
500103　制造费用　　(项目核算)

提示:
(1)会计科目的增加要遵循先建上级后建下级的原则。
(2)科目编码必须符合编码方案,且不能重复。

【子任务10】 将应收账款科目修改为"客户往来"辅助核算的会计科目。

第一步,在"会计科目"窗口,将光标移动到"应收账款"科目所在行,单击"修改"按钮,进入"会计科目_修改"对话框,如图3-24所示。

图3-24

第二步，单击"修改"按钮，选中"客户往来"复选框，受控系统显示"应收系统"，单击"确定"，如图 3-25 所示。

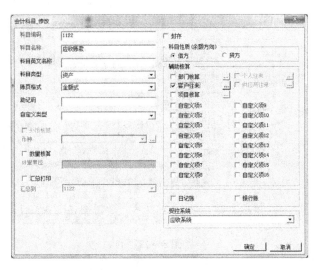

图 3-25

第三步，用同样方法完成其他会计科目的修改。

在会计科目未使用之前，对已经设置的科目名称、余额方向及辅助项目等进行修改。

提示：

（1）没有会计科目设置权限的用户不能修改会计科目，只能查询、浏览。

（2）非末级会计科目及已使用过的末级会计科目不能修改科目编码。

（3）已经录入期初余额的会计科目不能修改，可以将该科目及下级科目余额删除后再修改。

【子任务 11】 指定"1001 库存现金"为现金总账科目，"1002 银行存款"为银行总账科目。操作步骤如下：

第一步，在"会计科目"窗口，单击"编辑"菜单的"指定科目"，进入"指定科目"对话框，如图 3-26 所示。

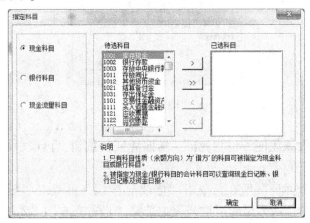

图 3-26

第二步，选择"现金科目"，在"待选科目"中选择"1001 库存现金"，单击" > "按钮，系统将其列入"已选科目"中，如图 3-27 所示。

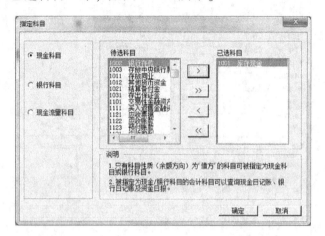

图 3-27

第三步，选择"银行科目"，在"待选科目"中选择"1002 银行存款"，单击" > "按钮，系统将其列入"已选科目"中，单击"确定"。

指定会计科目即指定出纳专管的会计科目。只有完成指定科目，才能执行出纳签字，才能查看现金、银行存款日记账。

【子任务 12】 定义 008 账套凭证分类方式为"收款凭证、付款凭证、转账凭证"。

定义凭证类别的操作步骤如下：

第一步，在"新道教育—UFIDA U8"对话框中，单击"基础设置"→"基础档案"→"财务"，双击"凭证类别"，进入"凭证类别预置"对话框，如图 3-28 所示。

图 3-28

第二步，单击"收款凭证 付款凭证 转账凭证"按钮，再单击"确定"，进入"凭证类别"对话框。

第三步，在"收款凭证"所在行单击"修改"按钮，再双击"限制类型"栏，出现下三角按钮，单击该按钮，从弹出的下拉列表中选择"借方必有"；双击"限制科目"栏，单击参照按钮，选择"1001 库存现金"和"1002 银行存款"，或直接输入"1001,1002"。

第四步，按照以上方法将"付款凭证"的"限制类型"定义为"贷方必有"，"限制科目"定义为"1001,1002";将"转账凭证"的"限制类型"定义为"凭证必无","限制科目"定义为"1001,1002",如图3-29所示。

图 3-29

在开始使用软件填制凭证之前,用户应根据核算和管理的要求在系统中定义凭证类别,以便对凭证进行汇总、记账、管理。系统预置了5种分类方式,用户可从中选择,也可以自行定义。提示:

(1) 限制科目数量不限,科目间用英文状态下的逗号隔开。

(2) 定义了限制类型和限制科目,如果填制的凭证不符合条件,系统提示错误信息,拒绝保存。

【子任务13】 设置结算方式。008账套结算方式见表3-6。

表 3-6

编码	结算方式	票据管理标志
1	现金结算	
2	支票	√
201	现金支票	√
202	转账支票	√
3	商业汇票	
301	商业承兑汇票	
302	银行承兑汇票	
4	银行汇票	
5	电汇	
6	其他	

操作步骤如下:

第一步,在"新道教育—UFIDA U8"对话框中,单击"基础设置"→"基础档案"→"收付结算",双击"结算方式",进入"结算方式"对话框,单击"增加",输入结算方式编码"1",结算方式名称"现金结算",如图3-30所示。

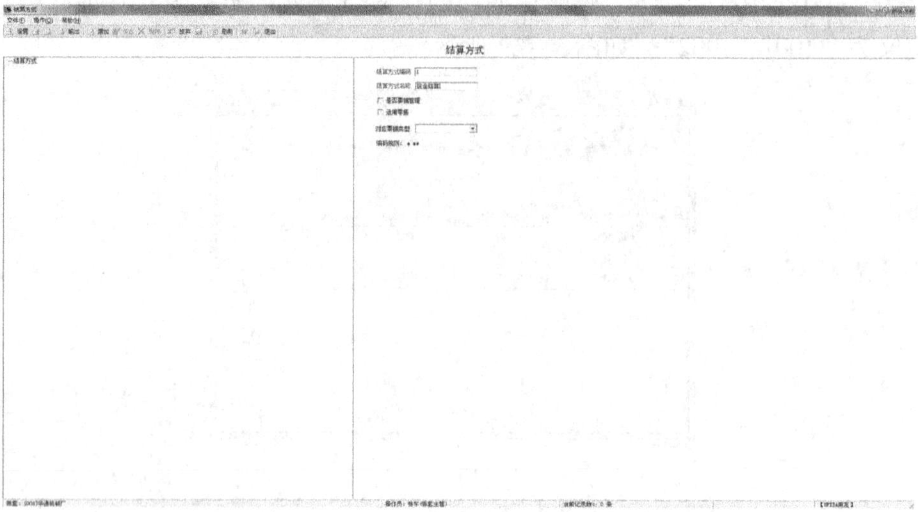

图 3-30

第二步，单击"保存"。用同样方法完成其他结算方式的设置，如图 3-31 所示。

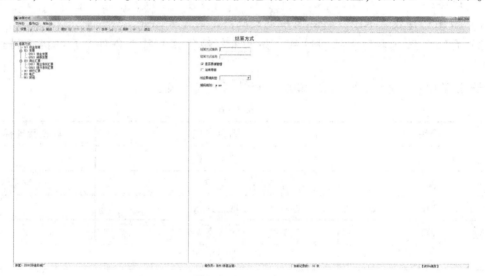

图 3-31

【子任务 14】 设置开户银行。

008 账套开户银行为：工行济南支行天桥办事处，账号：23098902。

操作步骤如下：

在"新道教育—UFIDA U8"对话框中，单击"基础设置"→"基础档案"→"收付结算"，双击进入"银行档案"对话框，修改中国工商银行"账号长度为 8"。

单击"基础设置"→"基础档案"→"收付结算"，双击"本单位开户银行"，进入"本单位开户银行"对话框，单击"增加"，输入开户银行编码"01"，银行账号"23098902"，开户银行"工行济南天桥办事处"，选择币种"人民币"及所属银行编码，保存并退出，如图 3-32 所示。

图 3 – 32

【子任务 15】 对 008 账套进行选项设置：凭证制单时，采用序时控制，进行支票控制与资金及往来科目赤字控制；不允许修改他人填制的凭证，制单权限不控制到科目，出纳凭证必须由出纳签字。数量小数位和单价小数位改成 2 位，部门、个人按编码方式排序。

操作步骤如下：

第一步，在"新道教育—UFIDA U8"对话框中，单击"业务工作"→"财务会计"→"总账"→"设置"，双击"选项"，进入"选项"对话框，如图 3 – 33 所示。

图 3 – 33

第二步，在"凭证"选项卡下，选中"制单序时控制"、"支票控制"、"资金及往来科目赤字控制"；在"权限"选项卡下，选中"出纳凭证必须由出纳签字"复选框，取消"允许修改、作废他人填制的凭证"，默认凭证编号方式为"系统编号"。

第三步，打开"账簿"选项卡，默认"明细账按年排页"。

第四步，打开"会计日历"选项卡，输入数量小数位和单价小数位 2 位；打开"其他"选项卡，设置部门、个人按编码方式排序。

初次启用总账系统，需要设置反映总账核算要求的各种选项，这些选项将决定总账系统的输入控制、处理方式、数据流向、输出格式等，设定后一般不得随意修改。总账系统的选项对话框包括凭证、账簿、会计日历及其他等8个选项卡。

【子任务16】 将008账套的期初余额录入系统。

1. 录入基本科目余额

操作步骤如下：

第一步，在"新道教育—UFIDA U8"对话框中，单击"业务工作"→"财务会计"→"总账"→"设置"，双击"期初余额"，进入"期初余额录入"对话框，将光标移到"库存现金"科目的期初余额栏，输入期初余额4332.80。

第二步，依次按同样方法录入其他基本科目的余额，如图3-34所示。

图3-34

注意：

为保证会计数据的连续性，第一次使用总账系统时，需要将手工账簿中各个账户的数据进行整理，主要是各账户启用月份的期初余额和年初至启用月份的借贷方累计发生额，并将整理后的数据录入系统，建立计算机账簿。提示：

（1）如果是年中建账，需要录入启用月份的期初余额和年初到启用月份的借贷方累计发生额，系统自动计算年初余额。

（2）如果科目为数量、外币核算科目，需要录入金额余额和数量、外币余额。

（3）如余额为红字，在录入的金额前加负号。

（4）只录入末级会计科目的余额，上级科目自动汇总。

（5）修改余额时，直接输入正确数据；记账后期初余额不能修改。

2. 录入应收账款、应收票据、预付账款、应付票据的期初余额

【子任务17】 录入008账套应收账款、应收票据、预付账款、应付账款、应付票据的期初余额。

操作步骤如下：

第一步，在"期初余额录入"对话框中，双击"应收账款"科目的期初余额栏，进入"客户往来期初"窗口，单击"往来明细"后单击"增行"，依次录入或参照录入日期

"2014-06-15"、凭证号"转-26"、客户"长轴"、摘要"销售产品"、方向"借"、金额"280800.00"、业务员"董维"、票号"23670945"、票据日期"2014-06-15"。

第二步，用同样方法录入其他客户的期初余额，如图3-35所示。

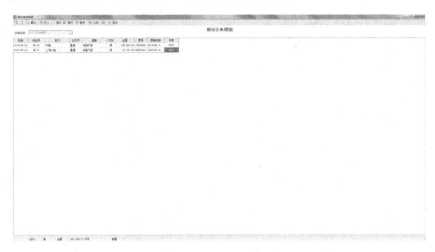

图3-35

第三步，单击"汇总"，如图3-36所示。

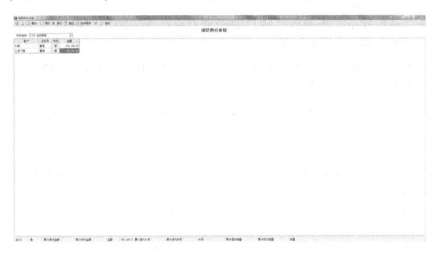

图3-36

第四步，用同样方法录入应收票据、预付账款、应付账款、应付票据的期初余额。

注意：

(1) 在录入往来科目期初余额时，需要先设置客户及供应商档案。

(2) 如同时使用应收款、应付款系统，应在应收款、应付款系统中录入客户、供应商的期初明细数据，并将总账与应收款、应付款系统余额对账。

3. 个人往来期初余额录入

【子任务18】 录入008账套其他应收款——应收职工借款的期初余额。

操作步骤如下：

第一步，在"期初余额录入"对话框中，双击"其他应收款——应收职工借款"科目的期初余额栏,进入"期初往来明细"窗口,单击"增加",依次录入或参照录入日期"2015-12-31"、凭证号"付-0008"、部门"供应科"、个人"张明亮"、摘要"出差借款"、方向"借"、金额"4 400",如图3-37所示。

图 3-37

第二步,单击"汇总",完成录入。

(1) 如果是年中建账,辅助核算科目的借贷方累计发生额在"期初余额录入"窗口直接录入,期初余额在辅助核算窗口录入。

(2) 项目核算科目余额录入时,双击"项目核算科目期初余额栏",进入"项目核算期初"窗口完成期初余额录入任务。

(3) 全部余额录入完毕,单击"试算",如图3-38所示。

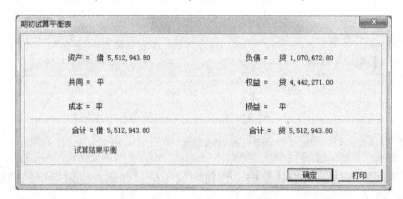

图 3-38

任务二 日常业务处理

初始设置完成后,开始进行日常业务处理。

任务目标

通过学习,学生操作财务软件完成填制凭证、审核凭证、出纳签字、凭证记账等工作任务。

任务导入

1. 完成华通机械厂的凭证填制；
2. 完成华通机械厂的凭证审核；
3. 完成华通机械厂的凭证记账。

任务解析

【子任务1】 2016年1月8日，供应科张明亮出差归来，报销差旅费4 580元，出纳员以现金补足差额。

操作步骤如下：

第一步，在"填制凭证"对话框，单击"增加"或按F5键，增加一张新凭证。

第二步，输入或选择凭证类别为"付款凭证"，输入制单日期"2016-01-08"，附单据数8。

第三步，输入摘要"报销差旅费"、管理费用——其他的科目编码"660206"，借方金额"4 580"。

第四步，按回车键，摘要自动显示，输入科目编码"122101"，系统打开辅助项对话框，输入或参照选择部门"供应科"，个人"张明亮"，默认或选择发生日期"2016-01-08"，如图3-39所示。

图3-39

第五步，单击"确定"，返回"填制凭证"对话框。输入贷方金额"4 400"，按回车键，摘要自动显示，输入科目编码"1001"、贷方金额"180"，单击"保存"，系统显示一张完整的凭证，如图3-40所示。

【子任务2】 2016年1月15日，通过工行缴纳上月应交未交增值税79 658元，企业所得税37 415元，代缴上月已代扣的个人所得税196元，城建税5 576.06元和教育费附加2 389.74元。当日收到电子缴税支付凭证，票号2300081200040209。附单据数2张。

操作步骤如下：

第一步，在"新道教育—UFIDA U8"对话框中，单击"业务工作"→"财务会计"→"总账"→"凭证"，双击"填制凭证"，进入"填制凭证"对话框，单击"增加"或按F5键，增加一张新凭证。

第二步，在"凭证类别"下拉列表框中选择"付款凭证"，输入制单日期"2016.01.08"，附单据数2。

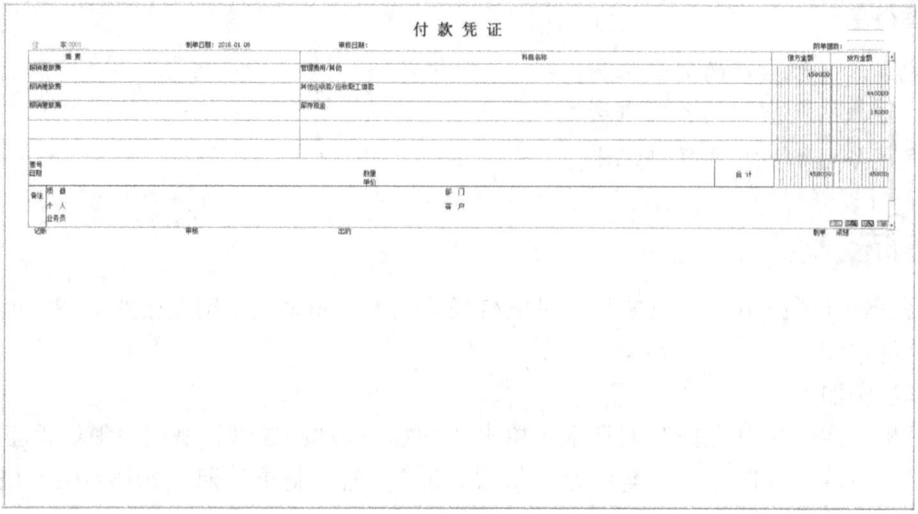

图 3-40

第三步，输入摘要"缴税"、未交增值税的科目编码"222102"，或单击参照按钮选择"222102"，输入借方金额"79 658"，如图 3-41 所示。

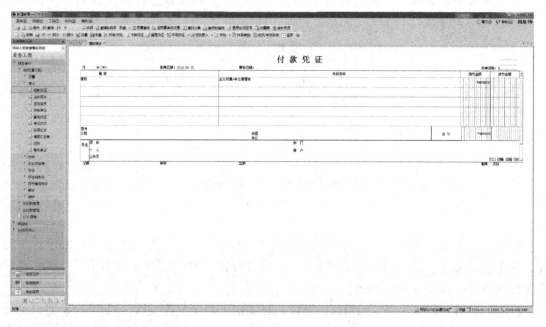

图 3-41

第四步，按回车键，继续输入下一行（摘要自动显示）：科目编码 222103、222104、222105、222106、借方金额 37 415、196、5 576.06、2 389.74，如图 3-42 所示。

第五步，按回车键（摘要自动显示），输入贷方科目"100201"，按回车键，输入结算方式、票号、发生日期，如图 3-43 所示。

第六步，单击"确定"，输入贷方金额 125 234.8，单击"保存"，系统提示"凭证已成功保存"，显示一张完整的凭证，如图 3-44 所示。

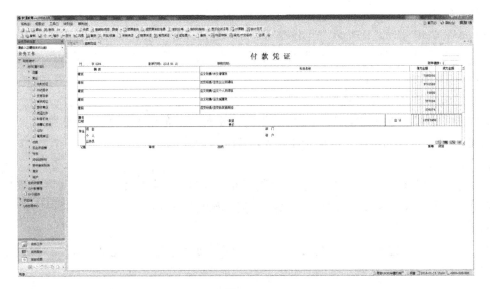

图 3-42

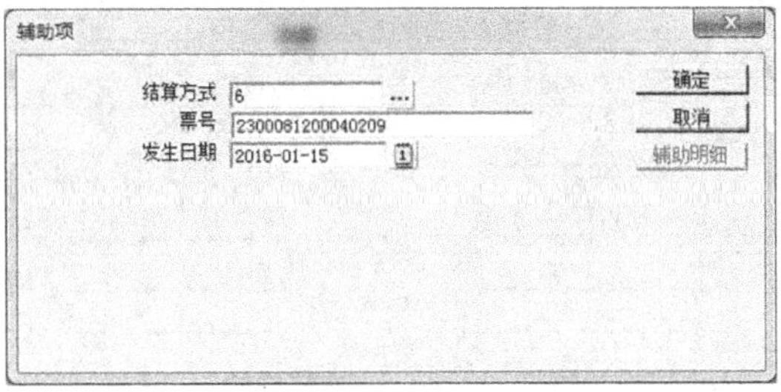

图 3-43

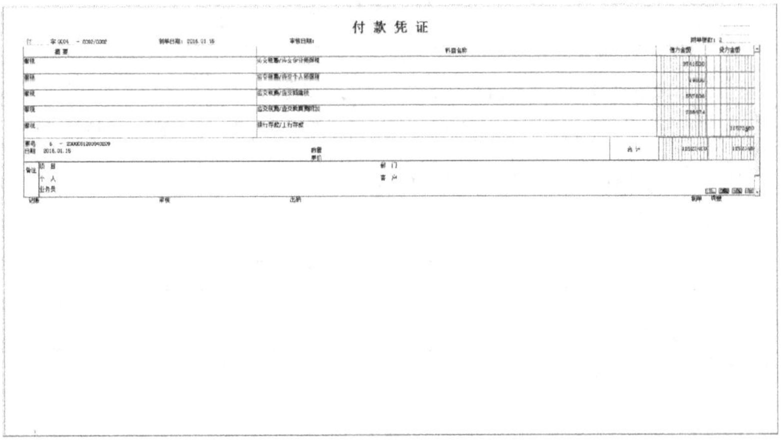

图 3-44

记账凭证一般包括两部分：一是凭证头部分，包括凭证类别、凭证编号、凭证日期和附单据数；二是凭证正文部分，包括摘要、科目、借贷方向和金额。如果输入的会计科目有辅助核算要求，则应输入辅助核算内容。

注意：

(1) 凭证类别为初始设置时已定义的凭证类别名称，用户应慎重选择，一旦凭证保存，凭证类别不能修改。

(2) 如凭证编号方式设置为"系统编号",填制凭证时,系统按日期、按类别自动编号。

(3) 采用序时控制时,制单日期应大于或等于启用日期,但不能超过系统日期。

(4) 不同行的摘要可以相同或不同,但不能为空。

(5) 凭证中的会计科目必须是末级科目。

(6) 借贷金额不能为"零",红字以"-"号表示;每张凭证借贷须平衡。

【子任务3】 1月10日,查询2016年1月尚未记账的0001号收款凭证。

操作步骤如下:

方法一:如果凭证尚未记账,在"填制凭证"窗口,单击"查询"或"上张"、"下张"按钮,打开"凭证查询"对话框,输入查询条件进行查询。

方法二:

第一步,单击"总账"→"凭证"→"查询凭证",进入"凭证查询"对话框,如图3-45所示。

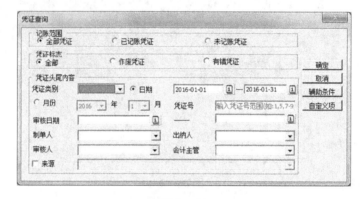

图 3-45

第二步,单击"未记账凭证"按钮,选择"凭证类别"下拉列表框中的"收款凭证",选择月份"2016.01",输入凭证号"0001",单击"确认",打开"查询凭证"对话框,双击可以找到符合条件的凭证,如图3-46所示。

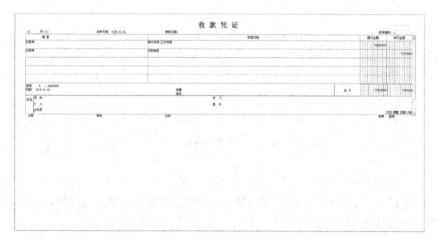

图 3-46

方法二可以查询未记账凭证和已记账凭证，如果凭证已经记账，用户必须使用方法二才能完成凭证查询任务。

【子任务 4】 修改凭证。

对于已经输入而尚未审核、记账的机内记账凭证，可以在"填制凭证"窗口直接修改；已经审核的机内记账凭证，可以先由审核人取消审核，再由制单人在"填制凭证"窗口修改；已经审核、记账的机内记账凭证，可以在恢复记账前状态后，由审核人取消审核，再由制单人在"填制凭证"窗口修改，也可采用红字冲销法或补充登记法进行修改。

未审核、记账的凭证修改操作步骤如下：

第一步，在"填制凭证"窗口，通过"查询"功能或"上张"、"下张"找到要修改的凭证。

第二步，将光标移动到需要修改的项目直接进行修改，修改后保存。

注意：

(1) 修改时，双击后进入辅助信息窗口可以修改辅助项的相关内容。

(2) 调整借贷金额方向可以使用 Space 键（空格键）。

(3) 可以单击"插分"、"删分"增加或删除一条分录。

(4) 凭证编号、凭证类别不能修改，只能作废或删除。

(5) 外部系统传递过来的凭证在总账系统不能修改，只能在生成该凭证的系统中进行修改。

【子任务 5】 作废、删除凭证。

日常操作过程中，输入的凭证错误不能修改，用户可以使用"作废/恢复"功能，将这些凭证作废或者删除。

作废凭证的操作步骤如下：

第一步，在"填制凭证"窗口，通过"查询"功能或"上张"、"下张"找到要作废的凭证。

第二步，单击"作废/恢复"按钮。

第三步，凭证左上角显示"作废"字样，表示该凭证已经作废，如图 3-47 所示。

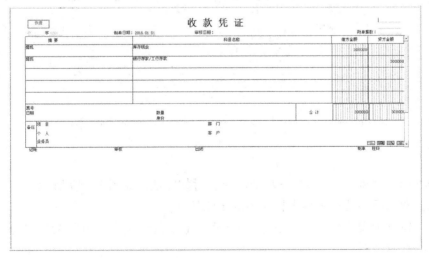

图 3-47

注意：

(1) 作废凭证仍保留凭证内容及编号，只显示"作废"字样。

(2) 作废凭证不能修改，也不能审核。

(3) 记账时，已作废的凭证参与记账，否则月末无法结账，但系统不对作废凭证进行数据处理，相当于一张空凭证。

(4) 账簿查询时，系统不显示作废凭证的数据。

(5) 作废的凭证可以通过"作废/恢复"，取消作废标志，将凭证恢复为有效凭证。

如果不想保留作废凭证，可以通过"整理凭证"功能，将其删除，并对未记账凭证重新编号。

删除凭证的操作步骤如下：

第一步，在"填制凭证"窗口，通过"查询"功能找到已注明"作废"要删除的凭证。

第二步，单击"制单"菜单中的"整理凭证"命令，系统出现"请选择凭证期间"。

第三步，选择要整理的月份，单击"确定"，打开"作废凭证表"对话框，在"删除"栏双击，打上"Y"标记，选择要删除的凭证，单击"确定"，系统显示"是否重新整理凭证编号"，单击"是"，系统将凭证从数据库中删除，并对剩下的未记账凭证重新排号。

提示：

(1) 只能对尚未审核的未记账凭证进行凭证删除，已经审核记账的凭证，需要取消记账、取消审核后再做凭证删除、整理。

(2) 如果选择"不能修改他人填制的凭证"选项，则只能由制单人完成凭证修改。

【子任务6】 出纳203对收款、付款凭证审核、签字。

操作步骤如下：

第一步，在"新道教育—UFIDA U8"对话框，单击"系统"→"重注册"，打开登录窗口，输入操作员203及密码，选择账套008，单击"登录"，进入"新道教育—UFIDA U8"窗口。

第二步，单击"总账"→"凭证"→"出纳签字"，如图3-48所示。

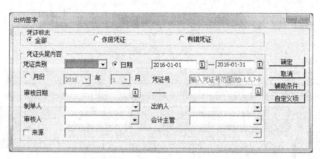

图3-48

第三步，单击"确定"，系统显示全部收、付款凭证，如图3-49所示。

第四步，双击后系统显示待审核签字的记账凭证。

第五步，审核无误后，单击"签字"按钮，凭证底部的"出纳"处自动签上出纳人姓名，如图3-50所示。

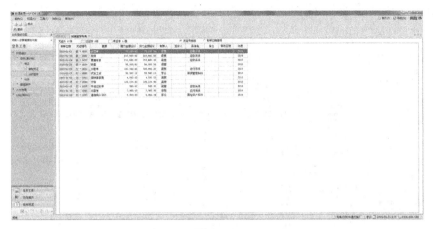

图 3-49

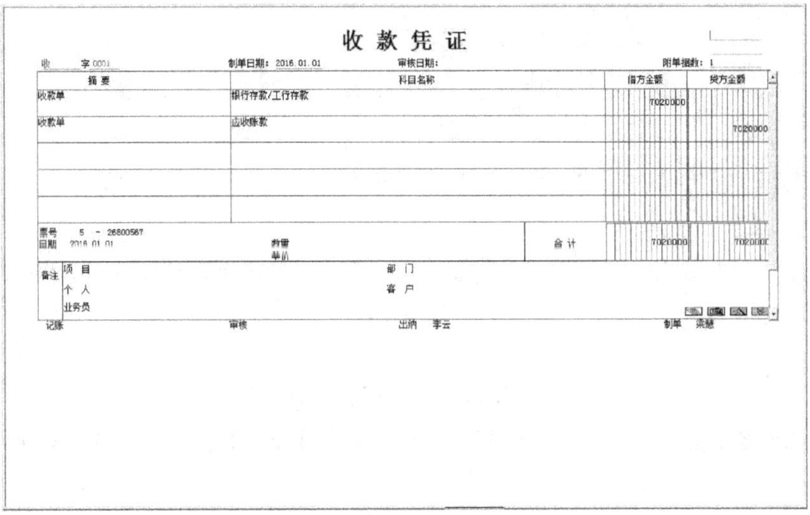

图 3-50

第六步，完成对其他收、付款凭证的签字。

凭证填制人和出纳签字人可以是同一个人。

【子任务7】 账套主管张东对008账套2016年1月的所有凭证进行审核。

操作步骤如下：

第一步，在"新道教育—UFIDA U8"对话框中，单击"重注册"，输入操作员201及密码，选择账套008，单击"登录"，重新进入"新道教育—UFIDA U8"窗口。

第二步，单击"总账"→"凭证"→"凭证审核"，如图3-51所示。

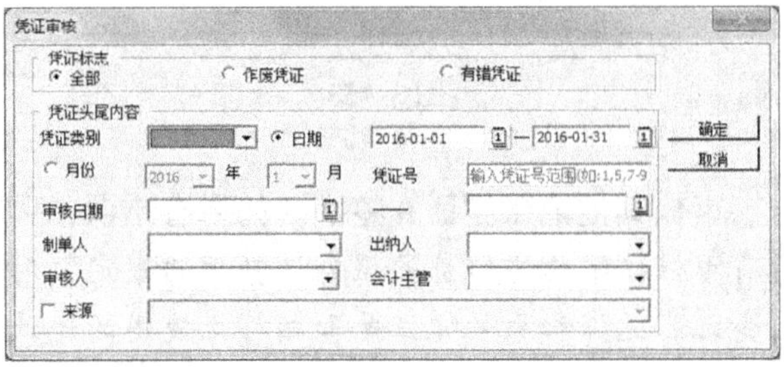

图 3-51

第三步，默认"全部"按钮，单击"确定"，系统显示全部记账凭证，如图 3 - 52 所示。

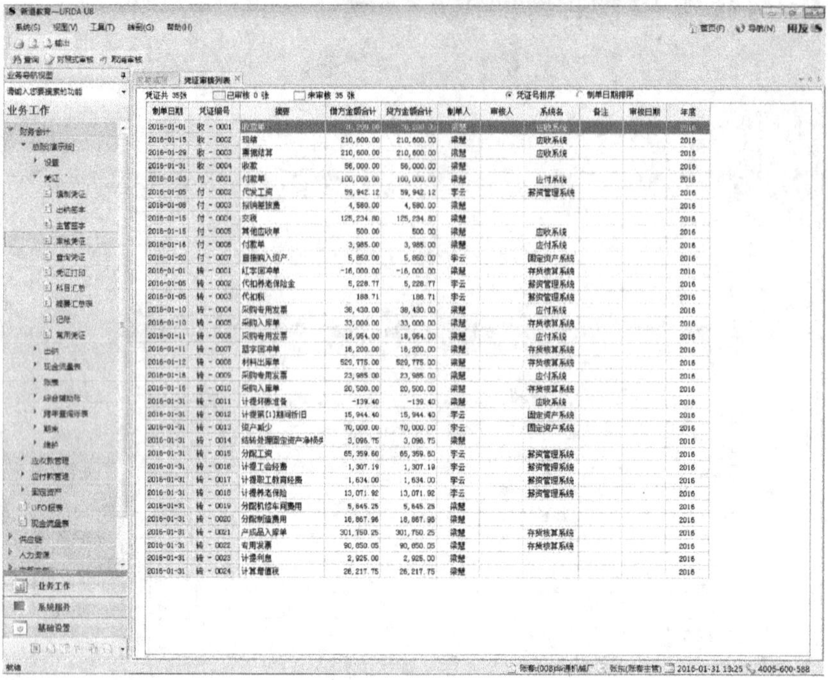

图 3 - 52

第四步，双击收款 1 号凭证，系统显示待审核的记账凭证。
第五步，审核无误后，单击"审核"按钮，系统自动签字，如图 3 - 53 所示。

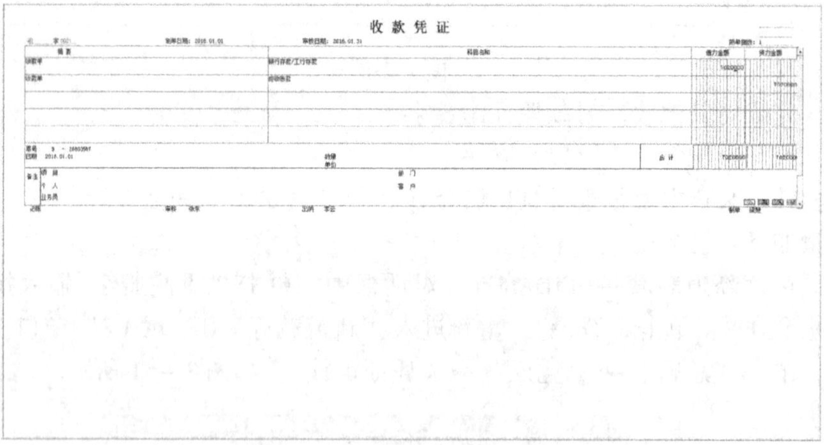

图 3 - 53

第六步，依次检查、审核其他记账凭证并签字。如果有错误，可单击"标错"按钮。

审核凭证是指由具有审核权限的操作员按照会计制度的规定，对制单人填制的记账凭证进行检查核对。主要检查记账凭证和原始凭证是否相符，使用的会计科目是否准确等，对正确的记账凭证发出签字指令，计算机在凭证上填入审核人名字。

为确保登记到账簿中的每一笔经济业务的准确性和可靠性,制单人填制的每一张凭证都必须经过审核人员的审核后,才能进行记账处理。注意:

(1) 制单人和审核人不能是同一个人。
(2) 在确认一批凭证无错误时,可以使用"批处理"下的"成批审核凭证",进行成批审核。
(3) 作废凭证不能被审核、标错。
(4) 凭证一经审核,不能修改,必须由审核人取消审核,再由制单人修改。

【子任务8】 对008账套已审核凭证进行记账。

操作步骤如下:

第一步,在"总账"窗口,双击"凭证"→"记账",如图3-54所示。

图 3-54

第二步,默认所有已经审核并由出纳签字的凭证,单击"记账报告",如图3-55所示。

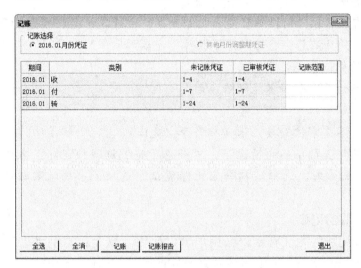

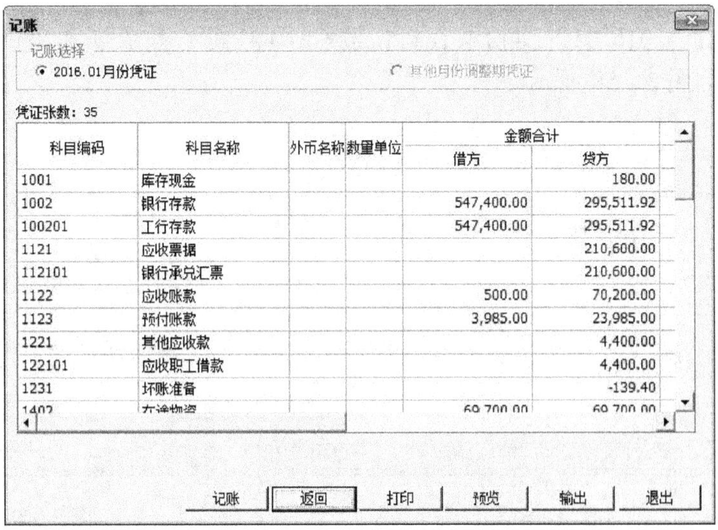

图 3-55

第三步，退出记账报告，单击"记账"，显示"期初试算平衡表"，如图3-56所示。

图 3-56

第四步，单击"确定"按钮，系统开始登记相关的总账、明细账及辅助账，登记完成后，弹出"记账完毕"提示信息，单击"确定"。

记账是由具有记账权限的操作员发出记账命令，由计算机按照预先设计的记账程序自动进行合法性检查、科目汇总、登记账簿等操作。提示：

（1）未审核的凭证不能记账。
（2）期初余额试算不平衡不能记账。
（3）上月未结账，本月不能记账。
（4）作废凭证不需审核直接记账（相当于空凭证）。
（5）在不能确保凭证正确的情况下，不必急于将凭证审核记账，可以使用查询功能进行检查。在查询余额表时，选中"包含未记账凭证"选项，查询结果与凭证已记账后的结果完全相同。

【子任务9】 取消记账。

如果本月已经记账的凭证有错误，用户可以使用"恢复记账前状态"功能，将本月记账凭证恢复到未记账状态，取消审核并修改凭证后，再审核、记账。

操作步骤如下：

第一步，单击"总账"→"期末"→"对账"，进入"对账"对话框，如图3-57所示。

第二步，单击"2016.01"月份所在行，按 Ctrl + H 键，系统提示"恢复记账前状态功能已被激活。"，如图3-58所示。

图 3-57

图 3-58

第三步，单击"确定"，退出"对账"窗口。

第四步,单击"总账"→"凭证"→"恢复记账前状态",进入"恢复记账前状态"对话框,如图3-59所示。

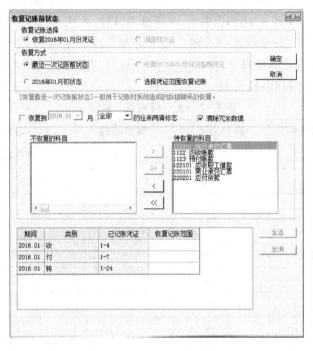

图 3-59

第五步,选择"最近一次记账前状态",单击"确定",系统提示"恢复记账完毕"。单击"确定"。

注意:

(1) 如果恢复方式选择"2016年01月初状态",操作员应为账套主管且需输入口令。
(2) 已经结账的月份不能恢复记账前状态。
(3) 如再按 Ctrl + H 键,即隐藏恢复记账前状态功能。

任务三 外币核算

任务目标

通过学习,学生操作财务软件完成外币业务的会计处理。

任务导入

1. 外币设置;
2. 外币核算会计科目设置;
3. 外币期初余额录入;
4. 外币凭证填制;
5. 外币金额式明细账查询;
6. 汇兑损益定义及凭证生成。

任务描述

中华厂为工业企业，2016年1月启用用友财务软件，执行2007年新会计制度。存货、客户、供应商不分类，有外币核算；科目编码方案4221。用户王丽为操作员，张涛为账套主管；外币币符：USD；外币币名：美元；使用浮动汇率、直接折算；2016年1月1日汇率为1:6.22；凭证类别：记账凭证。

（一）会计科目及期初余额（表3-7）

表3-7 上下级科目名称错开

科目编码	科目名称	期初余额	科目编码	科目名称	期初余额
1001	库存现金	500	2001	短期借款	150 000
1002	银行存款	220 000	4001	实收资本	1 220 500
100201	工行存款	157 800			
100202	中行存款	62 200			
1122	应收账款	50 000			
112201	光明厂	50 000			
1403	原材料	100 000			
140301	A材料	100 000			
1405	库存商品	360 000			
140501	甲产品	360 000			
1601	固定资产	1 000 000			
1602	累计折旧	360 000			

（二）2016年1月发生的业务（收入、支出的外币按当日汇率折算）

（1）1日销售甲产品500台给光明厂，单价400元，税率17%，未收款。

（2）5日购入A材料80 000元，增值税率17%，工行支票付款。

（3）6日生产甲产品领用A材料109 800元。

（4）10日出口甲产品收到2 000美元，存入中行。（汇率6.21）

（5）16日进口A材料价款4 000美元，中行存款支付，增值税4 209.2元由工行支付。（汇率6.19）

（6）31日结转甲产品销售成本150 000元。

（7）自动调整汇兑损益。（汇率6.20）

（8）结转收入、成本及费用到本年利润账户。

任务解析

【子任务1】 系统管理员建立账套018中华厂。

企业类型：工业；行业性质：2007年新会计制度科目；选择"按行业预置科目"选项；存货、客户、供应商不分类，有外币核算；科目编码方案4221；启用总账系统。

【子任务2】 系统管理员增加用户并设置权限。

用户01：除审核凭证外的所有权限（公用目录设置、总账、UFO报表）；
用户02：账套主管，拥有系统所有权限。

【子任务3】 用户01完成外币设置。

操作步骤如下：

第一步，在"新道教育—UFIDA U8"对话框中，单击"基础设置"→"基础档案"→"财务"，双击"外币设置"，进入"外币设置"对话框，如图3-60所示。

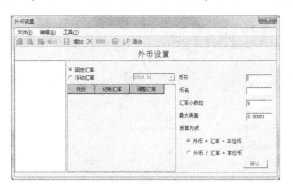

图3-60

第二步，输入币符"USD"，币名"美元"，选择"浮动汇率"，默认系统折算方式，单击"确认"，如图3-61所示。

第三步，输入2016年1月1日的记账汇率6.22，按回车键，退出。

【子任务4】 用户01完成外币核算的科目定义。

中华厂将"100202 银行存款——中行存款"设置外币核算。

在"新道教育—UFIDA U8"对话框中，单击"基础设置"→"基础档案"→"财务"，双击"会计科目"，进入"新增会计科目"对话框，输入科目编码"100202"，科目名称"中行存款"，选择"外币核算"、币种"美元 USD"，如图3-62所示。

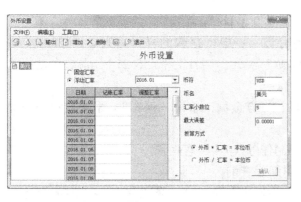

图3-61

图3-62

【子任务5】 用户01完成期初余额录入。

第一步，在"新道教育—UFIDA U8"对话框中，单击"业务工作"→"财务会计"→"总账"→"设置"，双击"期初余额"，进入"期初余额录入"对话框，输入库存现金的期初余额"500",工行存款的期初余额"157 800",中行存款的人民币期初余额"62 200",外币期初余额"10 000",如图3-63所示。

图 3-63

第二步,依次录入其他科目的期初余额,试算平衡。

【子任务6】 用户01完成凭证类别定义。

018账套凭证类别:记账凭证,无限制类型、限制科目。

【子任务7】 用户01完成外币凭证填制。

操作步骤如下:

2016年1月10日,中华厂出口甲产品收到2 000美元,存入中行。(当日汇率6.21)

第一步,在"新道教育——UFIDA U8"对话框中,单击"业务工作"→"财务会计"→"总账"→"凭证",双击"填制凭证",进入"填制凭证"对话框,单击"增加"或按F5键,增加一张新凭证。

第二步,选择凭证类别"记账凭证",输入制单日期。

第三步,输入摘要"出口产品"、银行存款——中行存款的科目编码"100202",或单击参照按钮选择"100202",输入外币"2 000"美元,当日汇率"6.21",系统自动折算本位币借方金额12 420元。

第四步,按回车键,继续输入贷方科目、贷方金额,单击"保存",系统显示一张完整的凭证,如图3-64所示。

第五步,用同样方法完成其他凭证的填制任务(1~6笔业务)。

【子任务8】 用户01完成外币金额式明细账查询。

第一步,在"新道教育——UFIDA U8"对话框中,单击"业务工作"→"财务会计"→"总账"→"账表",双击"科目账—明细账",进入"明细账查询条件"对话框,输入或选择"100202",选择"包含未记账凭证",如图3-65所示。

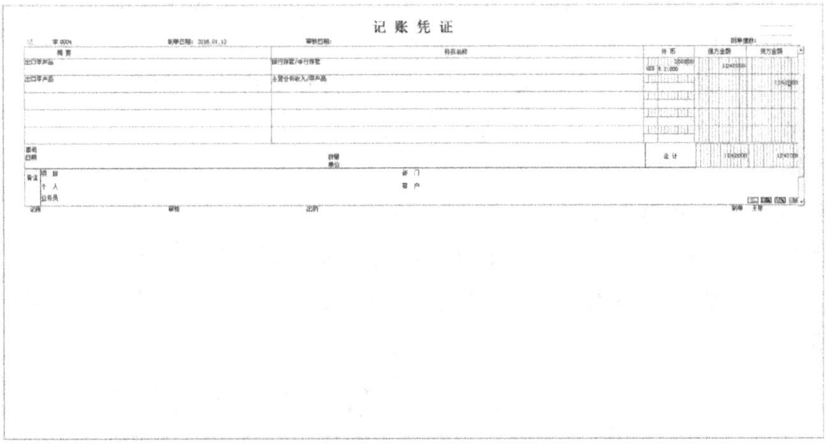

图 3-64

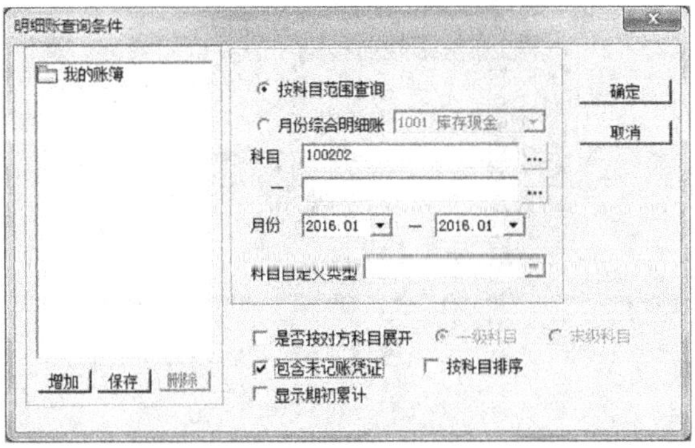

图 3-65

第二步，单击"确定"，显示"银行存款明细账"，单击右上角"外币金额式"，如图 3-66 所示。

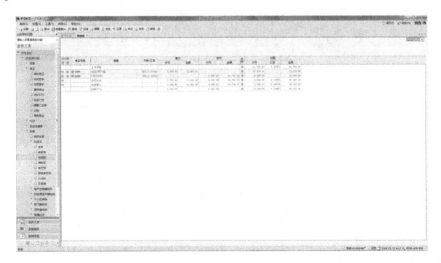

图 3-66

第三步，查询银行存款——中行存款账户的期末账面外币 8 000 美元，人民币49 860元。

【子任务9】 用户02 完成凭证审核、记账。

更换操作员02，将中华厂2016 年1 月的1~6 笔业务审核、记账。

【子任务10】 用户01 完成汇兑损益定义及凭证生成。

操作步骤如下：

第一步，输入月末调整汇率6.20。

在"新道教育—UFIDA U8"对话框中，单击"基础设置"→"基础档案"→"财务"，双击"外币设置"，进入"外币设置"对话框，输入1 月31 日调整汇率6.20，按回车键，如图3-67 所示。

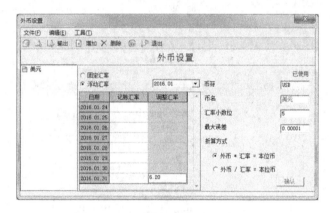

图 3-67

第二步，定义汇兑损益。

在"新道教育—UFIDA U8"对话框中，单击"业务工作"→"财务会计"→"总账"→"期末"→"转账定义"，双击"汇兑损益"，进入"汇兑损益结转设置"对话框，输入或选择汇兑损益科目"660301"，双击"是否计算汇兑损益"，如图3-68 所示。

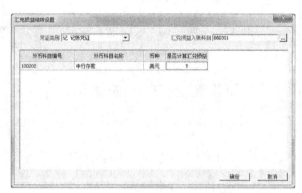

图 3-68

单击"确定"，退出。

第三步，生成汇兑损益凭证。

在"新道教育—UFIDA U8"对话框中，单击"业务工作"→"财务会计"→"总账"→"期末"→"转账生成"，进入"转账生成"对话框，选择"汇兑损益结转"，外币币种

"美元 USD",单击"全选",如图3-69所示。

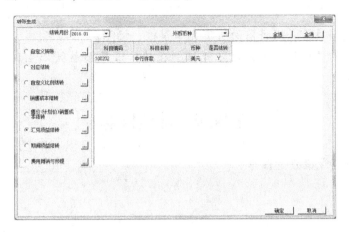

图 3-69

单击"确定",显示如图3-70所示。

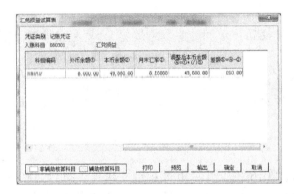

图 3-70

单击"确定",单击"保存",结果如图3-71所示。

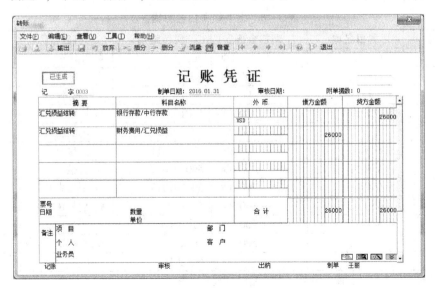

图 3-71

有外币业务的企业可以利用财务软件进行外币核算与管理。

注意：

（1）结转汇兑损益前必须将前面所有凭证审核、记账。

（2）如果定义的凭证类别不是记账凭证，在结转汇兑损益凭证生成但未保存前需要选择凭证类别。

任务四　数量核算

企业主要存货应设置数量核算。

任务目标

通过学习，学生操作财务软件完成数量核算的会计业务处理。

任务导入

1. 数量核算会计科目设置；
2. 期初余额录入；
3. 数量核算凭证填制；
4. 数量金额式明细账查询。

任务导入

东风厂为工业企业，2016年1月启用用友财务软件，执行2007年新会计制度科目，存货、客户、供应商不分类，无外币核算。用户1杜玲为普通操作员，用户2王洋为账套主管。科目编码方案4221；启用总账系统；凭证类别：记账凭证。

（一）科目及期初余额（表3-8）

表3-8　上下级科目名称错开

科目编码	科目名称	期初余额	科目编码	科目名称	期初余额
1001	库存现金	1 000	2001	短期借款	100 000
1002	银行存款	500 000	4001	实收资本	1 591 000
100201	工行存款	500 000	5001	生产成本	
1122	应收账款	30 000	500101	基本生产成本	
112201	北方厂	30 000	50010101	甲产品	
1403	原材料	100 000	500101011	直接材料	
140301	A材料	100 000	500101012	直接人工	
1405	库存商品	360 000	500101013	制造费用	
140501	甲产品	360 000	5101	制造费用	
1601	固定资产	1 200 000	510101	工资	
1602	累计折旧	500 000	6602	管理费用	
			660201	工资	

注：原材料——A材料、库存商品—甲产品设置数量核算。

原材料——A材料期初数量200吨；库存商品——甲产品期初数量2 000台。

（二）2016 年 1 月发生的业务

（1）1 日购入 A 材料 100 吨，单价 490 元，增值税率 17%，支票付款。

（2）5 日生产甲产品领用 A 材料 220 吨（先进先出法）。

（3）12 日销售甲产品 300 台给光华厂，单价 300 元，税率 17%，未收款。

（4）31 日分配生产工人工资 20 000 元，车间管理人员工资 5 000 元，行政管理人员工资 10 000 元。

（5）计提固定资产折旧 4 000 元，其中生产车间 3 000 元，行政部门 1 000 元。

（6）分配制造费用。

（7）完工甲产品 720 台，结转成本：材料费 100 000 元，人工费 19 600 元，制造费用 7 500 元。

（8）结转甲产品销售成本（加权平均法）。

（9）结转收入、成本、费用到本年利润。

任务解析

【子任务 1】 用户 admin 完成建立账套 019 东风厂。

企业类型：工业；行业性质：2007 年新会计制度科目；选择"按行业预置科目"选项；存货、客户、供应商不分类，无外币核算；科目编码方案 4221；启用总账、UFO 报表系统。

【子任务 2】 用户 admin 完成增加用户并设置权限。

用户 1：除审核凭证外的所有权限（公用目录设置、总账、UFO 报表）；

用户 2：账套主管，拥有系统所有权限。

【子任务 3】 用户 1 完成基本会计科目及数量核算的科目定义。

东风厂将"1403 原材料——A 材料"、"库存商品——甲产品"设置数量核算。

第一步，在"新道教育—UFIDA U8"对话框中，单击"基础设置"→"基础档案"→"财务"，双击"会计科目"，单击"增加"，进入"新增会计科目"对话框，输入科目编码"140301"，科目名称"A 材料"，选择"数量核算"，输入计量单位"吨"，如图 3-72 所示。

图 3-72

第二步，单击"确定"，继续增加"140501 甲产品"，选择数量核算，计量单位"台"。

【子任务 4】 用户 1 完成期初余额录入。

第一步，在"新道教育—UFIDA U8"对话框中，单击"业务工作"→"财务会计"→"总账"→"设置"，双击"期初余额"，进入"期初余额录入"对话框，输入库存现金的期初余额"1 000"，原材料——A 材料的人民币期初余额"100 000"，数量期初余额"200"，库存商品——甲产品的人民币期初余额"360 000"，数量期初余额"2 000"，如图 3-73 所示。

图 3-73

第二步，依次录入其他科目的期初余额，试算平衡。

【子任务 5】 用户 1 完成凭证类别定义。

019 账套凭证类别：记账凭证，无限制类型、限制科目。

【子任务 6】 用户 1 完成凭证填制。

2016 年 1 月 1 日，东风厂购入 A 材料 100 吨，单价 490 元，增值税率 17%，支票付款。

第一步，在"新道教育—UFIDA U8"对话框中，单击"业务工作"→"财务会计"→"总账"→"凭证"，双击"填制凭证"，进入"填制凭证"对话框，单击"增加"或按 F5 键，增加一张新凭证。

第二步，选择凭证类别"记账凭证"，输入制单日期、附单据数。

第三步，输入摘要"购买材料"、原材料——A 材料的科目编码"140301"，或单击参照按钮选择"140301"，按回车键，系统显示辅助项窗口，输入数量"100"吨，单价"490"元，如图 3-74 所示。

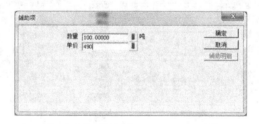

图 3-74

第四步，单击"确认"，系统自动计算并显示借方金额 49 000 元，继续输入科目、金额完成凭证填制，单击"保存"，系统显示一张完整的凭证，如图 3-75 所示。

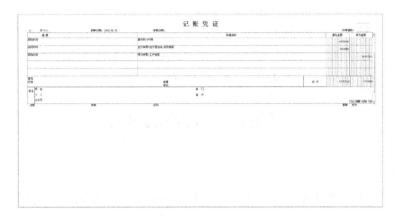

图 3-75

第五步，继续完成其他凭证填制任务（1~7 笔业务）。

【子任务 7】 用户 1 完成数量金额式明细账查询。

第一步，在"新道教育—UFIDA U8"对话框中，单击"业务工作"→"财务会计"→"总账"→"账表"，双击"科目账—明细账"，进入"明细账查询条件"对话框，输入或选择"140501"，选择"包含未记账凭证"，如图 3-76 所示。

图 3-76

第二步，单击"确认"，显示"库存商品明细账"，单击右上角的"数量金额式"，如图 3-77 所示。

图 3-77

第三步，查询加权平均单位成本 179.08 元。

【子任务 8】 用户 2 完成凭证审核、记账。

根据东风厂（019 账套）2016 年 1 月甲产品的销售数量和加权平均单位成本计算销售成本，完成第 8~9 笔业务的凭证填制。更换操作员 2，将所有凭证审核、记账。

任务五　出纳管理

任务目标

通过学习，学生操作财务软件完成现金、银行存款日记账查询、银行对账等工作任务。

任务导入

1. 查询华通机械厂银行存款日记账；
2. 完成华通机械厂银行对账。

任务解析

【子任务 1】 查询华通机械厂银行存款日记账操作步骤如下：

第一步，在"新道教育—UFIDA U8"对话框中，单击"业务工作"→"财务会计"→"总账"→"出纳"，双击"银行存款日记账"，进入"银行日记账查询条件"对话框，选择科目"100201 工行存款"，如图 3-78 所示。

图 3-78

第二步，单击"确定"，显示"银行日记账"，如图 3-79 所示。

图 3-79

【子任务2】 完成银行对账期初录入。

银行对账的启用日期为2016年1月1日，单位日记账调整前余额751 480元，银行对账单期末账面余额821 680元，有银行已收企业未收的未达账项70 200元。

日期	结算方式	结算单号	金额
2015.12.31	电汇	26800567	70 200

操作步骤如下：

第一步，在"新道教育—UFIDA U8"对话框中，单击"业务工作"→"财务会计"→"总账"→"出纳"，双击"银行对账"→"银行对账期初录入"，进入"银行科目选择"对话框，如图3-80所示。

图 3-80

第二步，单击"确定"，显示"银行对账期初"对话框，如图3-81所示。

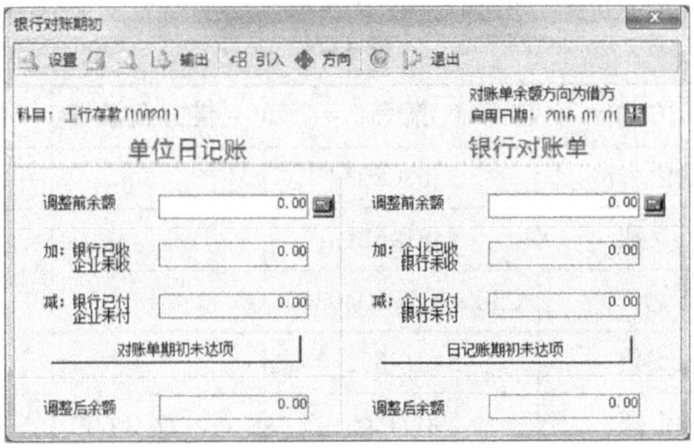

图 3-81

第三步，选择启用日期为2016年1月1日，输入单位日记账调整前余额751 480元，输入银行对账单调整前余额821 680元，单击"对账单期初未达项"按钮，系统弹出一个窗口，单击"增加"，输入单位未达账项有关信息，如图3-82所示。

第四步，单击"保存"并退出，返回"银行对账期初"窗口，系统自动计算单位日记账和银行对账单调整后的余额并显示余额为821 680元，如图3-83所示。

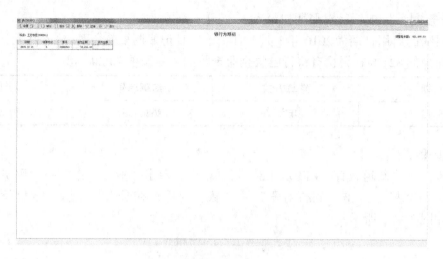

图 3-82

图 3-83

【子任务 3】 完成银行对账单录入。银行对账单见表 3-9。

表 3-9

日期	结算方式	票号	借方金额	贷方金额	余额
2016-01-03	电汇	35680893		100 000	
2016-01-05	转账支票	54819521		59 942.12	
2016-01-15	其他	2300081200040209		125 234.80	
2016-01-15	转账支票	54819522		500	
2016-01-15	银行汇票	29004508	210 600		
2016-01-16	转账支票	54819523		3 985	
2016-01-20	转账支票	54819524		5 850	
2016-01-29	银行承兑汇票	YD626801	210 600		

操作步骤如下:

第一步,在"新道教育—UFIDA U8"对话框中,单击"业务工作"→"财务会计"→"总账"→"出纳",双击"银行对账"→"银行对账单",进入"银行科目选择"对话框,选择科目"银行存款"(100201),单击"确定",进入"银行对账单"窗口。

第二步,单击"增加",输入日期、结算方式、票号、借方金额、贷方金额等对账单信息,单击"保存",如图 3-84 所示。

项目三　总账核算与管理

图 3-84

【子任务 4】 完成银行对账工作。

操作步骤如下：

第一步，在"新道教育—UFIDA U8"对话框中，单击"业务工作"→"财务会计"→"总账"→"出纳"，双击"银行对账"→"银行对账"，进入"银行科目选择"对话框，选择科目"工行存款"（100201），默认系统选项"显示已达账"，单击"确定"，进入"银行对账"窗口，如图 3-85 所示。

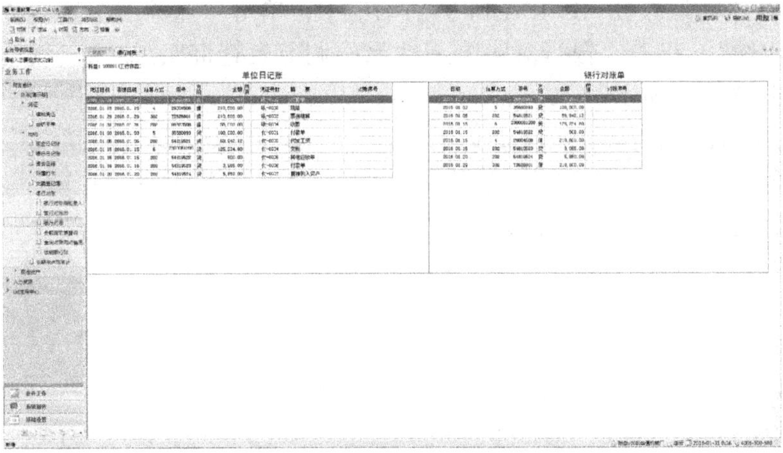

图 3-85

第二步，单击"对账"，进入"自动对账—对账条件"对话框，如图 3-86 所示。

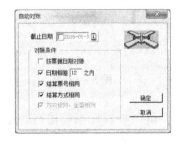

图 3-86

第三步，单击日期图标，选择截止日期为"2016.01.31"，取消选择"日期相差12天之内"，单击"确定"，系统进行自动对账并显示自动对账结果，如图3-87所示。

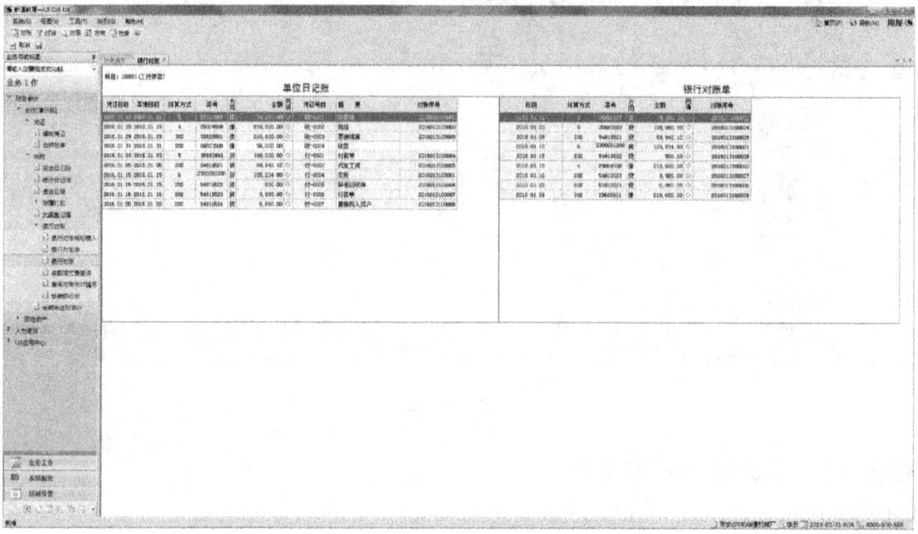

图3-87

【子任务5】 查询余额调节表。

操作步骤如下：

第一步，在"新道教育—UFIDA U8"对话框中，单击"业务工作"→"财务会计"→"总账"→"出纳"，双击"银行对账"→"余额调节表查询"，进入"银行存款余额调节表"窗口，如图3-88所示。

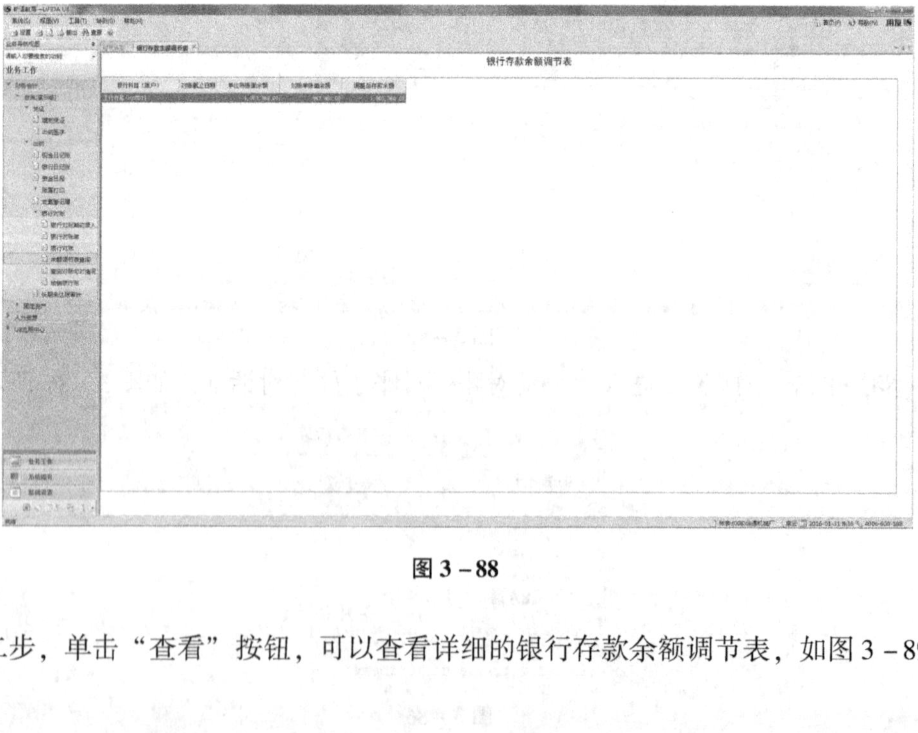

图3-88

第二步，单击"查看"按钮，可以查看详细的银行存款余额调节表，如图3-89所示。

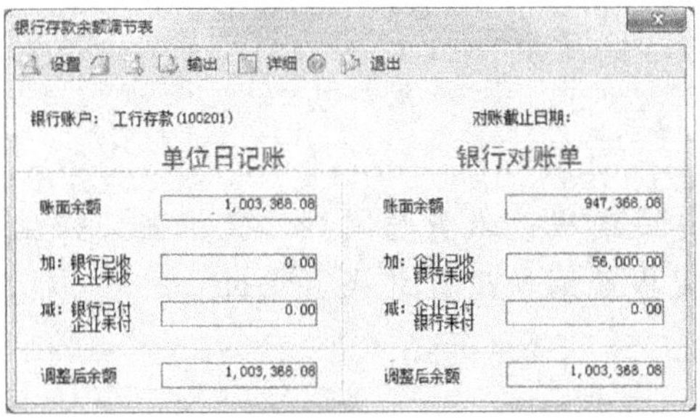

图 3-89

> **知识链接**
>
> 出纳管理是总账系统为出纳人员提供的主要完成现金、银行存款日记账的查询、输出、支票登记簿的管理及银行对账工作的管理工具。
>
> 银行对账是货币资金管理的主要内容。为了准确掌握银行存款的实际余额，了解实际可以动用的货币资金数额，企业必须定期将银行存款日记账和银行出具的对账单进行核对，并编制银行存款余额调节表。
>
> 1. 银行对账期初录入
>
> 第一次使用银行对账功能之前，必须先将单位日记账、银行对账单的期初余额及未达账项录入系统中。银行对账期初完成后，不要随意调整启用日期。
>
> 2. 录入银行对账单
>
> 要使用计算机进行银行对账，每月月末对账前，须将银行出具的对账单输入计算机，或将对账单数据文件直接读入本系统。每一笔业务的金额输入完毕后，按回车键，系统自动计算出当日的银行存款余额。
>
> 3. 银行对账
>
> （1）银行对账采用自动对账和手工对账相结合的方式，自动对账是计算机根据对账条件自动进行核对、勾销，对账条件由用户根据需要设置。
>
> （2）对账条件中的方向相同、金额相同是必选条件。
>
> （3）自动对账后，对于已达账项，系统自动在单位日记账和银行对账单的"两清"栏中打上圆圈标志，其所在行背景色变为绿色。
>
> 4. 余额调节表
>
> 银行存款余额调节表是对账后系统对未达项和已达项进行自动汇总而生成的。银行对账后用户可以使用"查询核销勾对情况"及"核销银行账"功能完成核销勾对情况的查询并将已达账项核销。

任务六　期末处理

任务目标

通过学习，学生操作财务软件完成转账凭证定义、生成、期间损益设置、结转及对账、结账等工作任务。

任务导入

1. 完成华通机械厂计算城建税、教育费附加的凭证定义并生成；
2. 完成华通机械厂期间损益结转设置并生成凭证；
3. 期末对账结账。

任务解析

【子任务1】 定义计算城建税、教育费附加（按流转税的7%、3%）的凭证。

操作步骤如下：

第一步，在"新道教育—UFIDA U8"对话框中，单击"总账"→"期末"→"转账定义"，双击"自定义转账"，进入"自定义转账设置"对话框，单击"增加"，在"转账目录"对话框中输入转账序号"0001"，转账说明"计算城建税 教育费附加"，选择"转账凭证"，如图3-90所示。

图3-90

第二步，单击"确定"，单击"增行"，如图3-91所示。

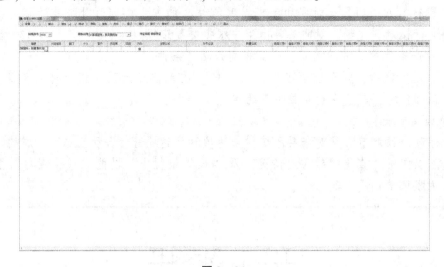

图3-91

第三步，输入科目编码6403，默认方向"借"，双击"金额公式"栏，出现参照按钮，单击参照按钮，进入"公式向导"对话框，如图3-92所示。

第四步,双击选择贷方发生额,输入或选择"222102",选择"继续输入公式",单击"*(乘)",如图3-93所示。

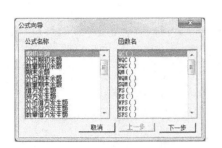

图3-92

图3-93

提示:也可以选择"取对方科目计算结果"公式,公式为JG( )。

第五步,单击"下一步",双击选择公式名称"常数",输入常数"0.1",如图3-94所示。

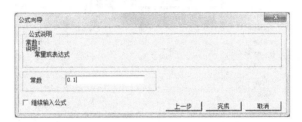

图3-94

第六步,单击"完成",返回"自定义转账设置"窗口,如图3-95所示。

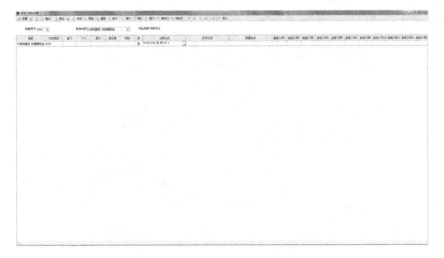

图3-95

第七步，单击"增行"，同样方法输入贷方科目"222105"和"222106"，方向"贷"，金额公式分别为"FS（222102，月，贷）*0.07"和"FS（222102，月，贷）*0.03"，单击"保存"，如图3-96所示。

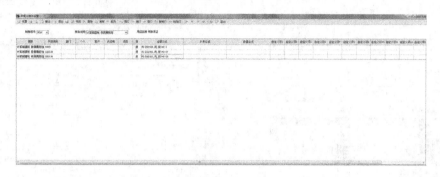

图3-96

第八步，在"新道教育—UFIDA U8"对话框中，单击"总账"→"期末"，双击"转账生成"，进入"转账生成"对话框，选择"结转月份"、"自定义转账"单选按钮，在"是否结转"栏双击显示"Y"标志，或单击"全选"按钮，如图3-97所示。

图3-97

第九步，单击"确定"，系统显示生成的转账凭证，单击"保存"，如图3-98所示。

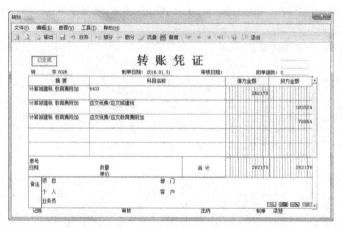

图3-98

期末处理指会计人员在每个会计期末完成的会计处理工作,包括期末转账业务、对账、结账等。

注意:

(1) 自定义转账凭证时,用户可以先定义贷方科目的金额公式,定义借方科目的金额公式时选择"取对方科目计算结果"公式。

(2) 用户在第一次使用财务软件时完成转账凭证定义,以后每月月末只需执行转账生成功能即可快速生成转账凭证,系统自动将当前生成的凭证追加到未记账凭证中。

(3) 在执行转账生成功能前,用户必须将所有记账凭证登记入账。

【子任务2】 期末将008账套所有损益类科目的余额转到本年利润科目。

第一步,在"新道教育—UFIDA U8"对话框中,单击"总账"→"期末"→"转账定义",双击"期间损益",进入"期间损益结转设置"对话框,选择"转账凭证",如图3-99所示。

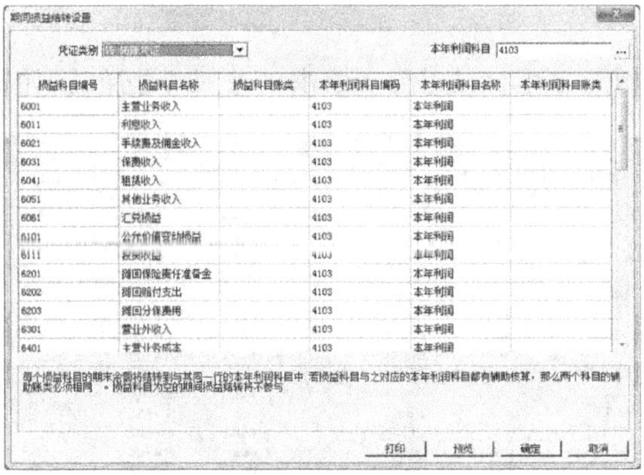

图 3-99

第二步,单击"确定"。

第三步,在"新道教育—UFIDA U8"对话框中,单击"总账"→"期末",双击"转账生成",进入"转账生成"对话框,选择"结转月份"、"期间损益结转"单选按钮,选择"类型"下的"收入",单击"全选"按钮,如图3-100所示。

图 3-100

第四步，单击"确定"，系统显示生成的转账凭证，单击"保存"，如图3-101所示。

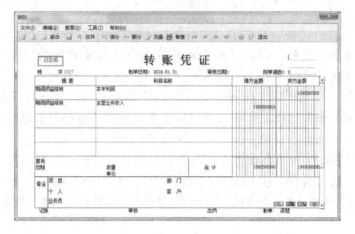

图 3-101

第五步，选择"类型"下的"支出"，单击"全选"按钮，如图3-102所示。

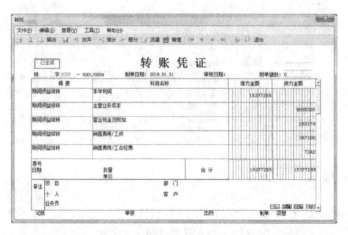

图 3-102

第六步，单击"确定"，系统显示生成的转账凭证，单击"保存"，如图3-103所示。

【子任务3】 期末对账。

操作步骤如下：

第一步，单击系统主菜单"期末"下的"对账"，显示如图3-104所示窗口。

图3-104

第二步，单击对账日期"2016.01"，单击"选择"按钮，再单击"对账"按钮，系统开始自动对账。若对账结果为账账相符，则对账月份的对账结果处显示"正确"，如图3-105所示。

图3-105

第三步，单击"试算"按钮，可以对各科目类别余额进行试算平衡，显示试算平衡表。

【子任务4】 期末结账。

操作步骤如下：

第一步，单击"期末"下的"结账"，显示结账向导一：选择结账月份，如图3-106所示。

第二步，单击要结账月份，单击"下一步"，显示结账向导二：核对账簿，如图3-107所示。

图 3–106

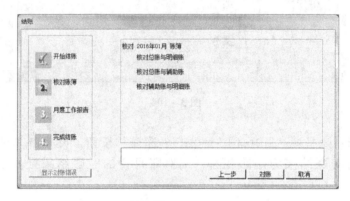

图 3–107

第三步，单击"对账"，系统对结账的月份进行账账核对，如图 3–108 所示。

图 3–108

第四步，对账完成后，单击"下一步"，显示结账向导三：月度工作报告，如图 3–109 所示。

第五步，查看工作报告后，单击"下一步"，显示结账向导四：完成结账。

注意：

（1）上月未结账，则本月不能记账，但可以填制、审核凭证。

（2）如本月还有未记账凭证时，则本月不能结账。

（3）已结账月份不能再填制凭证。

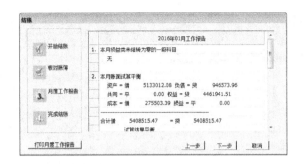

图 3-109

（4）结账只能由有结账权的人进行。
（5）若总账与明细账对账不符，则不能结账。
（6）反结账操作只能由账套主管执行。
在结账向导一中，选择要取消结账的月份，按 Ctrl + Shift + F6 键可进行反结账。
（7）在薪资管理系统、固定资产管理系统、采购管理系统、销售管理系统、应收款系统、应付款系统、库存管理及存货核算系统月末结账后，完成总账系统的结账工作。
（8）每月只结账一次。

任务七 账簿查询

任务目标

通过学习，学生操作财务软件完成总账、余额表、明细账、多栏账查询及各种辅助账簿查询。

任务导入

1. 总账查询；
2. 余额表查询；
3. 明细账查询；
4. 多栏账查询；
5. 客户往来辅助账查询；
6. 个人往来辅助账查询。

任务解析

【子任务1】 查询008账套"6601销售费用"总账。

第一步，在"新道教育—UFIDA U8"对话框中，单击"业务工作"→"财务会计"→"总账"→"账表"，双击"科目账—总账"，进入"总账查询条件"对话框，输入或选择"6601"，单击"确定"，显示查询结果，如图3-110所示。

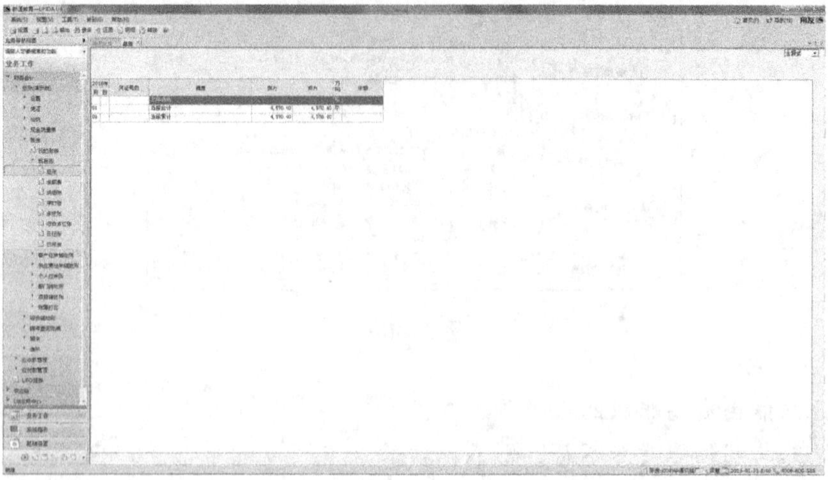

图 3–110

第二步，双击"当前合计"或单击"明细"按钮，可以联查明细账，如图 3–111 所示。

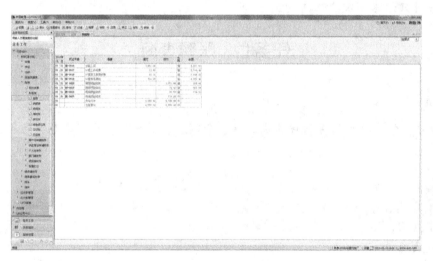

图 3–111

第三步，双击"分配工资"行或单击"凭证"按钮，可以联查记账凭证，如图 3–112 所示。

【子任务 2】 查询 008 账套余额表（包含未记账凭证）。

第一步，在"新道教育—UFIDA U8"对话框中，单击"业务工作"→"财务会计"→"总账"→"账表"，双击"科目账—余额表"，进入"发生额及余额查询条件"对话框，输入或选择起止月份范围（如果只查询一个月份，则起止月份都选择同一月份），选"末级科目"及"包含未记账凭证"复选框，如图 3–113 所示。

图 3-112

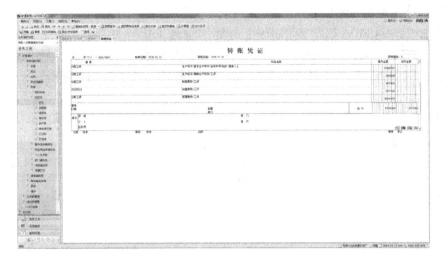

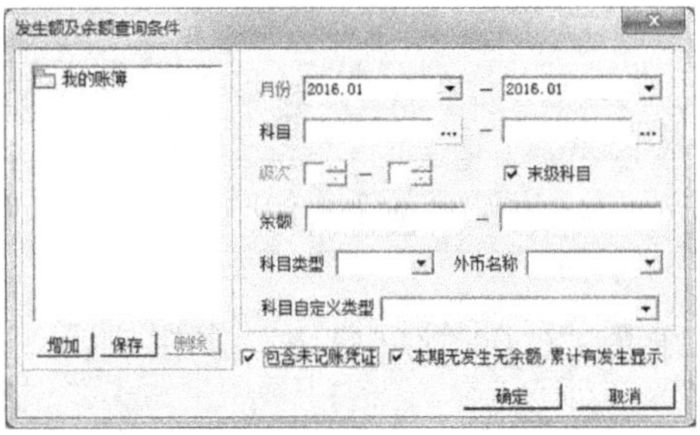

图 3-113

第二步,单击"确定",显示查询结果,如图 3-114 所示。

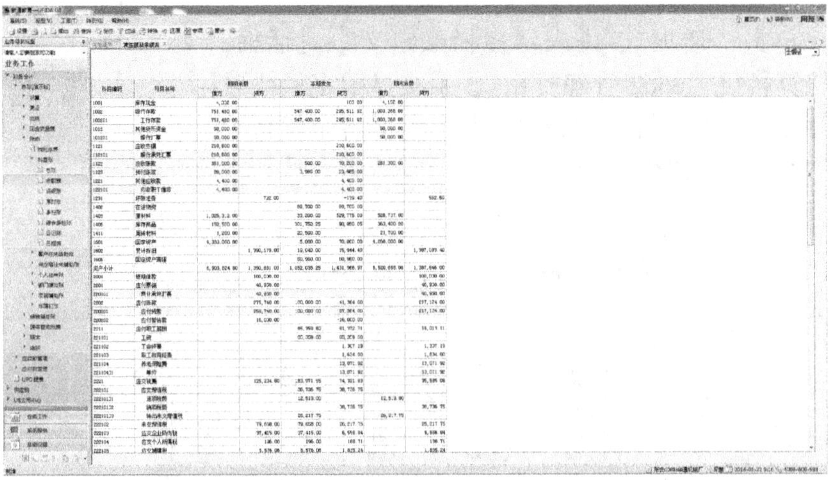

图 3-114

第三步,单击"累计"按钮,可以自动显示借贷方累计发生额。

【子任务3】 查询008账套"1601固定资产"三栏式明细账。

在"新道教育—UFIDA U8"对话框中,单击"业务工作"→"财务会计"→"总账"→"账表",双击"科目账—明细账",进入"明细账查询条件"对话框,输入或选择1601,默认"按科目范围查询",单击"确定",显示查询结果,如图3-115所示。

图 3-115

【子任务4】 查询008账套"6602管理费用"多栏式明细账。

第一步,在"新道教育—UFIDA U8"对话框中,单击"业务工作"→"财务会计"→"总账"→"账表",双击"科目账—多栏账",进入"多栏账"对话框,如图3-116所示。

图 3-116

第二步,单击"增加",进入"多栏账定义"对话框,输入或选择核算科目"6602管理费用",系统显示多栏账名称"管理费用多栏账",单击"自动编制",选择各个栏目的分析方式为"余额",如图3-117所示。

图 3-117

第三步,单击"确定",返回"多栏账"窗口,如图3-118所示。

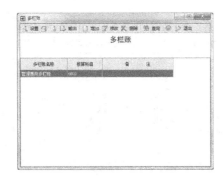

图 3-118

第四步，单击"查询"，单击"确定"，显示查询结果，如图 3-119 所示。

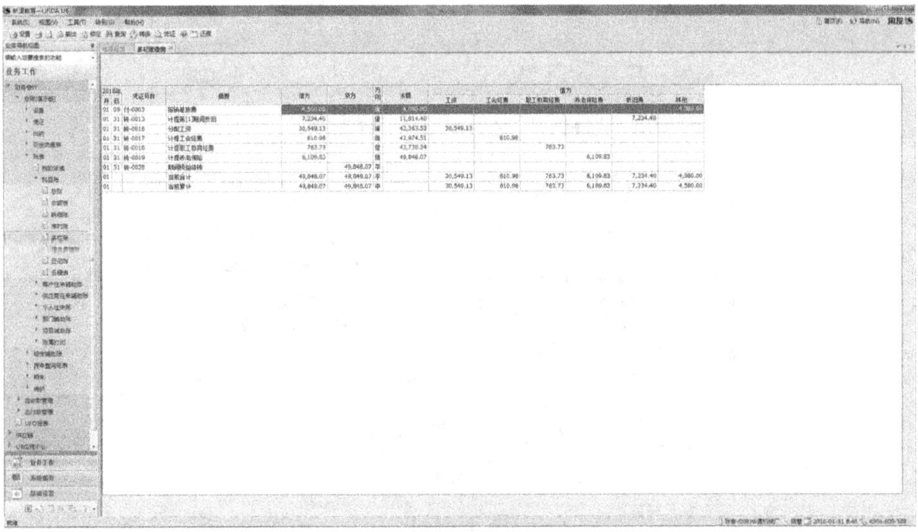

图 3-119

第五步，同样方法定义生产成本—基本生产成本—金装车间—钻床（5001010101）、制造费用（5101）、销售费用（6601）等多栏账并查询。

【子任务 5】 查询 008 账套"222101 应交增值税"多栏式明细账。

第一步，在"新道教育—UFIDA U8"对话框中，单击"业务工作"→"财务会计"→"总账"→"账表"，双击"科目账—多栏账"，进入"多栏账"对话框，单击"增加"，进入"多栏账定义"对话框，输入或选择核算科目"222101 应交增值税"，单击"自动编制"，单击"选项"，如图 3-120 所示。

第二步，单击"分析栏目前置"，选择 22210101、22210103 的方向为"借"，如图 3-121 所示。

第三步，单击"确定"，返回"多栏账"窗口，单击"查询"，显示查询结果，如图 3-122 所示。

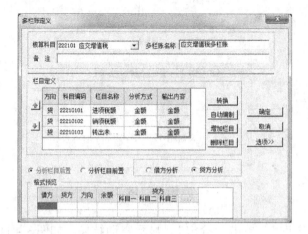

图 3–120

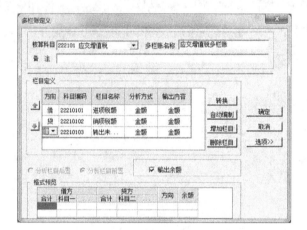

图 3–121

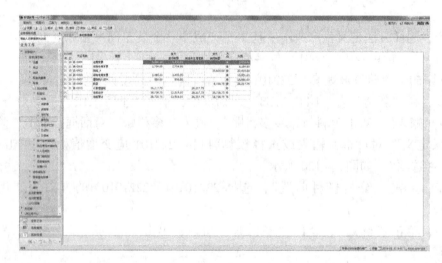

图 3–122

【子任务6】 查询008账套"1122应收账款"客户往来账。

在"新道教育—UFIDA U8"对话框中,单击"总账"→"账表"→"客户往来辅助账",双击"客户往来余额表"→"客户科目余额表",进入"客户科目余额表"对话框,输入或选择科目1122,单击"确定",显示查询结果,如图3-123所示。

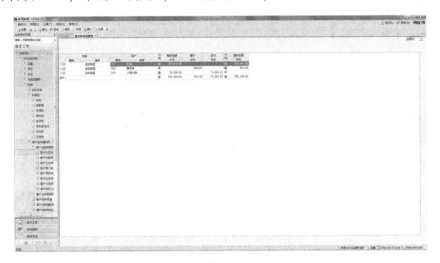

图 3-123

【子任务7】 查询008账套张明亮的个人往来账。

第一步,在"新道教育—UFIDA U8"对话框中,单击"总账"→"账表"→"个人往来账",双击"个人往来清理",进入"个人往来两清条件"对话框,输入或选择科目122101,输入或选择个人"张明亮",单击"确定",显示查询结果,如图3-124所示。

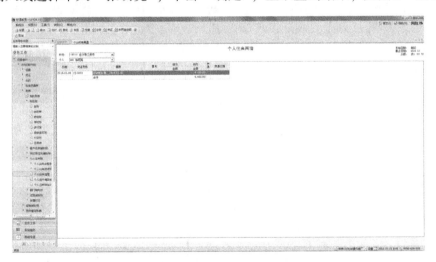

图 3-124

第二步,单击"总账"按钮,可以查询个人往来余额表,如图3-125所示。

第三步,单击"勾对"按钮,可以进行个人往来两清自动勾对。

系统提供了强大的账簿查询功能,使用户能够及时了解账簿信息并满足对账簿数据的统计、分析与打印的需要,包括科目账查询及各种辅助账簿查询。

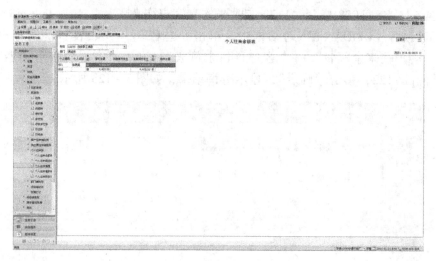

图 3-125

项目四

薪资核算与管理

职工薪酬是指企业因使用职工的知识、技能、时间和精力而给予职工的一种补偿，是企业应付给职工的劳动报酬。薪资管理是企业管理的重要组成部分，薪资管理系统是会计信息系统的一个子系统。

薪资管理系统，适用于企业、行政、事业单位，可进行多工资类别核算、每月多次发放工资核算、月末统一核算等，为不同工资核算类型的企业提供不同的方案。薪资管理系统可以根据输入的原始数据自动计算工资和编制各种工资报表，根据用途自动计提分配工资费用，生成凭证提供给总账系统，从而大大减轻了会计人员核算工资的工作量，提高了会计工作效率。

薪资管理系统主要功能包括工资的计算、工资的发放、工资费用的分摊、工资统计分析和个人所得税的核算等。

项目目标

通过学习，学生能够独立操作财务软件完成工资类别设置、人员档案管理、工资项目及计算公式定义、工资数据计算与查询、工资业务核算等工作任务。

项目重点难点

1. 工资项目定义；
2. 计算公式定义；
3. 工资分摊类型设置；
4. 工资计算、汇总；
5. 工资分摊的处理。

项目内容

任务一　薪资管理系统初始化

任务目标

通过学习，学生操作软件能够正确建立工资账套、设置工资类别及进行基础设置等。

任务导入

1. 建立华通机械厂的工资账套；
2. 设置华通机械厂的工资类别；
3. 进行华通机械厂的有关基础设置。

任务解析

【子任务1】　建立华通机械厂的工资账套。

以201号操作员张东（口令001）的身份，在2016年01月01日登录注册008号账套的薪资管理系统，设置华通机械厂工资账套的参数：工资类别个数：多个，核算币种：人民币；代扣个人所得税；不进行扣零处理。

操作步骤如下：

第一步，单击"开始"→"程序"→"用友U8V10.1"→"企业应用平台"，如图4-1所示。

图 4-1

第二步，输入操作员为"201"，密码"001"，选择账套，单击确定，选择"人力资源"下的"薪资管理"，出现"建立工资套—参数设置"对话框，如图4-2所示。

图 4 – 2

第三步,选择"多个",单击"下一步"按钮,打开"建立工资套—扣税设置"对话框,如图 4 – 3 所示。

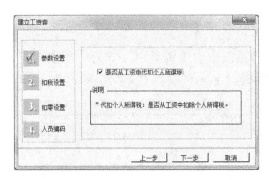

图 4 – 3

第四步,选中"是否从工资中代扣个人所得税"复选框,单击"下一步"按钮,打开"建立工资套—扣零设置"对话框,如图 4 – 4 所示。

图 4 – 4

第五步,单击"下一步"按钮,打开"建立工资套—人员编码"对话框,如图 4 – 5 所示。

第六步,单击"完成"按钮,返回主窗口。

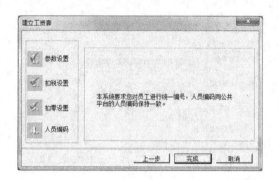

图 4-5

【子任务 2】 设置华通机械厂的工资类别。华通机械厂工资类别分为"正式工"和"合同工",正式工所在部门为所有部门,合同工所在部门为金装车间,工资类别的启用日期均为 2016 年 01 月 01 日。

操作步骤如下:

第一步,选择薪资管理系统中"工资类别"下的"新建工资类别",打开"新建工资类别"对话框,如图 4-6 所示。

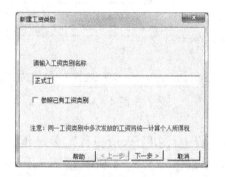

图 4-6

第二步,输入"正式工",单击"下一步"按钮,打开"请选择部门"对话框,如图 4-7 所示。

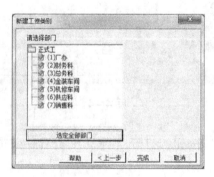

图 4-7

第三步,选中各个部门,或单击"选定全部部门"按钮,单击"完成"按钮。系统提示"是否以 2016-01-01 为当前工资类别的启用日期?"信息,如图 4-8 所示。

图 4-8

第四步,单击"是"按钮,完成"正式工"工资类别的设置。
依此方法设置"合同工"的工资类别。

【子任务 3】 分配 203 李云的数据权限。
操作步骤如下:
第一步,单击"重注册",账套主管 201 张东进入。
第二步,单击"系统服务"→"权限"→"数据权限分配",打开"权限浏览"窗口,如图 4-9 所示。

图 4-9

第三步,选择 203 李云,单击"授权",打开"记录权限设置"对话框,如图 4-10 所示。选择"业务对象"下的"工资权限",授权 203 李云为"正式工"的"工资类别主管",并单击"保存"。
用同样方法授权 203 李云为"合同工"的"工资类别主管",并单击"保存"。

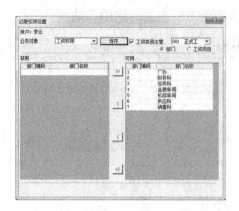

图 4-10

【子任务 4】 设置人员附加信息：学历。

操作步骤如下：

第一步，更换操作员 203，选择薪资管理系统中"设置"菜单下的"人员附加信息设置"，打开"人员附加信息设置"对话框，如图 4-11 所示。

图 4-11

第二步，单击"增加"按钮，再单击"栏目参照"下拉列表框中的下三角按钮，选择"学历"，如图 4-12 所示。

图 4-12

第三步,单击"增加"、"确定"按钮,返回窗口。

【子任务5】 设置工资项目,见表4-1。

表 4-1

项目名称	类型	长度	小数位	工资增减项
基本工资	数字	8	2	增项
岗位工资	数字	8	2	增项
奖金	数字	8	2	增项
交通补贴	数字	8	2	增项
加班天数	数字	8	2	其他
加班费	数字	8	2	增项
工龄	数字	8	2	其他
日工资	数字	8	2	其他
事假天数	数字	8	2	其他
事假扣款	数字	8	2	减项
病假天数	数字	8	2	其他
病假扣款	数字	8	2	减项
应发工资	数字	8	2	其他
计税基数	数字	8	2	其他
养老保险金	数字	8	2	减项
代扣税	数字	8	2	减项
扣款合计	数字	8	2	减项
实发合计	数字	8	2	增项

操作步骤如下:

第一步,在薪资管理系统中,首先关闭工资类别,选择"设置"菜单下的"工资项目设置",打开"工资项目设置"对话框,如图4-13所示。

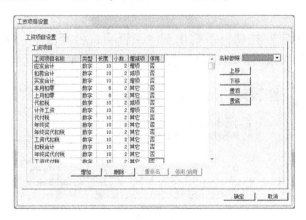

图 4-13

第二步，单击"增加"按钮，再单击"名称参照"下拉列表框中的下三角按钮，选择"基本工资"，将长度调整为"8"，小数位数调整为"2"，在"增减项"栏中选择"增项"，如图 4-14 所示。

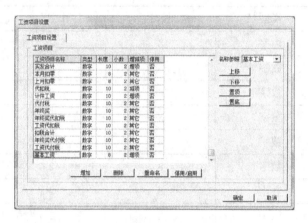

图 4-14

依次继续增加其他工资项目。

第三步，单击"上移"、"下移"按钮，将工资项目移动到合适的位置，如图 4-15 所示。

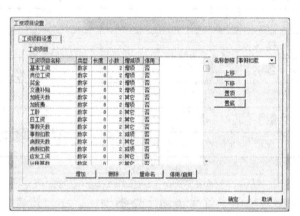

图 4-15

第四步，单击"确定"按钮，系统出现"工资项目已经改变，请确认各工资类别的公式是否正确。否则计算结果可能不正确"提示信息，如图 4-16 所示。

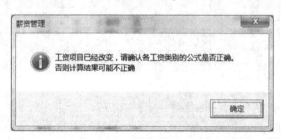

图 4-16

第五步，单击"确定"按钮，返回窗口。

【子任务6】 设置正式工的初始资料。

【子任务6.1】 人员档案：见基础档案2（除407王力和408孙海为合同工，其他全部为正式工；全部人员均为中方人员；通过工商银行代发工资；账号长度8位；按人员档案编号顺序分别为：20988101～20988115）。

增加人员档案时，可以批量从基础档案中引入人员档案的有关信息。

操作步骤如下：

第一步，在薪资管理系统中，选择"工资类别"菜单下的"打开工资类别"，双击"打开工资类别"，出现"打开工资类别"窗口，如图4-17所示。

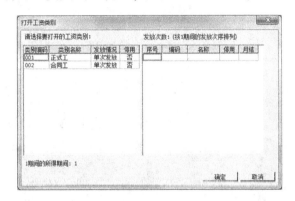

图4-17

第二步，选中"正式工"，单击"确定"按钮，进入"正式工"工资类别窗口，如图4-18所示。

图4-18

第三步，双击"设置"下的"人员档案"，打开"人员档案"窗口，如图4-19所示。

图 4 – 19

第四步,单击"批增",出现"人员批量增加"窗口,如图 4 – 20 所示。

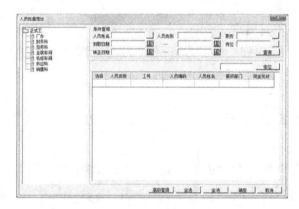

图 4 – 20

第五步,在"查询"栏进行选择,如图 4 – 21 所示。

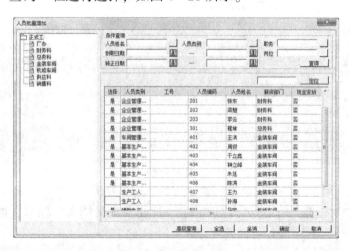

图 4 – 21

第六步，单击"确定"，引入人员档案，如图 4-22 所示。

图 4-22

第七步，双击 101 所在行，可以修改该人员信息，如图 4-23 所示。

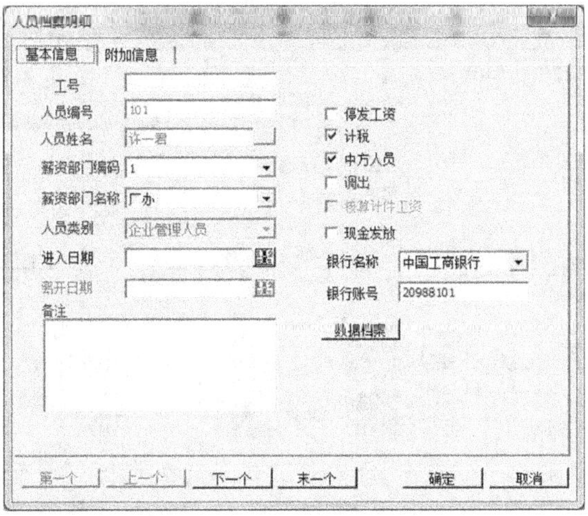

图 4-23

依次修改其他人员信息。

【子任务 6.2】 工资项目：基本工资、岗位工资、奖金、交通补贴、工龄、日工资、事假天数、事假扣款、病假天数、病假扣款、应发工资、计税基数、养老保险金

打开"正式工"工资类别窗口，单击"设置"下的"工资项目设置"，打开"工资项目设置"对话框，通过"名称参照"选择设置正式工的工资项目，并通过"上移"、"下移"调整工资项目的顺序。

【子任务 6.3】 设置计税基数的计算公式：

计税基数：基本工资 + 岗位工资 + 奖金 - 病假扣款 - 事假扣款 - 养老保险金

操作步骤如下：

第一步,在薪资管理系统中,选择"设置"菜单下的"工资项目设置",打开"工资项目设置"对话框,单击"公式设置"标签,单击"增加"按钮,再单击"工资项目"列表框左侧的下三角按钮,选择"计税基数",如图4-24所示。

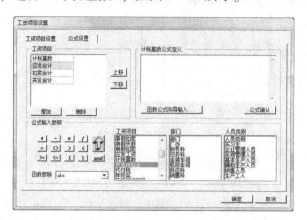

图4-24

第二步,在"计税基数公式定义"文本框中,依次在公式项目中选择或输入基本工资、岗位工资、奖金、病假扣款、事假扣款、养老保险金及运算符号,如图4-25所示。

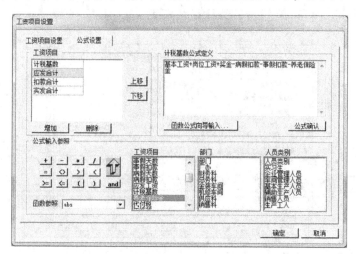

图4-25

第三步,单击"公式确认"按钮,即可进行公式的保存。

【子任务6.4】 设置岗位工资的计算公式。

岗位工资:iff(人员类别="企业管理人员",900,iff(人员类别="辅助生产人员",800,850))

操作步骤如下:

第一步,在薪资管理系统中,选择"设置"菜单下的"工资项目设置",打开"工资项目设置"对话框,单击"公式设置"标签,单击"增加"按钮,再单击"工资项目"列表框左侧的下三角按钮,选择"岗位工资",如图4-26所示。

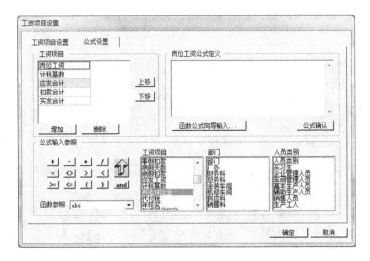

图 4-26

第二步，单击"函数公式向导输入"按钮，在"函数名"列表框中选择 iff，如图 4-27 所示。

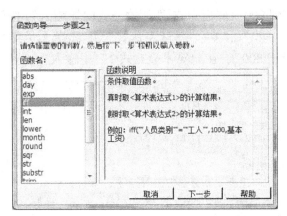

图 4-27

第三步，单击"下一步"，在"逻辑表达式"中选择"人员类别 = 企业管理人员"，如图 4-28 所示。

图 4-28

第四步，单击"确定"按钮，在"算术表达式1"中输入900，单击"完成"按钮，如图4-29所示。

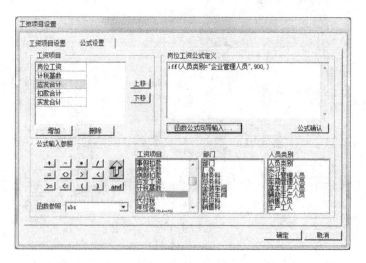

图4-29

第五步，把光标移到900，然后单击"函数公式向导输入"按钮，在"函数名"列表框中选择 iff，单击"下一步"，在"逻辑表达式"中选择人员类别为辅助生产人员，在"算术表达式1"中输入"800"，在"算术表达式2"中输入"850"，如图4-30所示。

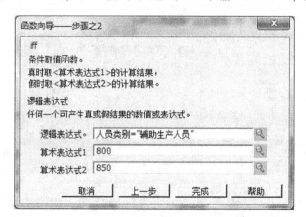

图4-30

第六步，单击"完成"按钮，如图4-31所示。
第七步，单击"公式确认"进行保存。
依此方法设置以下工资项目的计算公式。
奖金：iff(人员类别="企业管理人员",300,400)
交通补贴：iff(人员类别="销售人员",300,200)
日工资=(基本工资+岗位工资+奖金)/20.92
病假扣款：iff(工龄>=10,日工资*病假天数*0.2,IFF(工龄>=5 AND 工龄<10,日工资*病假天数*0.3,日工资*病假天数*0.5))
事假扣款=事假天数*日工资

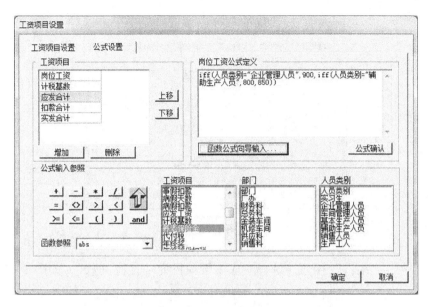

图 4-31

养老保险金 = 应发工资 * 0.08

应发工资 = 基本工资 + 岗位工资 + 奖金 + 交通补贴 - 事假扣款 - 病假扣款

定义公式时，一些运算符和函数的使用方法与计算机语言中的用法基本相同。

【子任务 6.5】 扣税设置：对应工资项目（计税基数）；扣税基数 3 500 元。

操作步骤如下：

第一步，在薪资管理系统中，选择"设置"菜单下的"选项"，打开"选项"对话框，如图 4-32 所示。

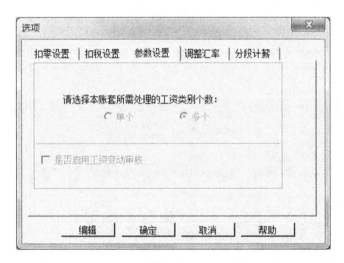

图 4-32

第二步，单击"扣税设置"页签，如图 4-33 所示。

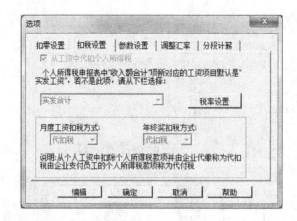

图 4-33

第三步，单击"编辑"按钮，选择对应工资项目为"计税基数"，如图 4-34 所示。

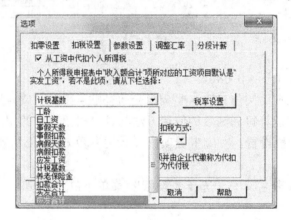

图 4-34

第四步，单击"税率设置"按钮，打开"个人所得税申报表——税率表"窗口，如图 4-35 所示。

图 4-35

第五步，设置扣税基数为"3 500"，单击"确定"按钮，退出窗口。

【子任务7】 设置合同工的初始数据:

①人员档案:见基础档案2(407王力和408孙海为合同工,中方人员;工行代发;账号长度8位;分别为20988116、20988117)。

②工资项目:基本工资、加班天数、加班费、应发工资、计税基数、养老保险金。

③计算公式:

加班费 = 加班天数 × 50

应发工资 = 基本工资 + 加班费

计税基数 = 基本工资 + 加班费

养老保险金 = 应发工资 × 0.08

④扣税设置:对应工资项目(计税基数);扣税基数3 500元。

打开合同工工资类别,按照上述方法,进行"合同工"初始资料的有关设置。

知识链接

薪资管理系统是针对所有用户设计的,用户根据本单位的实际情况,通过系统初始化设置有关内容,把一个通用的薪资管理系统转化为本单位专用的薪资管理系统,薪资管理系统初始化包括建立工资账套、设置工资类别和基础设置等内容。

建立了工资账套,设置工资类别后,需要对薪资管理系统运行所需要的基础信息进行设置,包括:人员附加信息设置、工资项目设置、公式设置等,首先要关闭工资类别,才能进行有关基础设置。

1. 人员附加信息设置

各企业对人员档案所提供的信息不同,系统中除了人员档案管理的基本功能外,还增加了人员辅助信息,从而丰富了人员档案管理的内容,便于有效地管理。

2. 工资项目设置

工资计算是通过工资项目来体现的,工资项目设置即定义工资核算时所涉及的项目名称、类型、宽度等。薪资管理系统中提供了一些固定的工资项目,包括"应发合计"、"扣款合计"、"实发合计",若在建立工资账套时选择了"扣税处理",则系统在工资项目中自动生成"代扣税"项目,这些项目不能删除和重命名。除此以外,单位还可以根据自己需要输入或参照增加有关的工资项目。

3. 人员档案管理

(1) 增加人员档案。人员档案设置主要用于登记工资发放人员的编号、姓名、所属部门、人员类别等信息,人员的增减变动也在此功能中处理。

(2) 修改人员档案。人员档案在修改状态下可以进行"停发工资"、"调出"和"数据档案"的编辑,但人员编号不能修改。

(3) 数据替换。当个别人员的档案需要修改时,在"人员档案"对话框中可以进行修改。当一批人员的某个工资项目同时需要修改时,可以利用数据替换功能,即将符合条件的人员的某个工资项目的内容,统一替换为某个数据,以提高修改速度。

4. 计算公式设置

计算公式的设置就是定义工资项目之间的运算关系,公式设置得正确与否直接影响到工资计算的正确性。

任务二　工资计算与所得税扣缴

任务目标

通过学习，学生操作软件能够完成工资计算、所得税扣缴等业务的处理。

任务导入

1. 完成工资计算；
2. 完成个人所得税扣缴处理。

任务解析

【子任务1】　正式工工资计算及所得税扣缴。

【子任务1.1】　5日，本单位正式工的工资及考勤情况见表4-2。

表4-2

职员编号	职员名称	所属部门	基本工资	工龄	事假天数	病假天数
101	许一君	厂办	4 900	25		
102	林华	厂办	2 400	12		
201	张东	财务科	3 950	26		
202	梁慧	财务科	2 238	10		1
203	李云	财务科	2 120	5		
301	程林	总务科	2 098	14		
401	王洪	金装车间	3 259	18		
402	周俊	金装车间	2 925	15		
403	于立鑫	金装车间	2 796	12		
404	钟立峰	金装车间	2 216	11		
405	朱廷	金装车间	2 075	8		
406	陈涛	金装车间	1 920	5	1	
501	马鸣	机修车间	2 050	7		
601	张明亮	供应科	3 076	16		
701	董维	销售科	2 121	9		

操作步骤如下：

第一步，打开"正式工"工资类别，选择"业务处理"菜单下的"工资变动"，打开"工资变动"窗口，如图4-36所示。

图 4-36

第二步，在"工资变动"中，分别输入员工的工资数据，如图 4-37 所示。

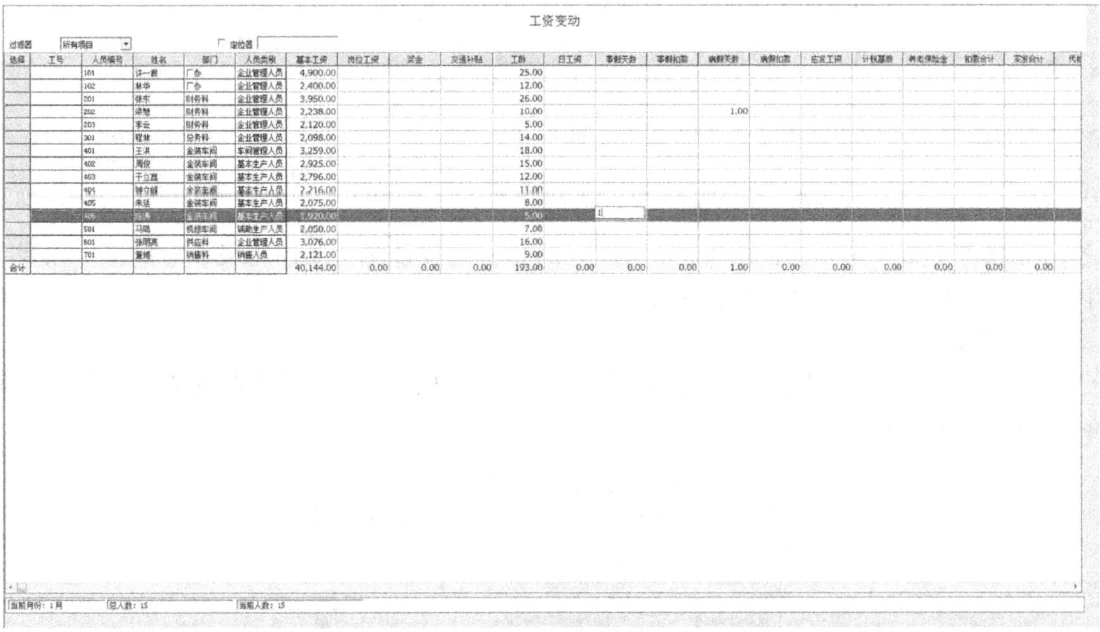

图 4-37

第三步，单击"计算"按钮，计算全部工资数据，如图 4-38 所示。

第四步，关闭当前窗口，系统出现提示"数据发生变动后尚未进行汇总，是否进行汇总？"，如图 4-39 所示。

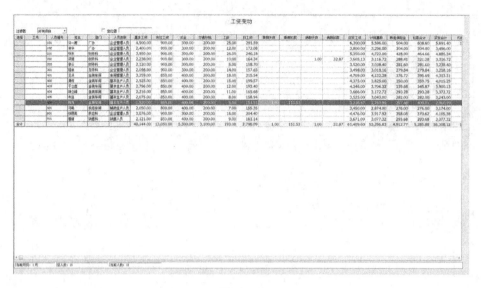

图4-38

图4-39

第五步,单击"是"按钮,退出当前窗口。

【子任务1.2】 1月,正式工按3 500元的扣税基数计算个人所得税,对应工资项目为计税基数。计算正式工应缴个人所得税。

操作步骤如下:

第一步,选择"业务处理"菜单下的"扣缴所得税",打开"所得税申报模板"对话框,如图4-40所示。

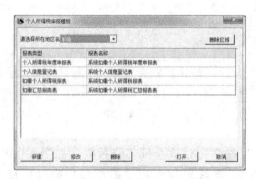

图4-40

第二步,选择"扣缴个人所得税报表",单击"打开"按钮,出现"所得税申报"对话框,如图4-41所示。

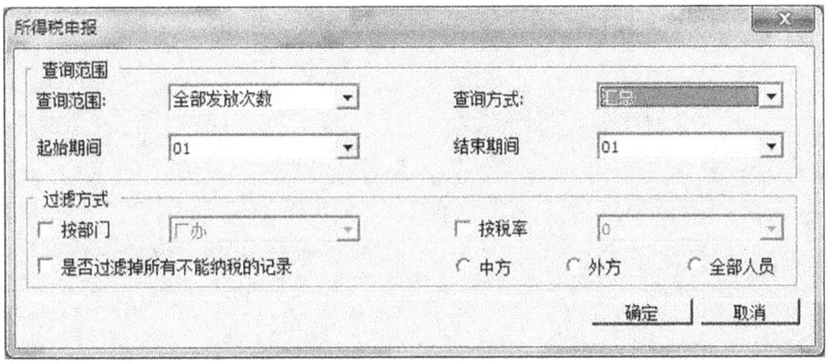

图 4-41

第三步,单击"确定",如图4-42所示。

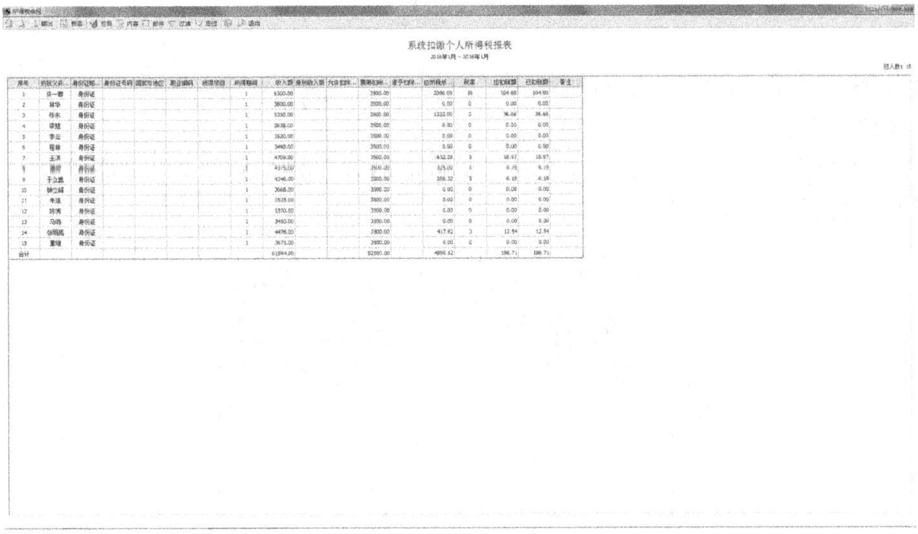

图 4-42

第四步,单击"退出"。

【子任务2】 本单位合同工的工资及考勤情况见表4-3。

表 4-3

职员编号	职员名称	所属部门	基本工资	加班天数
407	王力	金装车间	1 600	7
408	孙海	金装车间	1 600	8

打开合同工的工资类别,比照正式工工资计算方法,可以进行合同工工资的计算,计算结果如图4-43所示。

图 4-43

【子任务 3】 汇总正式工、合同工工资数据。

操作步骤如下：

第一步，关闭工资类别，选择"维护"菜单下的"工资类别汇总"，打开"工资类别汇总"对话框，如图 4-44 所示。

图 4-44

第二步，选择要汇总的工资类别，单击"确定"，如图 4-45 所示。

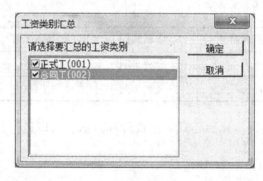

图 4-45

第三步,单击"重注册",账套主管 201 张东进入,分配李云(998)汇总工资类别主管权限。由 203 李云选择"工资类别"菜单下的"打开工资类别",打开"打开工资类别"窗口,如图 4-46 所示。

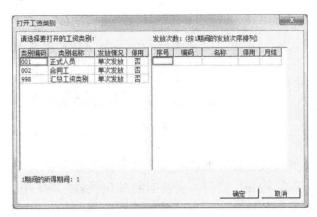

图 4-46

第四步,选择"998 汇总工资类别",单击"确定",完成"扣税设置",选择"业务处理"下的"工资变动",打开(998)汇总工资类别"工资变动"窗口,单击"汇总",计算结果如图 4-47 所示。

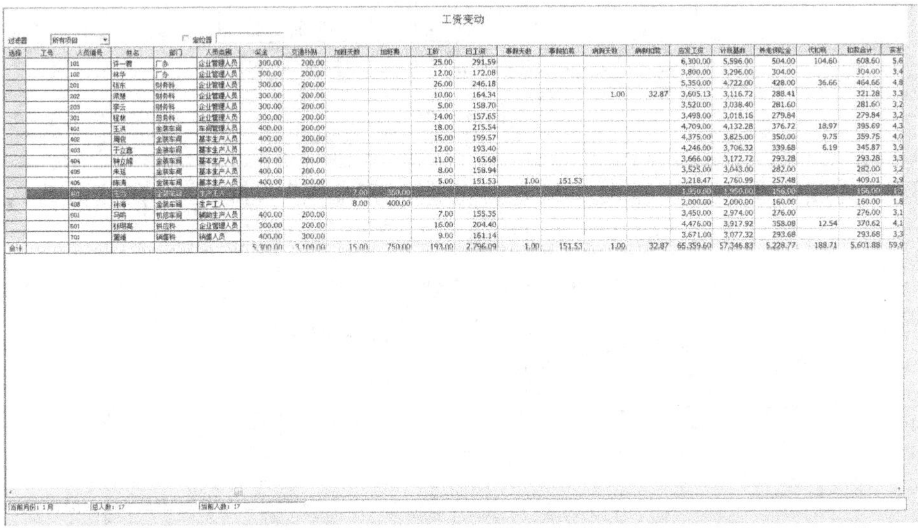

图 4-47

第五步,完成"扣缴所得税"后再进入"工资变动",退出窗口进行工资汇总。

【子任务 4】 签发转账支票一张,支票号 54819521,委托工商银行代发工资,并代扣养老保险金及个人所得税。

【子任务 4.1】 代发工资、代扣养老保险金、代扣个人所得税的制单设置。

操作步骤如下:

第一步,选择"业务处理"菜单下的"工资分摊",打开"工资分摊"对话框,如图 4-48 所示。

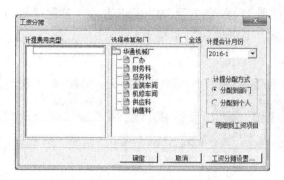

图 4-48

第二步，单击“工资分摊设置”按钮，打开“分摊类型设置”对话框。

第三步，单击“增加”按钮，打开“分摊计提比例设置”对话框。

第四步，在“计提类型名称”栏录入“代发工资”，如图 4-49 所示。

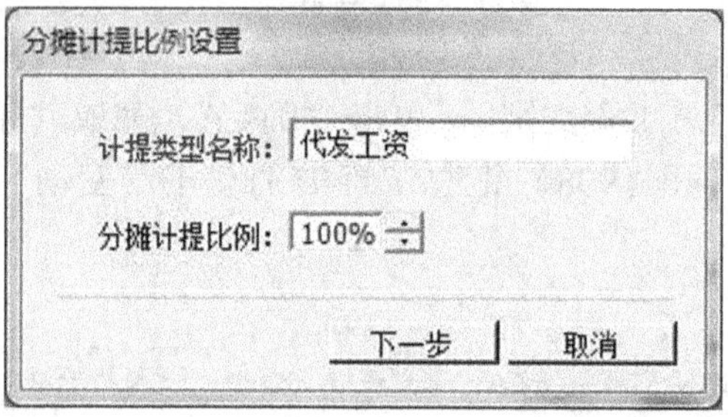

图 4-49

第五步，单击“下一步”按钮，打开“分摊构成设置”对话框。在“分摊构成设置”对话框中，分别选择分摊构成的各个项目内容，如图 4-50 所示。

部门名称	人员类别	工资项目	借方科目	借方项目大类	借方项目	贷方科目	贷方项目大类
厂办,财务科,总...	企业管理人员	实发合计	221101			100201	
金装车间	基本生产人员	实发合计	221101			100201	
金装车间	车间管理人员	实发合计	221101			100201	
金装车间	生产工人	实发合计	221101			100201	
机修车间	辅助生产人员	实发合计	221101			100201	
销售科	销售人员	实发合计	221101			100201	

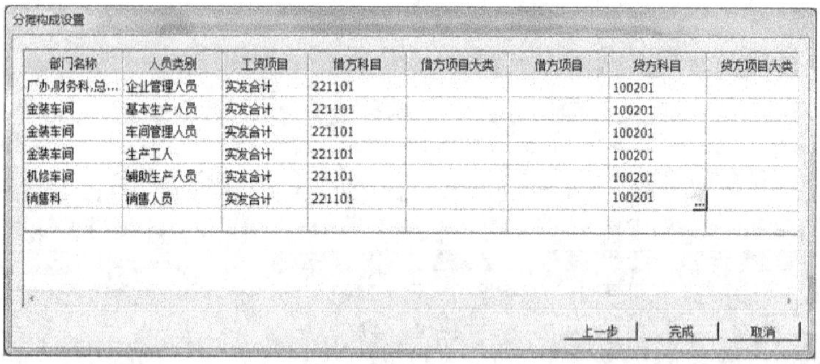

图 4-50

第六步，单击“完成”按钮，返回到“分摊类型设置”对话框。

第七步，单击“增加”按钮，在“计提类型名称”栏录入“代扣养老保险金”，如图 4-51所示。

第八步，单击“下一步”按钮，打开“分摊构成设置”对话框。在“分摊构成设置”对话框中，分别选择分摊构成的各个项目内容。

项目四　薪资核算与管理

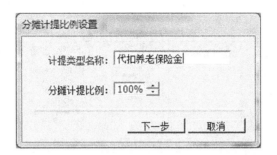

图 4-51

第九步，单击"完成"按钮，返回到"分摊类型设置"对话框，依次设置代扣个人所得税，如图 4-52 所示。

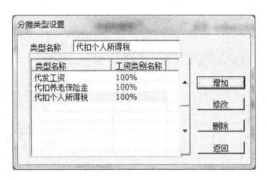

图 4-52

第十步，单击"返回"按钮，回到"工资分摊"窗口，如图 4-53 所示。

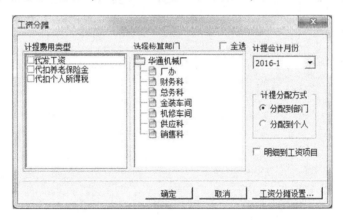

图 4-53

第十一步，单击"取消"按钮，暂时不进行分摊的操作。

【子任务4.2】　生成凭证。

操作步骤如下：

第一步，选择"业务处理"菜单下的"工资分摊"，打开"工资分摊"对话框，如图 4-54所示。

图 4-54

第二步，选中"代发工资"前的复选框，并单击选中各个部门，选中"明细到工资项目"复选框，如图 4-55 所示。

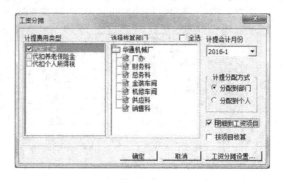

图 4-55

第三步，单击"确定"按钮，进入"代发工资一览表"，如图 4-56 所示。

图 4-56

第四步，选中"合并科目相同、辅助项相同的分录"前的复选框。
第五步，单击"制单"按钮，选择凭证类别为"付款凭证"，录入"结算方式、票号"单击"保存"按钮，如图 4-57 所示。

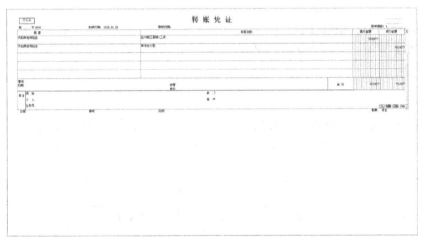

图 4-57

第六步，关闭当前窗口。

第七步，用同样方法生成"代扣养老保险金、代扣个人所得税"的凭证，结果如图 4-58 所示。

图 4-58

> **知识链接**
>
> 1. 工资计算
> 第一次使用薪资管理系统必须将所有人员的基本工资数据输入系统，每月发生的工资数据变动在此基础上进行调整。
> 2. 个人所得税扣缴
> 系统提供了个人所得税自动计算功能，用户可根据需要定义所得税税率并设置扣税基数就可以由系统自动计算个人所得税，既减轻了用户的工作量，又提高了工作效率。

任务三　工资分摊

任务目标

通过学习，学生操作软件完成工资分摊类型的设置、分摊业务的处理，自动生成正确的凭证。

任务导入

1. 完成工资分摊类型设置；
2. 完成工资分摊及凭证生成业务处理。

任务解析

【子任务1】 分配工资费用的设置。1月份，工资分摊类型为"工资"、"工会经费"、"职工教育经费"、"养老保险金"，比例分别为100%、2%、2.5%、20%，见表4-4。

表4-4

部门		借方				贷方
		工资	工会经费	职工教育经费	养老保险金	
厂办财务科总务科供应科	企业管理人员	660201	660202	660203	660204	2211
金装车间	基本生产人员	50010101012	50010101012	50010101012	50010101012	2211
	生产工人	50010101012	50010101012	50010101012	50010101012	2211
	车间管理人员	510101	510102	510103	510104	2211
机修车间	辅助生产人员	50010201	50010202	50010203	50010204	2211
销售科	销售人员	660101	660102	660103	660104	2211

操作步骤如下：

第一步，选择“业务处理”菜单下的“工资分摊”，打开“工资分摊”对话框，如图4－59所示。

工资分摊
计提费用类型
代付工资
代扣养老保险金
代扣个人所得税
选择核算部门
全选
华通机械厂
厂办
财务科
总务科
金装车间
机修车间
供应科
销售科
计提会计月份
2016-1
计提分配方式
分配到部门
分配到个人
明细到工资项目
按项目核算
确定
取消
工资分摊设置...

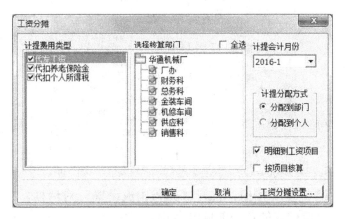

图 4－59

第二步，单击“工资分摊设置”按钮，打开“分摊类型设置”对话框。

第三步，单击“增加”按钮，打开“分摊计提比例设置”对话框。

第四步，在“计提类型名称”栏录入“工资”，如图 4－60 所示。

分摊计提比例设置
计提类型名称：工资
分摊计提比例：100%
下一步
取消

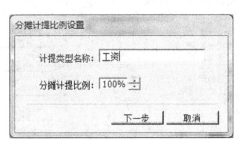

图 4－60

第五步，单击“下一步”按钮，打开“分摊构成设置”对话框。在“分摊构成设置”对话框中，分别选择分摊构成的各个项目内容，如图 4－61 所示。

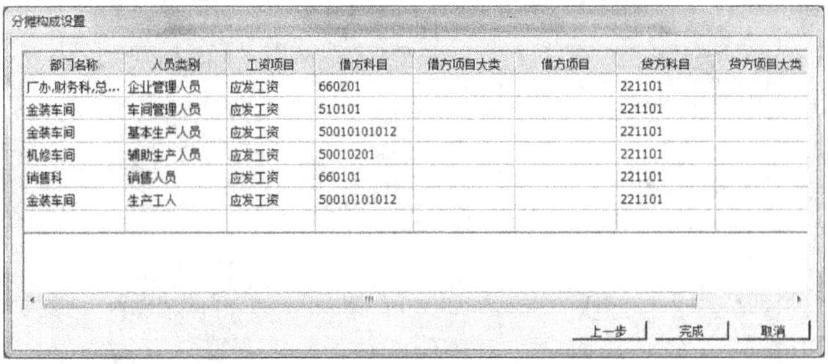

分摊构成设置
部门名称 人员类别 工资项目 借方科目 借方项目大类 借方项目 贷方科目 贷方项目大类
厂办,财务科,总… 企业管理人员 应发工资 660201 221101
金装车间 车间管理人员 应发工资 510101 221101
金装车间 基本生产人员 应发工资 50010101012 221101
机修车间 辅助生产人员 应发工资 50010201 221101
销售科 销售人员 应发工资 660101 221101
金装车间 生产工人 应发工资 50010101012 221101
上一步
完成
取消

图 4－61

第六步，单击"完成"按钮，返回到"分摊类型设置"对话框。

第七步，单击"增加"按钮，打开"分摊计提比例设置"对话框，在"计提类型名称"栏录入"工会经费"，在"分摊计提比例"栏录入2%，如图4-62所示。

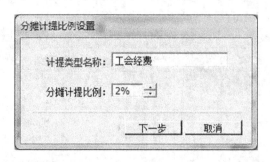

图 4-62

第八步，单击"下一步"按钮，打开"分摊构成设置"对话框。在"分摊构成设置"对话框中，分别选择分摊构成的各个项目内容。

第九步，单击"完成"按钮，返回到"分摊类型设置"对话框，依次设置职工教育经费和代扣养老保险金，如图4-63所示。

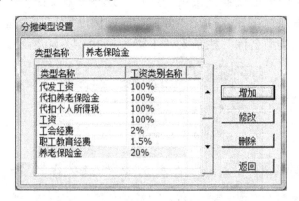

图 4-63

第十步，单击"返回"按钮，回到"工资分摊"窗口，如图4-64所示。

图 4-64

第十一步，单击"取消"按钮，暂时不进行分摊的操作。

【子任务2】 生成凭证。

操作步骤如下：

第一步，选择"业务处理"菜单下的"工资分摊"，打开"工资分摊"对话框，选中"工资"前的复选框，并单击选中各个部门，选中"明细到工资项目"复选框，如图4-65所示。

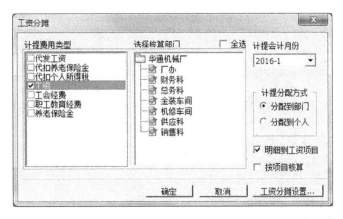

图 4-65

第二步，单击"确定"按钮，进入"工资一览表"，如图4-66所示。

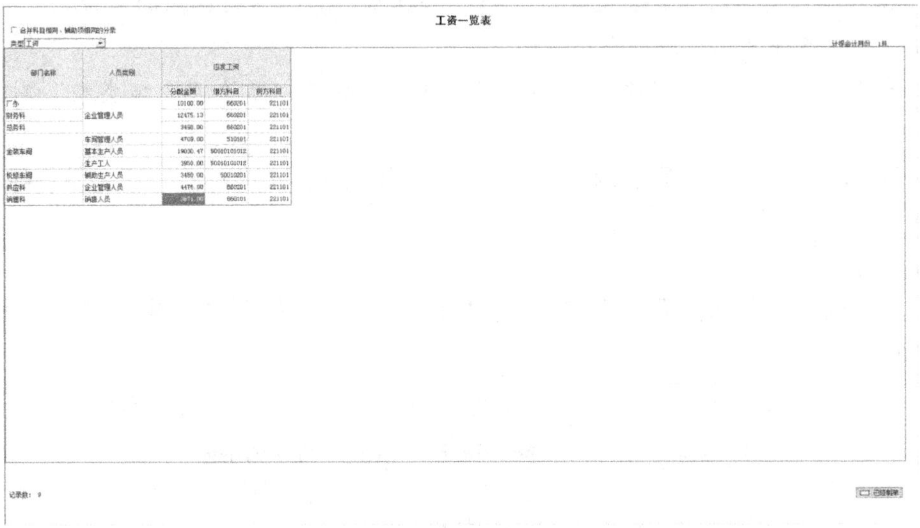

图 4-66

第三步，选中"合并科目相同、辅助项相同的分录"前的复选框。

第四步，单击"制单"按钮，选择凭证类别为"转账凭证"，单击"保存"按钮，如图4-67所示。

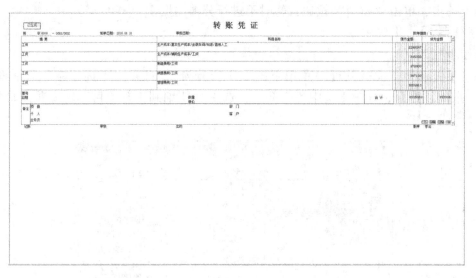

图 4-67

第五步,单击"退出"按钮,返回"工资一览表"。

第六步,关闭当前窗口。

注意:

(1) 工资分摊应按"分摊类型"依次进行。

(2) 在进行工资分摊时,如果取消"合并科目相同、辅助项相同的分录"前的复选框,生成的凭证每一条分录都对应一个贷方科目。

(3) 如果单击"批制"按钮,则一次可以将本次参与分摊的"分摊类型"对应的凭证全部生成。

【子任务3】 按应发工资的2%、2.5%、20%分别计提工会经费、职工教育经费、养老保险金并制单。

操作步骤如下:

第一步,选择"业务处理"菜单下的"工资分摊",打开"工资分摊"对话框,如图4-68所示。

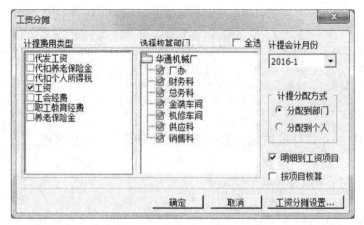

图 4-68

第二步,分别选中"工会经费"、"职工教育经费"、"养老保险金"前的复选框,如图 4-69 所示。

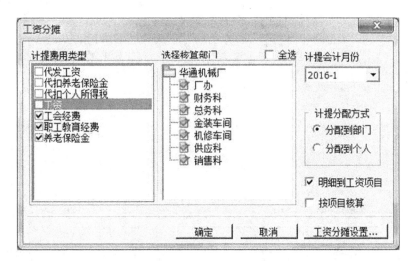

图 4-69

第三步,单击"确定"按钮,进入"工会经费一览表",单击"类型"栏的下三角按钮,选择"工会经费",如图 4-70 所示。

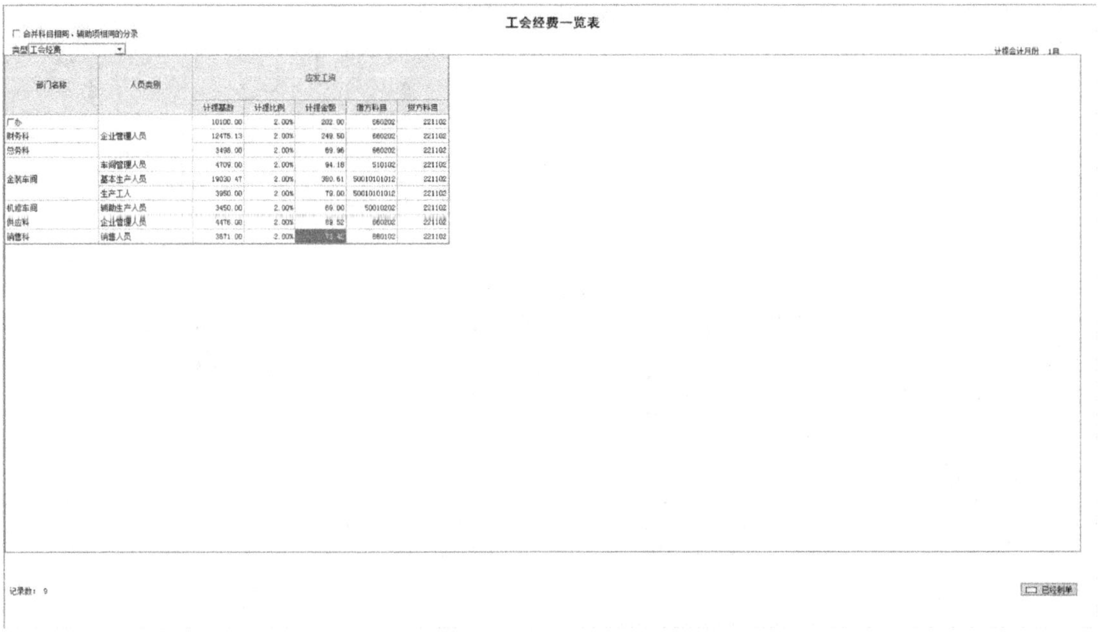

图 4-70

第四步,选中"合并科目相同、辅助项相同的分录"前的复选框。单击"制单"按钮,选择凭证类别为"转账凭证",单击"保存"按钮,结果如图 4-71 所示。

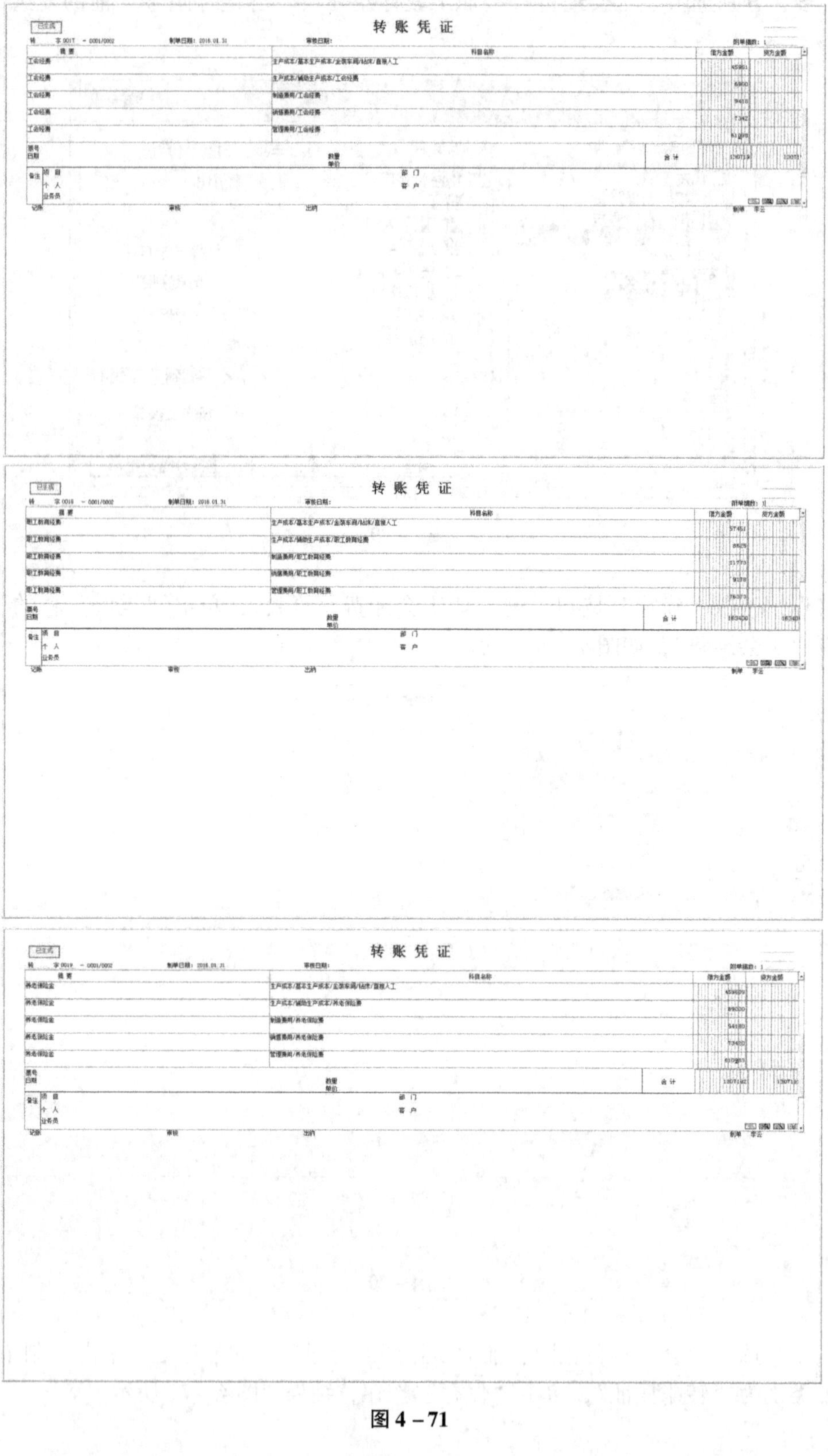

图 4-71

任务四　工资报表查询

任务目标

通过学习，学生能够操作软件完成工资表、工资分析表和工资凭证的查询任务。

任务导入

1. 完成工资表的查询；
2. 完成工资分析表的查询；
3. 完成工资凭证的查询。

任务解析

【子任务1】　工资表的查询。

操作步骤如下：

第一步，选择"统计分析"菜单下"账表"中的"工资表"，打开"工资表"对话框，如图4-72所示。

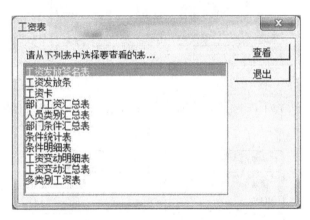

图4-72

第二步，选择要查看的工资表，单击"查看"按钮，即可得到相应的查询结果。

【子任务2】　工资分析表的查询。

操作步骤如下：

第一步，选择"统计分析"菜单下"账表"中的"工资分析表"，打开"工资分析表"对话框，如图4-73所示。

第二步，选择工资项目分析表，单击"确定"按钮，打开"请选择分析部门"对话框，如图4-74所示。

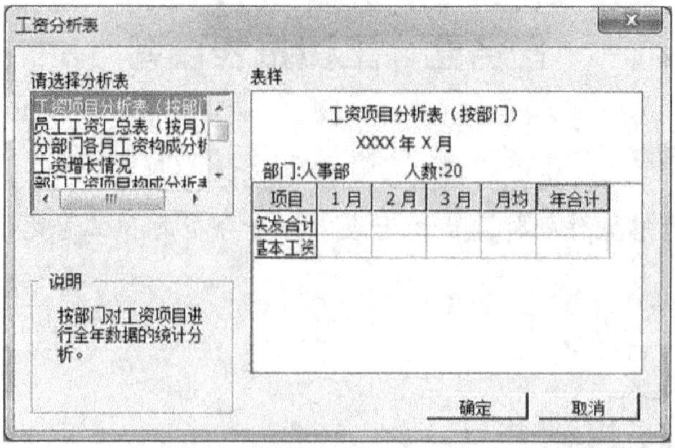

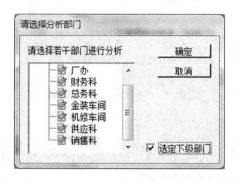

图 4-73

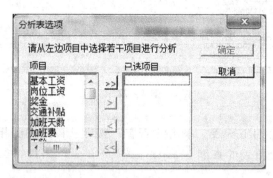

图 4-74

第三步，选择分析部门，单击"确定"按钮，打开"分析表选项"对话框，如图 4-75 所示。

图 4-75

第四步，选择工资项目，单击"确定"按钮，打开"工资项目分析"对话框，如图 4-76 所示。

第五步，从"部门"列表框中可选择部门进行查看。

项目	1月	月均	年度合计
基本工资	7,300.00	7,300.00	7,300.00
岗位工资	1,800.00	1,800.00	1,800.00
奖金	600.00	600.00	600.00
交通补贴	400.00	400.00	400.00
加班天数			
加班费			
工龄	37.00	37.00	37.00
日工资	463.67	463.67	463.67
事假天数			
事假扣款			
病假天数			
病假扣款			
应发工资	10,100.00	10,100.00	10,100.00
计税基数	8,892.00	8,892.00	8,892.00
养老保险金	808.00	808.00	808.00
代扣税	104.60	104.60	104.60
扣款合计	912.60	912.60	912.60
实发合计	9,187.40	9,187.40	9,187.40
代付税			
年终奖			
年终奖代扣			
工资代扣税	104.60	104.60	104.60
扣税合计	104.60	104.60	104.60
年终奖代付			
工资代付税			
应发合计	10,100.00	10,100.00	10,100.00

图 4－76

【子任务 3】 工资凭证的查询。

操作步骤如下：

第一步，选择“统计分析”菜单下的“凭证查询”，打开“凭证查询”对话框，如图 4－77所示。

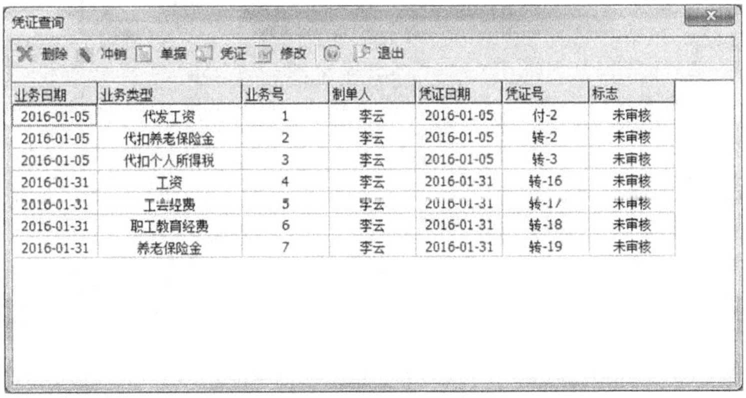

业务日期	业务类型	业务号	制单人	凭证日期	凭证号	标志
2016-01-05	代发工资	1	李云	2016-01-05	付-2	未审核
2016-01-05	代扣养老保险金	2	李云	2016-01-05	转-2	未审核
2016-01-05	代扣个人所得税	3	李云	2016-01-05	转-3	未审核
2016-01-31	工资	4	李云	2016-01-31	转-16	未审核
2016-01-31	工会经费	5	李云	2016-01-31	转-17	未审核
2016-01-31	职工教育经费	6	李云	2016-01-31	转-18	未审核
2016-01-31	养老保险金	7	李云	2016-01-31	转-19	未审核

图 4－77

第二步，选择一张要删除的凭证，单击“删除”按钮，即可删除一张未审核的凭证。

第三步，选择一张凭证，单击“单据”按钮，即可显示生成凭证的原始单据。

第四步，选择一张凭证，单击“冲销”按钮，即可对当前标志为“记账”的凭证进行红字冲销操作，自动生成与原凭证相同的红字凭证。

知识链接

工资业务处理完成后，相关工资报表数据同时形成。系统提供了多种形式的报表反映工资核算的结果，报表的格式是按照一定的格式由系统设计的。如果对报表提供的固定格式不满意，系统提供修改表—新建表的功能。

1. 工资表查询

工资表用于本月工资的发放和统计，本功能主要完成查询和打印各种报表的工作。工资表包括以下一些由系统提供的原始表：工资卡、工资发放条、部门工资汇总表、部门条件汇总表、工资发放签名表、人员类别汇总表、条件统计表及工资变动汇总表等。

2. 工资分析表

工资分析表是以工资数据为基础，对部门、人员类别的工资数据进行分析和比较，产生各种报表。包括：工资项目分析表、员工工资汇总表、分部门各月工资构成分析表、工资增长情况、部门工资项目构成分析表、员工工资项目统计表、分类统计表等。

3. 工资凭证查询

工资核算的结果以转账凭证的形式传递到总账系统，在总账系统中可以进行查询、审核、记账等，但是不能进行修改和删除。薪资管理系统中的凭证查询功能可以对薪资系统中所生成的转账凭证进行修改和删除的操作。

项目五

固定资产核算与管理

固定资产管理系统主要功能是完成固定资产日常业务的核算和管理，反映固定资产的增加、减少、原值变化及其他变动，自动计提折旧，生成折旧分配凭证，同时输出一些相关的账表。用友U8V10.1软件中的固定资产管理系统，适用于企业、行政、事业单位，可以根据输入的原始数据自动生成凭证提供给总账系统，从而大大减轻了会计人员的工作量，提高了会计工作效率。

项目目标

通过学习，学生独立操作财务软件完成固定资产的初始设置、日常业务核算及期末业务处理。

项目重点难点

1. 固定资产系统初始处理；
2. 固定资产增减处理；
3. 期末处理。

项目内容

任务一 固定资产初始化

任务目标

通过学习，学生能够操作软件完成固定资产账套建立和固定资产系统的基础设置任务。

任务导入

1. 建立华通机械厂的固定资产账套；
2. 完成华通机械厂固定资产系统的基础设置。

任务解析

【子任务1】 建立华通机械厂固定资产账套。

以 203 号操作员李云（口令 003）的身份，在 2016-01-01 登录注册 008 华通机械厂账套固定资产系统，并建立固定资产账套。业务控制参数：按平均年限法（一）计提折旧，折旧分配周期为 1 个月。类别编码方式为：2112；固定资产编码方式：类别编码+部门编码+序号自动编码，卡片序号长度：3；要求与账务系统进行对账，固定资产对账科目：固定资产；累计折旧对账科目：累计折旧，在对账不平的情况下不允许月末结账。月末结账前一定要完成制单登账业务；固定资产默认入账科目：1601；累计折旧默认入账科目：1602。

操作步骤如下：

第一步，单击"开始"→"程序"→"用友 U8V10.1"→"企业应用平台"，如图 5-1 所示。

图 5-1

第二步，输入操作员为"203"，密码为"003"，选择账套和操作日期，单击"登录"，选择"财务会计"下的"固定资产"，系统弹出"这是第一次打开此账套，还未进行过初始化，是否进行初始化？"信息提示，如图 5-2 所示。

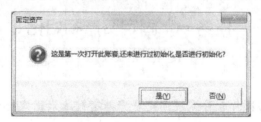

图 5-2

第三步,单击"是"按钮,打开"初始化账套向导—约定及说明"对话框,如图 5-3 所示。

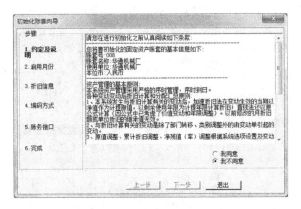

图 5-3

第四步,选择"我同意",单击"下一步"按钮,打开"初始化账套向导—启用月份"对话框,如图 5-4 所示。

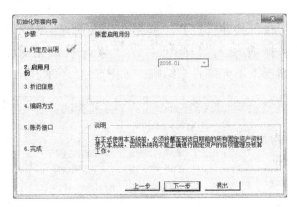

图 5-4

第五步,单击"下一步"按钮,打开"初始化账套向导—折旧信息"对话框,如图 5-5 所示。

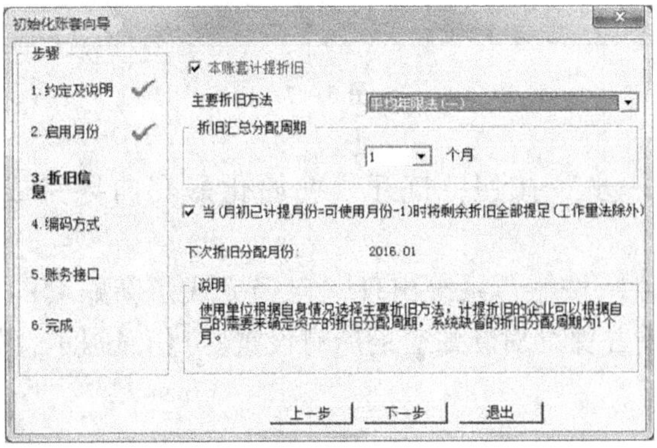

图 5-5

第六步，选择主要折旧方法为"平均年限法（一）"，单击"下一步"按钮，打开"初始化账套向导—编码方式"对话框。类别编码方式为：2112，选择固定资产编码方式为"类别编码+部门编码+序号"自动编码，固定资产序号长度为"3"，如图 5-6 所示。

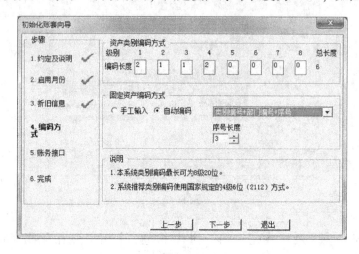

图 5-6

第七步，单击"下一步"按钮，打开"初始化账套向导—账务接口"对话框。在"固定资产对账科目"栏选择或录入"1601"；在"累计折旧对账科目"栏选择或录入"1602"，在对账不平的情况下不允许月末结账，如图 5-7 所示。

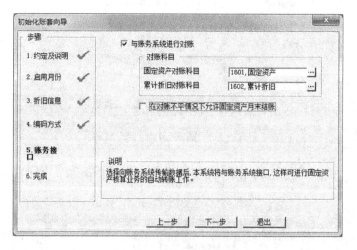

图 5-7

第八步，单击"下一步"按钮，打开"初始化账套向导完成"对话框，如图 5-8 所示。

第九步，单击"完成"按钮，系统出现"已经完成了新账套的所有设置工作，是否确定所设置的信息完全正确并保存对新账套的所有设置？"信息提示，如图 5-9 所示。

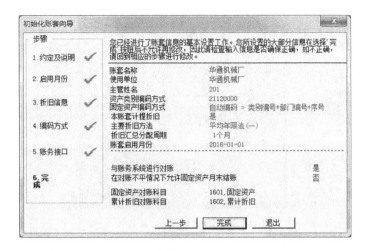

图 5-8

图 5-9

第十步，单击"是"按钮，系统提示"已成功初始化本固定资产账套!"，单击"确定"按钮，固定资产建账完成，如图 5-10 所示。

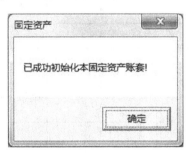

图 5-10

【子任务 2】 设置固定资产账套参数：月末结账前一定要完成制单登账业务；固定资产默认入账科目：1601；累计折旧默认入账科目：1602。

操作步骤如下：

第一步，在"固定资产"系统中，单击"设置"菜单下的"选项"，显示"选项"窗口，如图 5-11 所示。

图 5-11

第二步，单击"与账务系统接口"标签，单击"编辑"按钮，选中"月末结账前一定要完成制单登账业务"复选框，在"［固定资产］缺省入账科目"栏选择或输入"1601"，在"［累计折旧］缺省入账科目"栏选择或输入"1602"，在"［减值准备］缺省入账科目"栏选择或输入"1603"，在"［增值税进项税额］缺省入账科目"栏选择或输入"22210101"，在"［固定资产清理］缺省入账科目"栏选择或输入"1606"，单击"确定"即可完成。

【子任务3】 设置华通机械厂固定资产类别见表 5-1。

表 5-1

编码	类别名称	净残值率/%	单位	计提属性
01	房屋建筑物	4		总计提
011	生产用	4		总计提
012	非生产用	4		总计提
02	通用设备	4		正常计提
021	生产用	4		正常计提
022	非生产用	4		正常计提
03	交通运输设备	4		正常计提
031	生产用	4	辆	正常计提
032	非生产用	4	辆	正常计提
04	电子设备	4		正常计提
041	生产用	4	台	正常计提
042	非生产用	4	台	正常计提

操作步骤如下：

第一步，选择"设置"菜单下的"资产类别"，进入"固定资产分类类别表—列表视图"窗口，如图 5-12 所示。

图 5-12

第二步,打开"类别编码—单张视图"窗口,单击"增加"按钮,如图 5-13 所示。

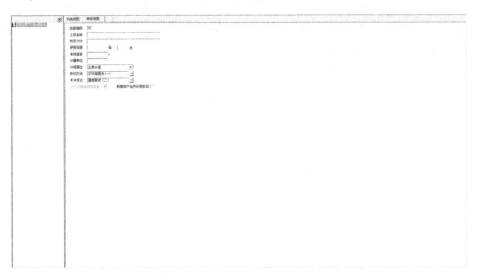

图 5-13

第三步,在"类别名称"中录入"房屋建筑物",在"净残值率"中录入"4",在"计提属性"中选择"总提折旧",如图 5-14 所示。

第四步,单击"保存"按钮,依次增加固定资产的其他类别。

图 5 – 14

第五步，单击"类别编码表—列表视图"窗口，如图 5 – 15 所示。

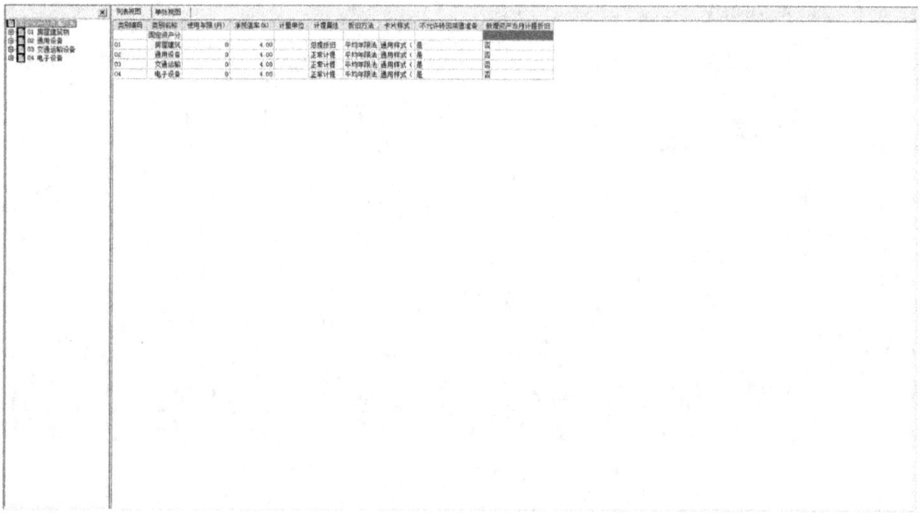

图 5 – 15

【子任务 4】 设置华通机械厂部门对应折旧科目，见表 5 – 2。

表 5 – 2

部门	对应折旧科目
1 厂办、2 财务科、3 总务科	管理费用——折旧费
4 金装车间	制造费用——折旧费
5 机修车间	生产成本——辅助生产成本——折旧费
6 供应科	管理费用——折旧费

操作步骤如下：

第一步，选择"设置"菜单下的"部门对应折旧科目"，进入"部门编码表—列表视图"窗口，如图 5-16 所示。

图 5-16

第二步，选择"厂办"所在行，单击"修改"按钮，打开"部门编码表—单张视图"窗口（也可以直接选中部门编码目录中的厂办，单击"单张视图"选项卡，再单击"修改"按钮），如图 5-17 所示。

图 5-17

第三步，在"折旧科目"栏录入或选择"660205"，如图 5-18 所示。

图 5 – 18

第四步，依此方法继续录入其他部门对应的折旧科目。

【子任务 5】 设置华通机械厂固定资产增减方式，见表 5 – 3。

表 5 – 3

增加方式	对应入账科目	减少方式	对应入账科目
直接购入	银行存款——工行存款	出售	固定资产清理
投资者投入	实收资本	盘亏	待处理财产损溢
捐赠	营业外收入	投资转出	固定资产清理
盘盈	以前年度损益调整	捐赠转出	固定资产清理
在建工程转入	在建工程	报废	固定资产清理
融资租入	长期应付款	毁损	固定资产清理

操作步骤如下：

第一步，选择"设置"菜单下的"增减方式"，打开"增减方式—列表视图"窗口，如图 5 – 19 所示。

图 5 – 19

第二步,单击"列表视图"按钮,选中"直接购入"所在行,再单击"修改"按钮,在"对应入账科目"栏选择或录入"100201",如图 5-20 所示。

图 5-20

第三步,单击"保存"按钮。

依此方法继续设置其他的增减方式对应入账科目。

【子任务6】 将华通机械厂固定资产原始资料录入原始卡片,见表 5-4。

表 5-4

固定资产名称	类别编号	所在部门	增加方式	使用年限	开始使用日期	原值	累计折旧	对应折旧科目名称
办公楼	012	厂办	在建工程转入	30	2005.3.14	1 500 000	522 450	管理费用
厂房	011	金装车间	在建工程转入	30	2005.3.1	1 200 000	417 960	制造费用
厂房	011	机修车间	在建工程转入	30	2005.3.14	500 000	174 150	生产成本——辅助生产成本
车床	021	金装车间	直接购入	10	2013.3.1	80 000	21 120	制造费用
铣床	021	金装车间	直接购入	10	2013.3.23	180 000	47 520	制造费用
刨床	021	金装车间	直接购入	10	2013.3.1	20 000	5 280	制造费用
钳工平台	021	金装车间	直接购入	10	2013.3.1	70 000	18 480	制造费用
数控车床	021	金装车间	直接购入	10	2013.5.25	165 000	40 920	制造费用
原料库	012	总务科	在建工程转入	30	2005.3.1	100 000	34 830	管理费用
成品库	012	总务科	在建工程转入	30	2005.3.1	250 000	87 075	管理费用
汽车	032	厂办	直接购入	10	2015.3.30	250 000	18 000	管理费用
复印机	042	厂办	直接购入	6	2015.2.26	12 000	1 596	管理费用
微机	042	财务科	直接购入	6	2015.2.28	6 000	798	管理费用

操作步骤如下:

第一步,选择"卡片"菜单下的"录入原始卡片",打开"固定资产类别档案"窗口,如图 5-21 所示。

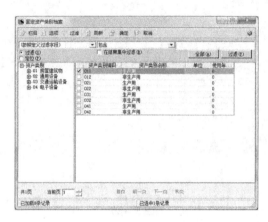

图 5-21

第二步,在固定资产类别档案表窗口中,双击 012 非生产用所在行,进入"固定资产卡片"窗口,如图 5-22 所示。

图 5-22

第三步,在"固定资产名称"栏输入"办公楼",单击部门名称栏,再单击"部门名称"按钮,打开"固定资产—本资产部门使用方式"对话框,如图 5-23 所示。

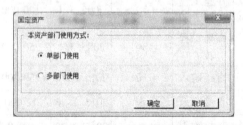

图 5-23

第四步，单击"确定"按钮，打开"部门基本参照"窗口，如图 5-24 所示。

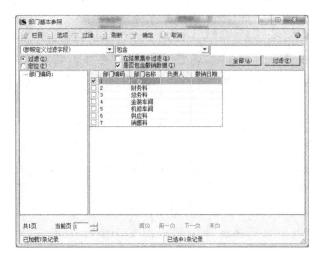

图 5-24

第五步，选择"厂办"，单击"确定"按钮。

第六步，单击"增加方式"栏，打开"固定资产增加方式"对话框，单击选中"105 在建工程转入"，单击"确定"按钮。

第七步，单击"使用状况"栏，打开"使用状况参照"对话框，默认"在用"，单击"确定"按钮，使用年限输入"360"。

第八步，在"开始使用日期"栏录入"2005-03-14"，在"原值"栏录入"1 500 000"，在"累计折旧"栏录入"522 450"，"对应折旧科目"录入"660 205"，如图 5-25 所示。

图 5-25

第九步，单击"保存"按钮，系统提示"数据成功保存！"信息。

第十步，单击"确定"按钮。

依此方法继续录入其他固定资产卡片。

> **知识链接**
>
> 固定资产管理系统是针对所有用户设计的,用户根据本单位的实际情况,通过系统初始化设置有关内容,把一个通用的固定资产管理系统转化为本单位专用的固定资产管理系统。
>
> 固定资产系统初始化包括建立固定资产账套和基础设置等。
>
> 1. 建立固定资产账套
>
> 正确建立固定资产账套是整个固定资产管理系统运行的基础,建立一个完整的固定资产账套,是系统正常运行的保证。
>
> 固定资产账套是单位账套的一个组成部分,所以,在建立固定资产账套之前,应该已经在系统管理中建立本单位核算账套,并且在建立账套后进行了启用固定资产系统的操作。
>
> 固定资产系统启用以后,具有相应权限的操作员就可以登录本系统了。如果是初次进入,系统将自动启动固定资产初始化向导,用户可通过系统所提供的建账向导,逐步完成整个固定资产系统的建账工作。固定资产账套的建立分为6个步骤,即约定及说明、启用年份、折旧信息、编码方式、账务接口和完成设置。
>
> 2. 基础设置
>
> 建立了固定资产账套后,需要对固定资产管理系统运行所需要的基础信息进行设置,包括设置固定资产类别、设置部门对应折旧科目、设置固定资产增减方式和固定资产原始卡片录入等。
>
> (1) 设置固定资产类别。
>
> 固定资产的种类很多,规格不一,要准确、及时做好固定资产核算,必须对固定资产进行分类。企业应根据自身的特点和管理要求,确定一个合理的分类方法。
>
> (2) 设置部门对应折旧科目。
>
> 对应折旧科目是指折旧费用应计入的科目。不同部门使用的固定资产,其折旧费用应归集计入不同的成本费用科目中。设置部门对应折旧科目,就是给每个部门选择一个折旧科目,这样,在录入固定资产卡片时,该科目就自动填入卡片中,不必逐个输入。
>
> (3) 增减方式设置。
>
> 增减方式包括增加方式和减少方式,系统预设的增加方式有:直接购入、投资者投入、捐赠、盘盈、在建工程转入、融资租入六种;减少方式有:出售、盘亏、投资转出、捐赠转出、报废、毁损、融资租出七种。
>
> (4) 录入固定资产原始卡片。
>
> 固定资产卡片是固定资产核算和管理的基础依据,为保持历史资料的连续性,在使用固定资产系统进行核算前,除了前面必要的基础工作外,必须将建账日期以前的数据录入到系统中,以保持历史数据的连续性。

任务二 日常业务处理

任务目标

通过学习，学生能够操作软件完成固定资产卡片管理、固定资产增减业务处理和固定资产的各种变动管理。

任务导入

1. 固定资产卡片管理；
2. 固定资产增减业务处理；
3. 固定资产的各种变动管理。

任务解析

【子任务1】 固定资产的卡片查询。

卡片查询可以查询单张卡片的信息，也可以查询卡片汇总的信息。

操作步骤如下：

第一步，选择"卡片"菜单下的"卡片管理"，打开"卡片管理"窗口，如图5-26所示。

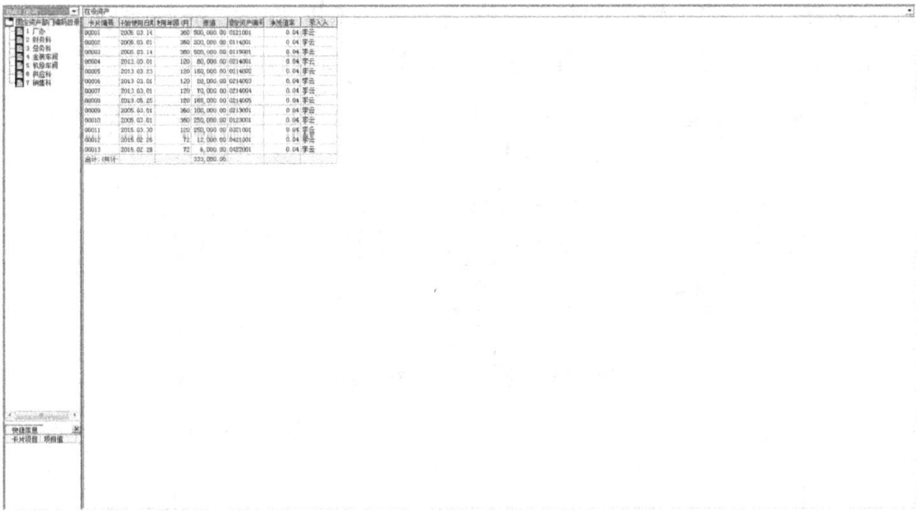

图 5-26

第二步，可以按部门查看，单击左侧窗口中的"固定资产部门编码目录"，选择"厂办"，可以显示"厂办"的固定资产情况，如图5-27所示。

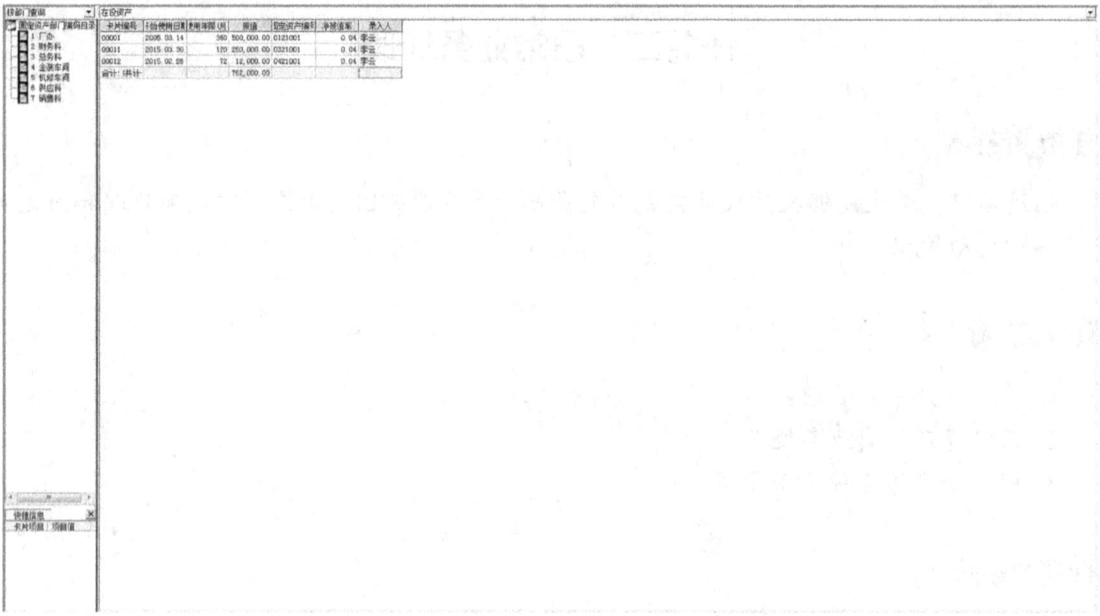

图 5-27

【子任务 2】 20 日，以票号 54819524 转账支票购买微机 1 台，当月交厂办使用，微机价值 5 000 元，预计使用 6 年，预计净残值率为 4%，按平均年限法（一）计提折旧，增值税率 17%。操作步骤如下：

第一步，选择"卡片"菜单下的"资产增加"，打开"固定资产类别档案"对话框，单击选中"电子设备"中的"042 非生产用"，如图 5-28 所示。

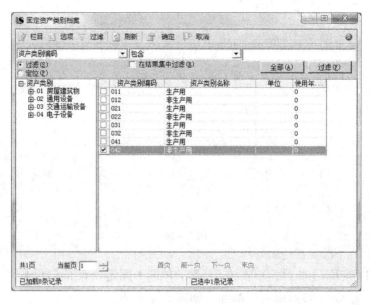

图 5-28

第二步，单击"确定"，打开"固定资产卡片"窗口，如图 5-29 所示。

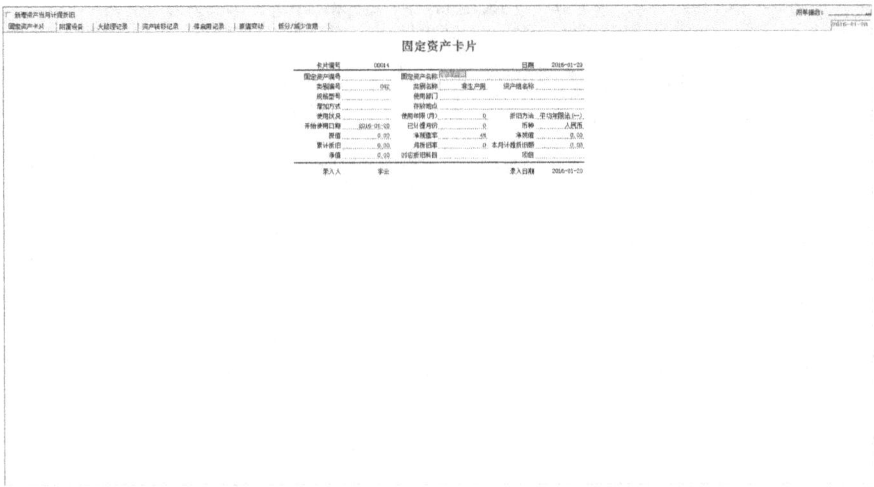

图 5 – 29

第三步，在"固定资产名称"栏输入"微机"，在"部门名称"栏输入或选择"厂办"，在"增加方式"栏输入或选择"直接购入"，在"使用状况"栏输入或选择"在用"，在"原值"栏输入"5 000"，在"折旧方法"栏输入或选择"平均年限法（一）"，如图 5 – 30 所示。

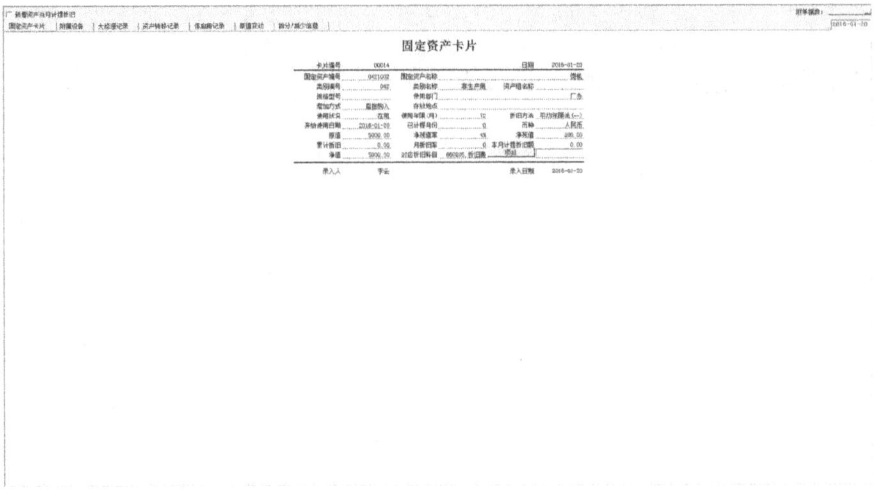

图 5 – 30

第四步，单击"保存"按钮，出现"数据成功保存!"提示信息，如图 5 – 31 所示。

图 5 – 31

第五步，选择"处理"菜单下的"批量制单"，如图 5-32 所示。

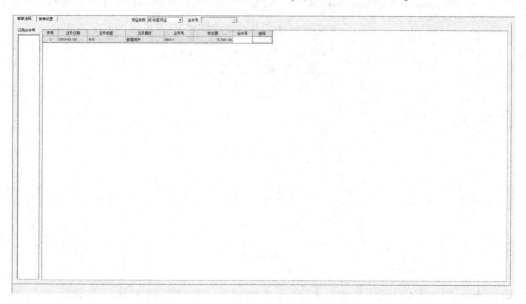

图 5-32

第六步，在"制单选择"页签下，选中第一行，在"选择"栏双击打上 Y 标志，如图 5-33 所示。

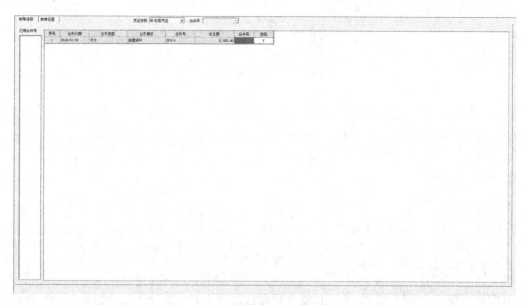

图 5-33

第七步，选择"制单设置"页签，如图 5-34 所示。

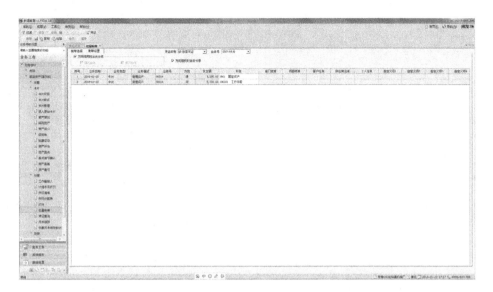

图 5-34

第八步，单击"凭证"按钮，生成一张购买固定资产的凭证，选择凭证类别为"付款凭证"，单击"拆分"，在科目名称、借方金额中分别输入"应交税费/应交增值税/进项税额"、"850"，"银行存款——工行存款"金额调整为"5 850"，录入结算方式、票号，单击"保存"按钮，生成一张完整的凭证，如图 5-35 所示。

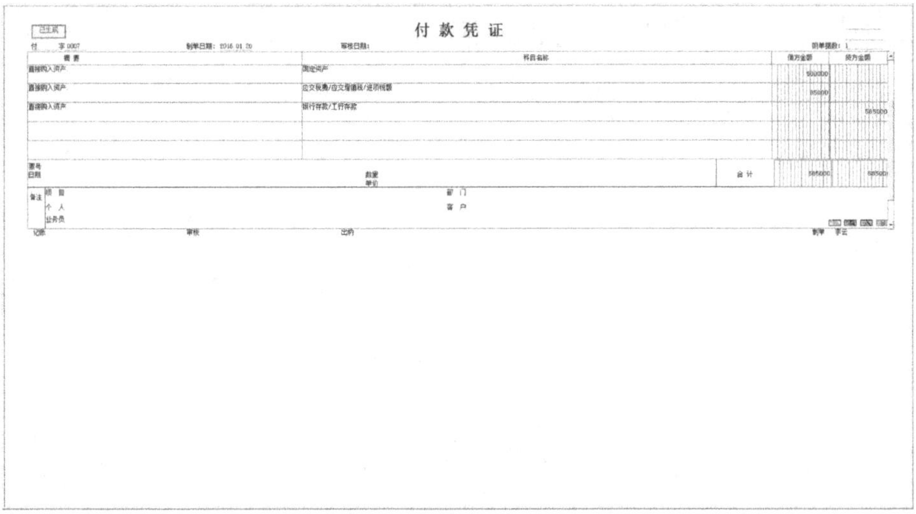

图 5-35

【子任务3】 31 日，出售金装车间钳工平台一台，收款 56 000 元，转账支票 09823508，税率 17%，原价 70 000 元，已提折旧 19 040 元，结转损益。

操作步骤如下：

第一步，选择"卡片"菜单下的"资产减少"，打开"资产减少"对话框，如图 5-36 所示。

图 5 – 36

第二步，单击"卡片编号"选择按钮，单击"增加"，如图 5 – 37 所示。

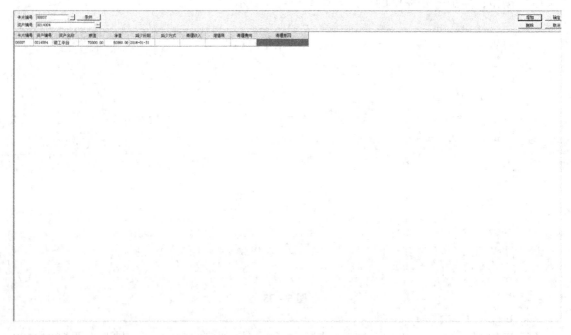

图 5 – 37

第三步，选择"减少方式"为"出售"，如图 5 – 38 所示。

第四步，单击"确定"按钮，出现"所选卡片已经减少成功！"信息，如图 5 – 39 所示。

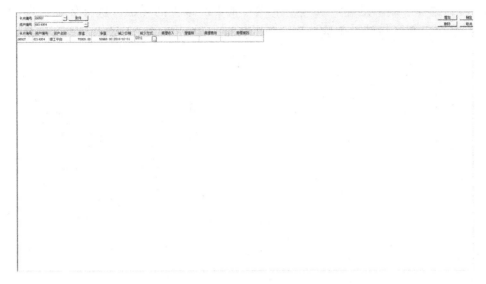

图 5-38

图 5-39

第五步,选择"处理"菜单下的"批量制单",如图 5-40 所示。

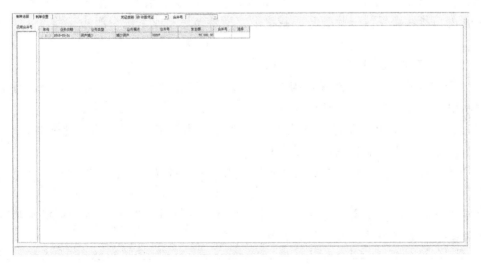

图 5-40

第六步,选择"制单设置"页签,生成一张资产减少的凭证,选择凭证类别为"转账凭证",单击"保存"按钮,生成一张完整的凭证,如图5-41所示。

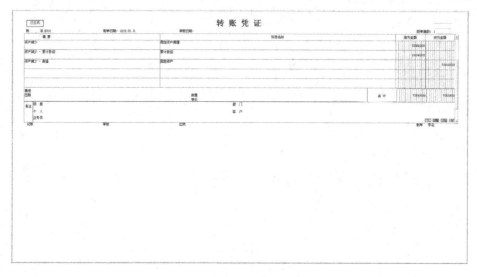

图5-41

> **知识链接**
>
> 固定资产日常业务处理主要包括企业固定资产卡片管理、固定资产增减业务处理及固定资产的各种变动管理。
>
> 1. 固定资产卡片管理
>
> 卡片管理是对固定资产系统中所有卡片进行综合管理,通过卡片管理可完成卡片修改、卡片删除、卡片查询及卡片打印等操作。
>
> (1) 卡片查询。卡片查询可以查询单张卡片的信息,也可以查询卡片汇总的信息。
>
> (2) 卡片修改与删除。当发现卡片录入错误,或要修改卡片的一些内容时,可以通过卡片修改功能来实现。卡片删除是指把卡片资料彻底从此系统中删除,并不是减少固定资产。
>
> 2. 固定资产增、减处理
>
> (1) 固定资产增加。固定资产购入时,通过系统自动生成的凭证,不能进行插分处理,进项税额需要单独进行凭证处理。
>
> (2) 固定资产减少。固定资产在使用过程中,由于各种原因,如投资转出、报废、出售、盘亏等,退出企业,使企业资产减少。
>
> 本月减少的固定资产照样要计提折旧,只有本月计提折旧后,才能进行固定资产减少的操作。
>
> 固定资产减少的操作是在"卡片"菜单中的"资产减少"功能中完成减少的固定资产的卡片编号、资产编号、减少的方式等。

任务三 期末业务处理

任务目标

通过学习,学生能够操作软件完成固定资产折旧计提、制单处理及固定资产系统的对账、结账等工作任务。

任务导入

1. 固定资产折旧计提及凭证生成;
2. 固定资产系统对账、结账处理。

任务解析

【子任务1】 31日,计提本月固定资产折旧。

操作步骤如下:

第一步,选择"处理"菜单下的"计提本月折旧",系统提示"是否要查看折旧清单?"信息,如图 5-42 所示。

图 5-42

第二步,单击"是"按钮,系统提示"本操作将计提本月折旧,并花费一定时间,是否要继续?"信息,如图 5-43 所示。

图 5-43

第三步,单击"是"按钮,生成"折旧清单",如图 5-44 所示。

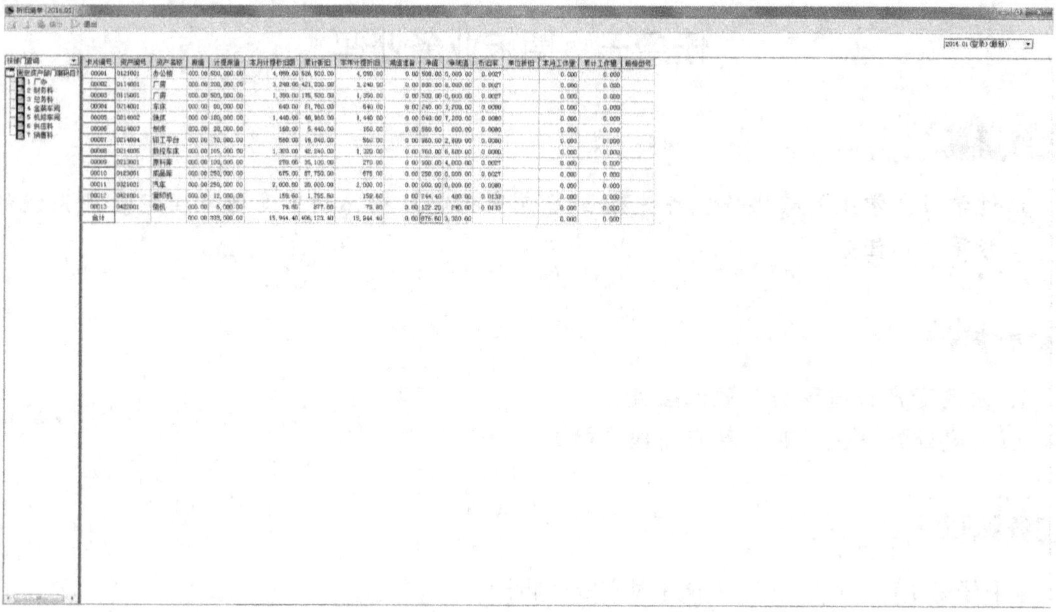

图 5 - 44

第四步,单击"退出"按钮,显示如图 5 - 45 示窗口。

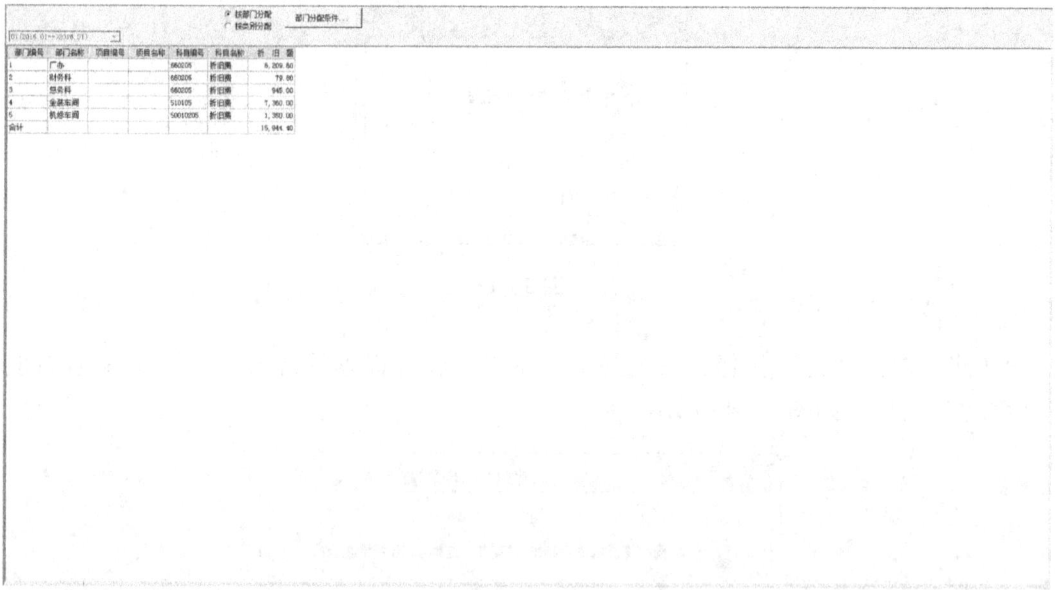

图 5 - 45

第五步,单击"凭证"按钮,生成一张计提折旧的凭证,选择凭证类别为"转账凭证",单击"保存"按钮,生成一张完整的凭证,如图 5 - 46 所示。

第六步,单击"关闭"按钮,返回系统主界面。

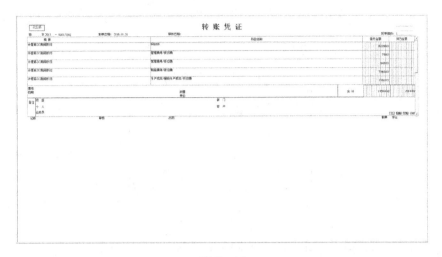

图 5-46

【**子任务 2**】 进行华通机械厂固定资产系统对账处理。

操作步骤如下：

第一步，选择"处理"菜单下的"对账"，打开"与账务对账结果"对话框，如图 5-47 所示。

图 5-47

第二步，单击"确定"按钮，返回主窗口。

【**子任务 3**】 进行华通机械厂固定资产系统结账处理。

操作步骤如下：

第一步，选择"处理"菜单下的"月末结账"，打开"月末结账"对话框，如图 5-48 所示。

图 5-48

第二步，单击"开始结账"，出现"与账务对账结果"窗口，如图 5-49 所示。

图 5-49

第三步，单击"确定"按钮，月末结账完成，如图 5-50 所示。

图 5-50

知识链接

在固定资产管理系统中，期末业务处理主要包括折旧处理、制单处理及对账、结账处理。

1. 折旧处理

自动计提折旧是固定资产管理系统的主要功能之一。系统根据已经录入系统的有关固定资产资料，每期计提折旧，并自动生成折旧分配表，然后制作记账凭证，将本期的折旧费用自动登账，并将当期的折旧额自动累加到累计折旧项。

2. 制单处理

固定资产系统和总账系统之间存在数据的自动传输关系，这种传输是通过记账凭证来完成的。固定资产系统中要制作凭证的业务主要包括资产增加、资产减少、卡片修改、资产评估、原值变动、累计折旧调整及折旧分配。

制作凭证可以采用"立即制单"和"批量制单"两种方法。当"选项"中设置了"业务发生后要立即制单"，则当需制单的业务发生时，系统自动调出不完整的凭证供修改后保存；如果在"选项"中未设置"业务发生后要立即制单"，则可以利用系统提供的"批量制单"功能完成制单。"批量制单"功能可以同时将一批需要制单的业务连续制作凭证并传递到总账系统。

3. 对账、结账处理
(1) 对账；
(2) 结账。

任务四 账表管理

任务目标

通过学习，学生能够操作软件完成固定资产总账、固定资产明细账、固定资产登记簿、固定资产部门折旧计提汇总表、固定资产折旧明细表的查询。

任务导入

1. 查询固定资产总账；
2. 查询固定资产明细账；
3. 查询固定资产登记簿；
4. 查询固定资产部门折旧计提汇总表；
5. 查询固定资产折旧明细表。

任务解析

【子任务1】 查询固定资产总账。
操作步骤如下：
第一步，选择"账表"菜单下的"我的账表"，打开"报表"窗口，如图5-51所示。

图 5-51

第二步，双击"账簿"下的"固定资产总账"，打开"条件－固定资产总账"对话框，如图 5－52 所示。

图 5－52

第三步，单击"类别名称"选择按钮，打开"固定资产类别档案"对话框，选择"012 非生产用"，如图 5－53 所示。

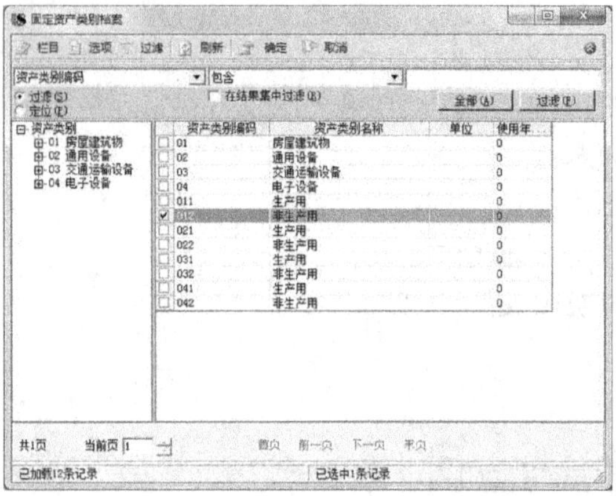

图 5－53

第四步，单击"部门名称"选择按钮，选择"厂办"，单击"确定"按钮，打开"固定资产总账"窗口，如图 5－54 所示。

图 5－54

【子任务 2】 查询固定资产明细账。

操作步骤如下：

第一步，选择"账表"菜单下的"我的账表"，双击"账簿"下的"（部门、类别）明细账"，打开"条件-（部门、类别）明细账"窗口，如图 5-55 所示。

图 5-55

第二步，单击"类别名称"选择按钮，选择"012-非生产用"，单击"部门名称"选择按钮，选择"1-厂办"，选中"显示使用状况和部门"复选框，如图 5-56 所示。

图 5-56

第三步，单击"确定"，打开"（部门、类别）明细账"窗口，如图 5-57 所示。

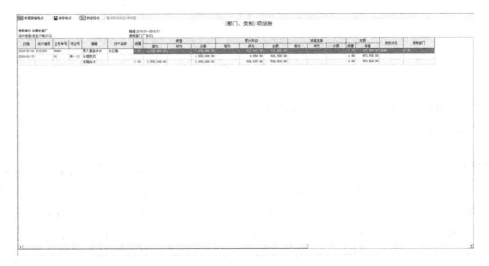

图 5-57

【子任务3】 查询固定资产登记簿。

操作步骤同查询固定资产明细账。

【子任务4】 查询固定资产部门折旧计提汇总表。

操作步骤如下：

第一步，打开"账簿"菜单下的"折旧表"，双击"部门折旧计提汇总表"，打开"条件-（部门）折旧计提汇总表"窗口，如图5-58所示。

图 5-58

第二步，单击"确定"，打开"（部门）折旧计提汇总表"窗口，如图5-59所示。

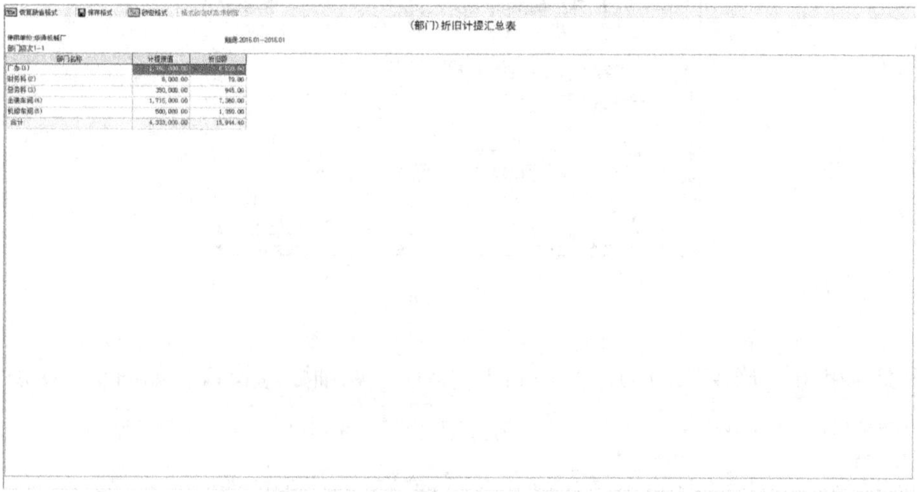

图 5-59

【子任务5】 查询固定资产折旧明细表。

操作步骤同查询固定资产部门折旧计提汇总表。

> **知识链接**
>
> 在固定资产管理过程中，需要及时掌握资产的有关各方面的信息，并以账表的形式提供给财务人员和资产管理人员。固定资产管理系统能够根据用户的需求，以报表的形式自动提供这些信息。用友U8V10.1系统提供的报表分为五类：分析表、减值准备表、统计表、账簿、折旧表。另外，如果所提供的报表不能满足要求，系统还提供了自定义报表的功能，可以根据需要定义符合要求的报表。同时，账表管理提供了强大的联查功能，将各

类账表与部门、类别明细和原始单据等有机地联系起来，真正实现了方便、快捷的查询模式。

1. 固定资产总账

通过系统查看固定资产总账，可以提供固定资产总括信息。

2. 固定资产明细账

通过系统可以按部门或类别查看固定资产明细账。

3. 固定资产登记簿

通过系统查看固定资产登记簿。

4. 固定资产部门折旧计提汇总表

通过系统查看固定资产部门折旧计提汇总表。

5. 固定资产折旧明细表

通过系统查看固定资产折旧明细表。

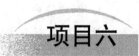

项目六

购销存核算与管理

在企业的日常工作中,采购供应部门、仓库、销售部门、财务部门等都涉及购销存业务及其核算的处理,各个部门的管理内容是不同的,工作间的延续性是通过单据在不同部门间的传递来完成的,全面了解购销存核算与管理的业务处理流程,将帮助企业实现部门间的协调配合,提高系统的工作效率。

购销存核算与管理包括采购管理、销售管理、库存管理和存货核算等模块。其中,每个模块既可以单独使用,也可以与相关子系统联合使用。

项目目标

通过学习,使学生能够独立操作财务软件完成购销存核算的初始设置、日常处理、账表管理及期末处理等工作任务。

项目重点难点

1. 购销存系统期初数据的录入;
2. 购销存系统日常业务处理。

项目内容

任务一 购销存系统初始设置

任务目标

通过学习,使学生能够独立操作财务软件完成购销存核算的初始设置。

项目六 购销存核算与管理

任务导入

1. 购销存系统基础档案设置;
2. 单据编码设置;
3. 存货系统业务科目设置;
4. 购销存系统期初数据录入。

任务解析

【子任务1】 购销存系统基础档案设置。

根据本单位实际情况设置购销存基础档案,主要包括存货分类、计量单位、存货档案、仓库档案、收发类别、采购类型、销售类型、费用项目等。

在使用购销存系统进行核算之前,应先启用各个子系统,操作步骤如下:

第一步,单击"开始"→"程序"→"用友 U8V10.1"→"企业应用平台",输入操作员"201"及密码,选择账套"华通机械厂",会计年度为"2016",操作日期"2016-01-01",如图 6-1 所示。

图 6-1

第二步,单击"登录",进入企业应用平台,如图 6-2 所示。

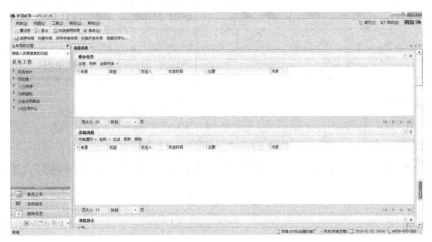

图 6-2

第三步，单击"基础设置"，进入"基本信息"下的"系统启用"，依次启用库存管理、采购管理、销售管理、存货核算、应收款、应付款等系统，如图6-3所示。

图6-3

【子任务1.1】 华通机械厂的存货分类情况见表6-1，根据华通机械厂的要求进行存货分类设置。

表6-1

存货分类编码	存货分类名称
1	原材料
101	原料及主要材料
102	辅助材料
103	外购半成品
2	周转材料
201	包装物
3	产成品
4	应税劳务

操作步骤如下：

第一步，由账套主管201登录企业应用平台，单击"基础设置"，进入"基础档案—存货"下的"存货分类"，如图6-4所示。

第二步，单击"增加"，录入分类编码和分类名称，其中分类编码要符合编码规则，如图6-5所示。

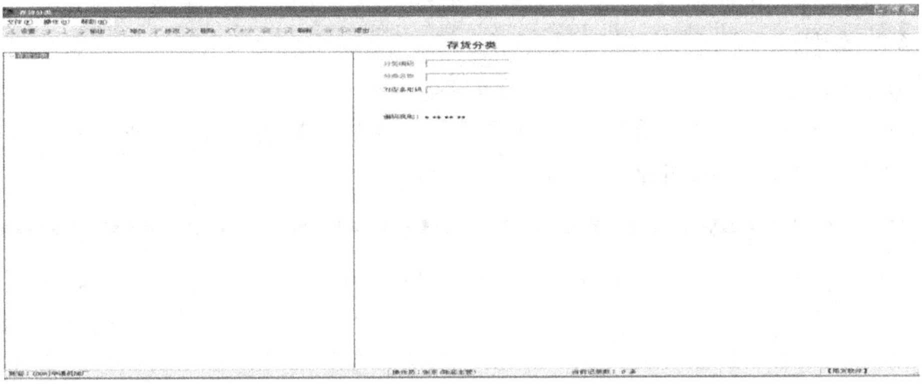

图 6-4

图 6-5

第三步,单击"保存",如图 6-6 所示。

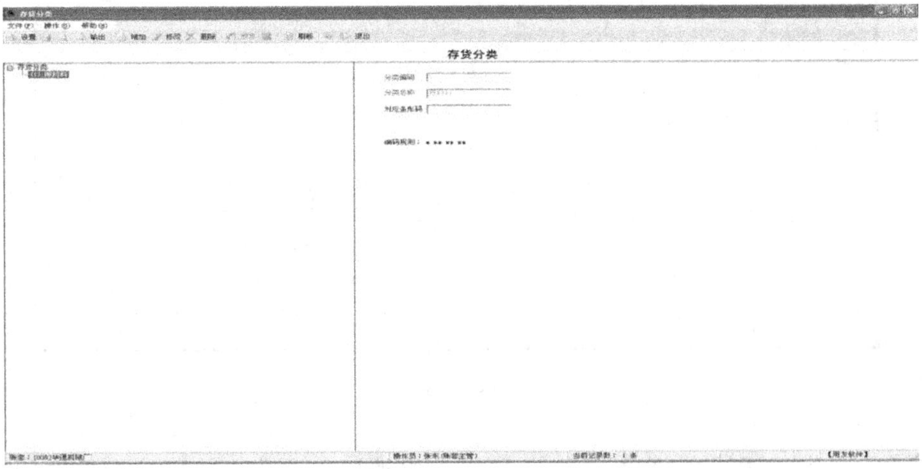

图 6-6

第四步,依次增加其他分类。

【子任务1.2】 华通机械厂的计量单位组编号为"01",名称为"数量单位",属于"无换算率"类别。

操作步骤如下:

第一步,由账套主管201登录企业应用平台,单击"基础设置",进入"基础档案—存货"下的"计量单位",如图6-7所示。

图6-7

第二步,单击"分组",出现"计量单位组"对话框,如图6-8所示。

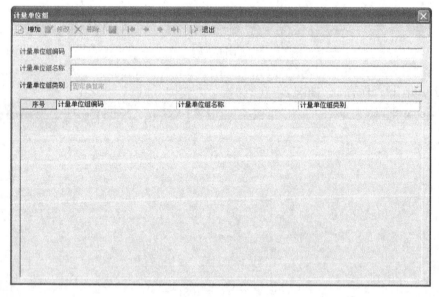

图6-8

第三步,单击"增加",依次录入计量单位组编码、名称,选择计量单位组类别,如图6-9所示。

项目六 购销存核算与管理

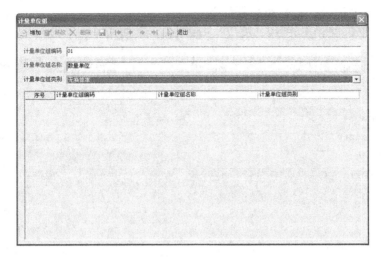

图 6 – 9

第四步，单击"保存"，然后退出，如图 6 – 10 所示。

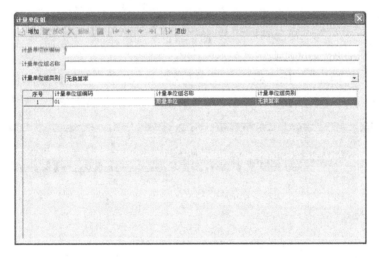

图 6 – 10

【子任务 1.3】 华通机械厂的计量单位见表 6 – 2。

表 6 – 2

计量单位编号	计量单位名称	所属计量单位组名称	计量单位组类别
01	吨	数量单位	无换算率
02	千克	数量单位	无换算率
03	台	数量单位	无换算率
04	套	数量单位	无换算率
05	个	数量单位	无换算率
06	千米	数量单位	无换算率

增加计量单位"01 吨",操作步骤如下:

第一步,在图6-7中,单击"单位",如图6-11所示。

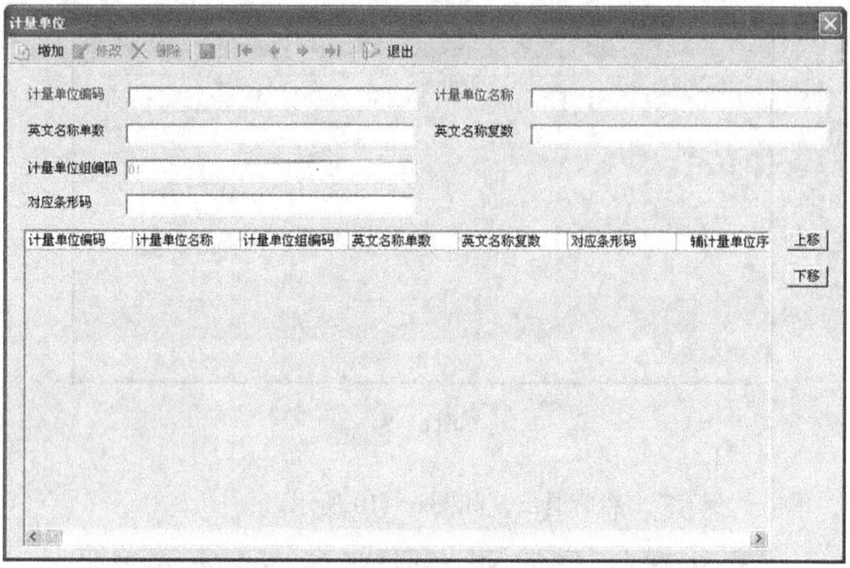

图6-11

第二步,单击"增加",依次录入计量单位编码、名称,选择计量单位组编码,保存并退出,如图6-12所示。

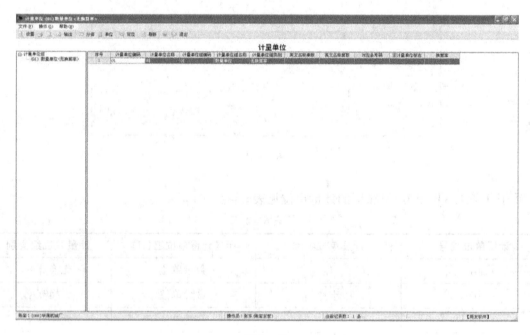

图6-12

【子任务1.4】 华通机械厂的存货档案见表6-3。

表 6-3

存货编号	所属分类码	存货名称	规格型号	计量单位	计划价	参考成本	参考售价	最新成本	最低售价	供应单位	最高进价
001	101	铸铁件	ZTJ	吨	3 000	3 100	3 600	2 900	3 500	郑铸	3 744
002	101	铸铝件	ZLJ	吨	20 000	20 000	38 000	21 000	37 500	郑铸	25 740
003	101	钢材	GC	吨	8 000	7 800	8 800	7 900	8 600	郑铸	9 360
004	102	润滑油	RHY	千克	3.9	4	4.8	4	4.6	顺达	4.914
005	102	油漆	YQ	千克	10	11	17	10	16	顺达	12.87
006	103	电动机	DDJ	台	800	810	880	810	860	金华	971.1
007	103	轴承	ZC	套	350	360	450	340	430	文强	421.2
008	103	电器元件	YJ	个	20	22	30	21	28	文强	26.91
009	201	木箱	MX	个	400	410	490	400	480	东华	491.4
010	3	钻床		台	30 000	31 000	60 000	30 500	58 000		
011	4	运输费		千米	20	20		20			

存货属性：1类、2类存货属性为外购、生产耗用；3类为内销、外销、自制；4类为应税劳务。除运输费税率11%以外，其他存货税率17%。

增加存货"001 铸铁件"，操作步骤如下：

第一步，由账套主管201登录企业应用平台，单击"基础设置"，进入"基础档案—存货"下的"存货档案"，如图6-13所示。

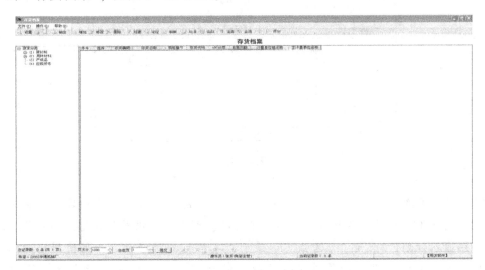

图 6-13

第二步，单击"增加"，在"基本"页签中依次录入存货编码、存货名称、规格型号，选择计量单位组、主计量单位、存货分类及存货属性。如图6-14所示。

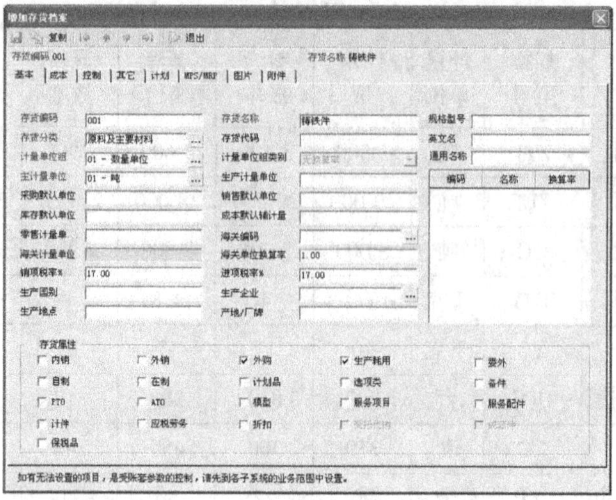

图 6-14

第三步，单击选择"成本"页签，在"成本"页签中依次录入各种价格及主要供应单位，如图 6-15 所示。

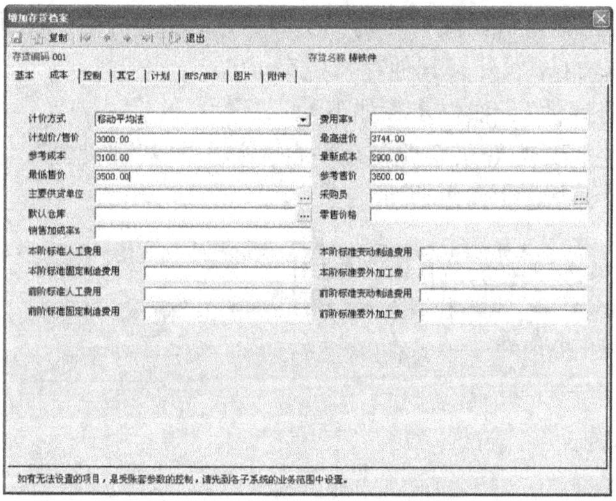

图 6-15

注意：计价方式缺省，表示选择"全月平均"。产品材料成本、采购资金预算是以存货档案中的计划售价、参考成本和最新成本为依据的，所以，如果要使用这两项功能，在存货档案中必须输入计划价/售价、参考成本和最新成本，可随时修改。如果使用采购管理，那么，在做采购结算时，提取结算单价作为存货的最新成本，自动更新存货档案中的最新成本。

其他页面如有需要，打开依次录入即可。

第四步，保存并退出。

存货一般是由仓库来保管的，对存货进行核算管理，首先应对仓库进行管理，因此，进行仓库设置是购销存管理系统的重要基础准备工作之一。第一次使用本系统时，应先将本单位使用的仓库预先输入系统之中,即进行"仓库档案设置"。

【子任务1.5】 华通机械厂的仓库档案见表6-4。

表6-4

仓库编码	仓库名称	所属部门	仓库地址	电话	负责人	计价方式
1	材料库	总务	厂内	301	程林	移动平均
2	成品库	总务	厂内	301	程林	全月平均

增加存货"1 材料库",操作步骤如下:

第一步,由账套主管201登录企业应用平台,单击"基础设置",进入"基础档案-业务"下的"仓库档案",如图6-16所示。

图6-16

第二步,单击"增加",依次录入仓库编码、仓库名称、仓库地址、电话、负责人,选择所属部门、计价方式等。如图6-17所示。

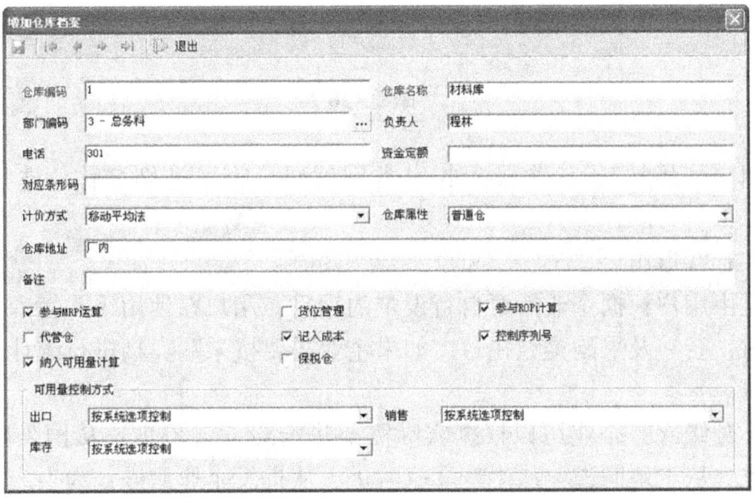

图6-17

第三步，保存并退出。

收发类别是为了用户对材料的出入库情况进行分类汇总统计而设置的，表示材料的出入库类型，用户可根据各单位的实际需要自由灵活地进行设置。

【子任务1.6】 华通机械厂的收发类别见表6-5。

表6-5

收发类别编码	收发类别名称	收发标志
1	入库	收
101	生产采购入库	收
102	产成品入库	收
2	出库	发
201	销售出库	发
202	生产领用出库	发

增加存货"1 入库分类"，操作步骤如下：

第一步，由账套主管201登录企业应用平台，单击"基础设置"，进入"基础档案—业务"下的"收发类别"，如图6-18所示。

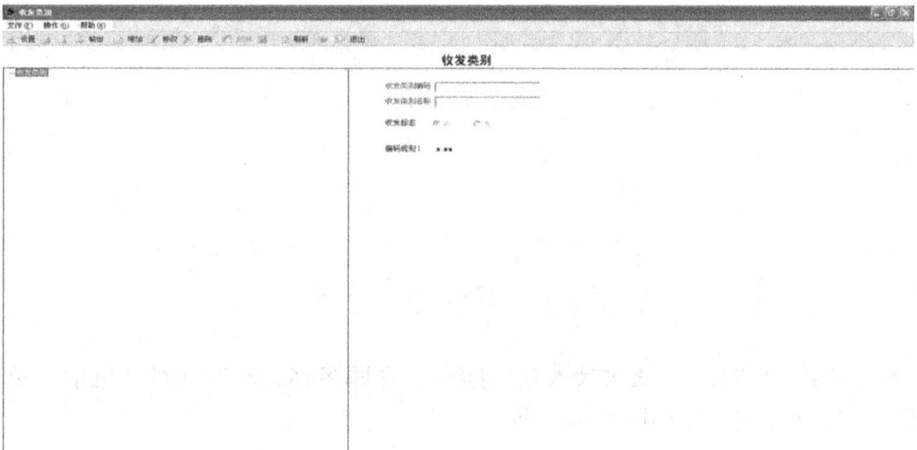

图6-18

第二步，单击"增加"，依次录入收发类别编码、收发类别名称，选择收发标志，如图6-19所示。

第三步，保存并退出。

采购类型是由用户根据企业需要自行设定的项目，用户在使用采购管理系统，填制采购入库单等单据时，会涉及采购类型栏目。如果企业需要按采购类型进行统计，那么就应该建立采购类型项目。

采购类型不分级次，企业可以根据实际需要进行设立。例如：从国外购进、国内纯购进、从省外购进、从本地购进；从生产厂家购进、从批发企业购进；为生产采购、为委托加工采购、为在建工程采购；等等。

图 6-19

【子任务 1.7】 华通机械厂的采购类型见表 6-6。

表 6-6

采购类型编码	采购类型名称	入库类别	是否默认值
1	生产采购	生产采购入库	是

操作步骤如下：

第一步，由账套主管 201 登录企业应用平台，单击"基础设置"，进入"基础档案—业务"下的"采购类型"，如图 6-20 所示。

图 6-20

第二步，单击"增加"，依次录入采购类型编码、采购类型名称，选择入库类别、是否默认值，如图 6-21 所示。

第三步，保存并退出。

注意:"是否默认值"是设定某个采购类型是填制单据默认的采购类型,对于最常发生的采购类型,可以设定该采购类型为默认的采购类型。

图 6-21

销售类型是由用户根据企业需要自行设定的项目,用户在使用销售管理系统,填制销售出库单等单据时,会涉及销售类型栏目。如果企业需要按销售类型进行统计,就应该建立销售类型项目。

销售类型不分级次,企业可以根据实际需要进行设立。例如:产品销售、材料销售等。

【子任务1.8】 华通机械厂的销售类型见表6-7。

表 6-7

销售类型编码	销售类型名称	出库类型	是否默认值
1	产品销售	销售出库	是
2	材料销售	销售出库	否

设置销售类型"1产品销售",操作步骤如下:

第一步,由账套主管201登录企业应用平台,单击"基础设置",进入"基础档案—业务"下的"销售类型",如图6-22所示。

图 6-22

第二步，单击"增加"，依次录入销售类型编码、销售类型名称，选择出库类别、是否默认值，如图 6-23 所示。

图 6-23

第三步，保存并退出。

注意："是否默认值"是标识销售类型在单据录入或修改被调用时是否作为调用单据的默认取值。

用户在处理销售业务中的代垫费用、销售支出费用时，应先行在本功能中设定这些费用项目。

【子任务 1.9】 华通机械厂的费用类型见表 6-8（费用项目分类：代垫费用）。

表 6-8

费用项目编码	费用项目名称
01	运输费
02	其他

首先，由账套主管 201 登录企业应用平台，单击"基础设置"，进入"基础档案—业务"下的"费用项目分类"，如图 6-24 所示。

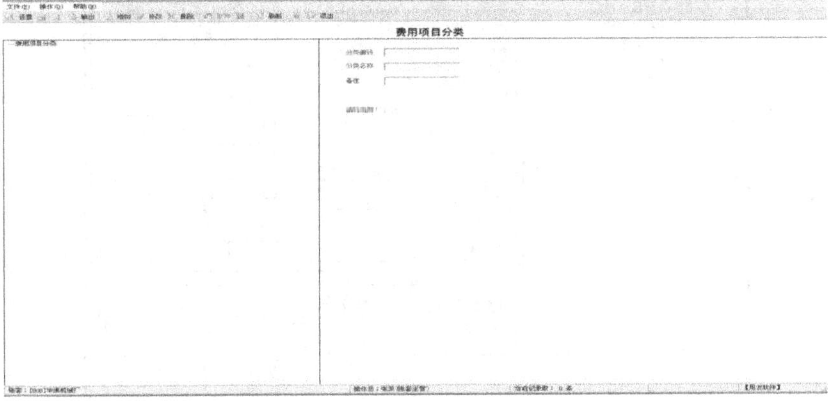

图 6-24

然后，单击"增加"，录入费用项目分类并保存。

设置费用项目"01 运输费"，操作步骤如下：

第一步，由账套主管 201 登录企业应用平台，单击"基础设置"，进入"基础档案—业务"下的"费用项目"如图 6 – 25 所示。

第二步，单击"增加"，录入费用项目并保存。

图 6 – 25

第三步，保存并退出。

【子任务 2】 华通机械厂根据管理需要，设置采购、销售发票及运费发票号采用完全手工编号。

设置采购发票号完全手工编号，操作步骤如下：

第一步，由账套主管 201 登录企业应用平台，单击"基础设置"，进入"单据设置"下的"单据编号设置"，如图 6 – 26 所示。

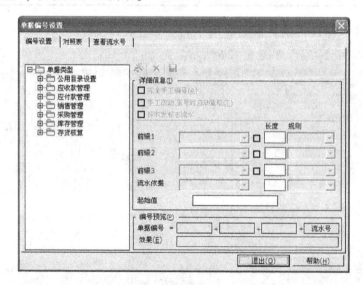

图 6 – 26

第二步，单击打开"采购管理"文件夹，选中"采购专用发票"，如图 6-27 所示。

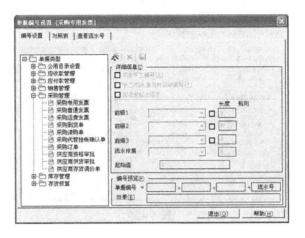

图 6-27

第三步，单击"修改"，在"完全手工编号"选项前打钩，如图 6-28 所示。

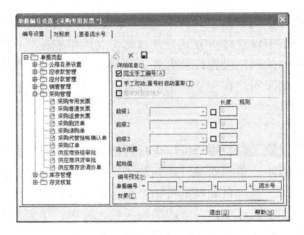

图 6-28

第四步，保存并退出。

注意：用户也可以不做此项操作，此时，录入相关单据时，发票号是由系统自动生成的。

【子任务 3】 设置存货系统业务科目。

存货核算是用友财务软件的主要组成部分，系统从资金的角度管理存货的出入库业务，主要用于核算企业的入库成本、出库成本、结余成本，反映和监督存货的收发、领退和保管情况，反映和监督存货资金的占用情况。

存货核算系统既可以和采购管理、销售管理、库存管理集成使用，也可以只与库存管理联合使用，还可以单独使用。本书以与供应链其他系统集成使用为例。

应用存货核算系统前，应先设置系统运行所需要的业务控制参数。

【子任务 3.1】 华通机械厂存货核算业务控制参数：核算方式：按仓库核算；存货暂估方式：月初回冲。操作步骤如下：

第一步，由账套主管 201 登录企业应用平台，单击"业务工作"，进入"供应链—存货核算—初始设置—选项"下的"选项录入",如图 6-29 所示。

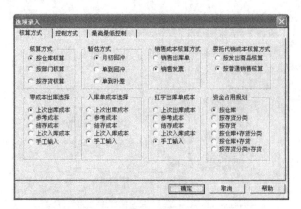

图 6-29

第二步,根据管理需要选择相应的核算方式、暂估方式等。

存货核算系统的业务控制参数很多,下面仅对核算方式和暂估方式予以简要说明。

1. 核算方式

初建账套时,用户可以选择按仓库核算、按部门核算、按存货核算。如果是按仓库核算,则按仓库在仓库档案中设置计价方式,并且每个仓库单独核算出库成本;如果是按部门核算,则在仓库档案中的按部门设置计价方式,并且相同所属部门的各仓库统一核算出库成本;如果按存货核算,则按用户在存货档案中设置的计价方式进行核算。

系统默认按仓库核算。

2. 暂估方式

如果与采购系统集成使用时,用户可以进行暂估业务,并且在此选择暂估入库存货成本的回冲方式,包括月初回冲、单到回冲、单到补差三种。月初回冲是指月初时系统自动生成红字回冲单,报销处理时,系统自动根据报销金额生成采购报销入库单;单到回冲是指报销处理时,系统自动生成红字回冲单,并生成采购报销入库单;单到补差是指报销处理时,系统自动生成一笔调整单,调整金额为实际金额与暂估金额的差额。

存货核算系统是供应链管理系统与财务系统联系的桥梁,各种存货的购进、销售及其他出入库业务,均在存货核算系统中生成凭证,并传递到总账。为了快速、准确地完成制单操作,应事先设置凭证上的相关科目。

【子任务 3.2】 华通机械厂的存货科目见表 6-9。

表 6-9

仓库	存货分类	存货科目
材料库 1	原料及主要材料 101	原材料 1403
	辅助材料 102	原材料 1403
	外购半产品 103	原材料 1403
	包装物 201	周转材料 1411
成品库 2	产成品 3	库存商品 1405

设置"材料库—原料及主要材料"的存货科目"原材料 1403"的操作步骤如下:

第一步，由账套主管 201 登录企业应用平台，单击"业务工作"，进入"供应链—存货核算—初始设置—科目设置"下的"存货科目"，如图 6-30 所示。

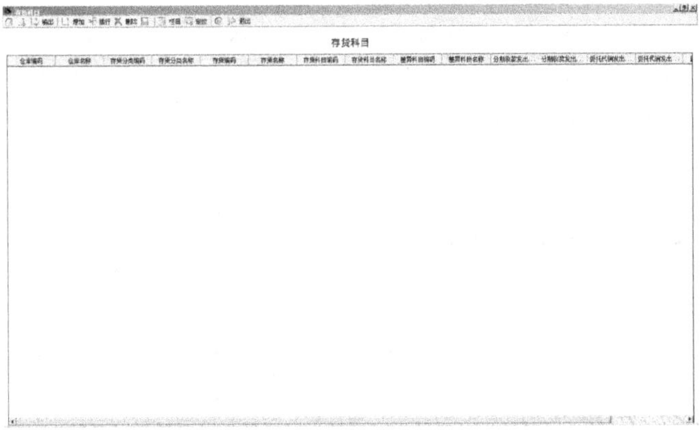

图 6-30

第二步，单击"增加"，依次选择仓库编码"1"、仓库名称"材料库"、存货分类编码"101"、存货分类名称"原料及主要材料"、存货科目编码"1403"、存货科目名称"原材料"，如图 6-31 所示。

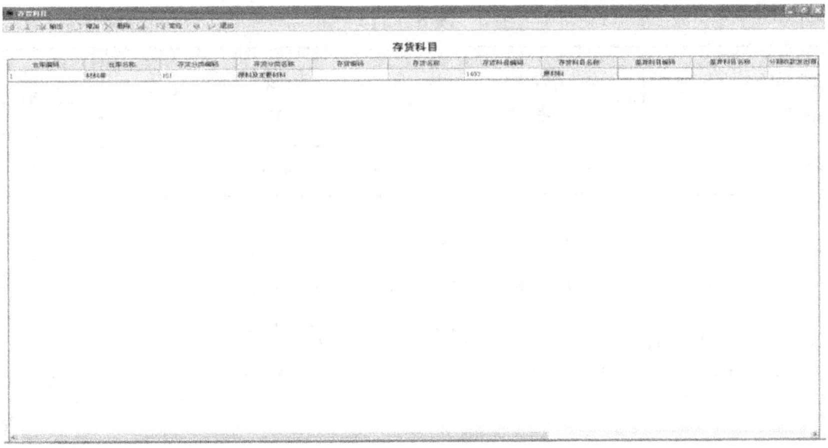

图 6-31

第三步，保存并退出。

【子任务 3.3】 华通机械厂的对方科目见表 6-10。

表 6-10

分类	收发类别编码	对方科目
入库	1	
生产采购入库	101	1401
产成品入库	102	50010101011
出库	2	
生产领用	202	50010101011
销售出库	201	6401

具体操作步骤参见存货科目的设置,设置完成如图6-32所示。

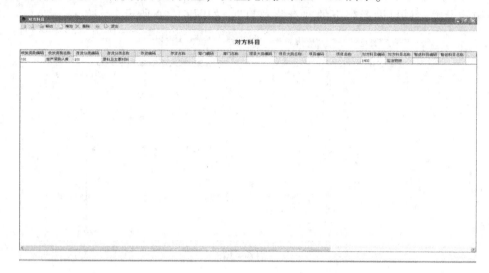

图6-32

【子任务4】 购销存系统期初数据录入

【子任务4.1】 华通机械厂的采购期初数据见表6-11。

表6-11

单据名称	采购类型	入库时间	供应商名称	业务员	货物名称	数量	单位成本	金额
入库单	生产采购	15-12-31	金华	张明亮	电动机	20台	800	16 000

这种期初数据属于"货到票未到"的暂估入库,操作步骤如下:

第一步,由账套主管201登录企业应用平台,单击"业务工作",进入"供应链—采购管理—采购入库"下的"采购入库单",如图6-33所示。

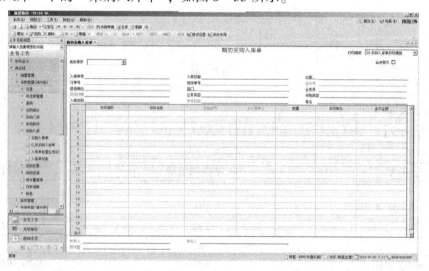

图6-33

第二步,单击"增加",依次录入"入库日期"、"仓库"、"供货单位"等表头信息及"存货编码"、"存货名称"等表体信息,并保存退出,如图 6-34 所示。

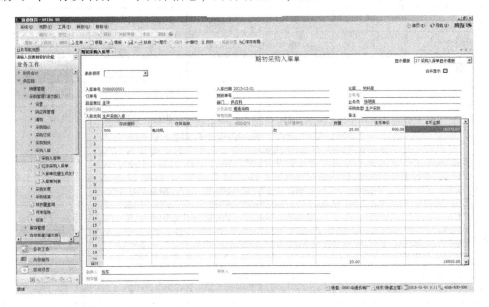

图 6-34

第三步,双击"采购管理—设置"下的"采购期初记账",如图 6-35 所示。

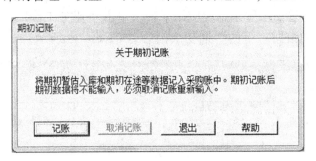

图 6-35

第四步,单击"记账",显示"期初记账完毕",单击"记账"退出期初记账。

注意:没有期初数据时,也必须进行期初记账,否则无法进行日常业务处理。

【子任务 4.2】 销售管理系统期初数据录入。

销售系统期初数据录入主要是指录入期初发货单,期初发货单用于处理建账日之前已经发货、出库,但尚未开发票的业务。

【子任务 4.3】 华通机械厂的存货系统期初数据见表 6-12。

表 6-12

存货名称	计量单位	结存数量	单价	入库日期	部门	科目
原料及主要材料						
铸铁件	吨	10	3 000	2013-10-12	供应科	1403

续表

存货名称	计量单位	结存数量	单价	入库日期	部门	科目
铸铝件	吨	2	20 000	2014-01-06	供应科	1403
钢材	吨	105	8 000	2013-09-06	供应科	1403
辅助材料						
润滑油	千克	80	3.9	2014-12-11	供应科	1403
油漆	千克	1 500	10	2012-02-11	供应科	1403
外购半成品						
电动机	台	50	800	2014-10-20	供应科	1403
轴承	套	80	350	2014-01-20	供应科	1403
电器元件	个	1 600	20	2013-10-11	供应科	1403
周转材料						
木箱	个	3	400	2014-10-11	供应科	1411
产成品						
钻床		5	30 500	2015-10-30	金装车间	1405

操作步骤如下：

第一步，由账套主管201登录企业应用平台，单击"业务工作"，进入"供应链—存货核算—初始设置—期初数据"下的"期初余额"，如图6-36所示。

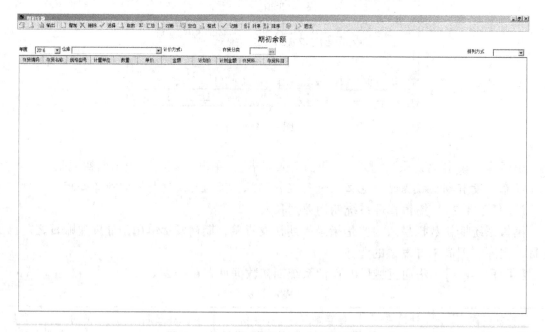

图6-36

第二步，选择"仓库—材料库"、"存货分类—原料及主要材料"，单击"增加"，依次录入存货编码"001"、存货名称"铸铁件"、数量"10"、单价"3 000"等,如图6-37所示。

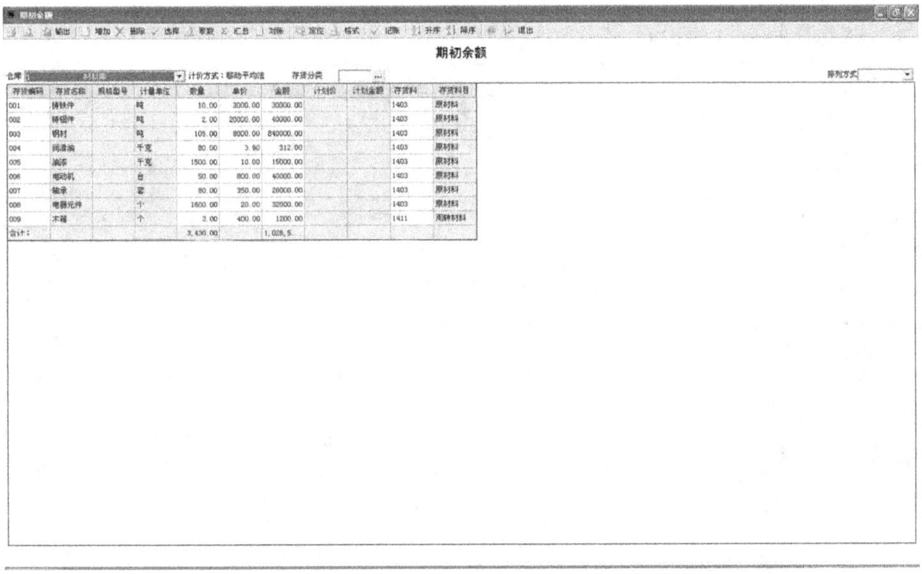

图6-37

所有存货期初数据录入完成后,要单击图6-37中的"记账",完成期初记账工作。

【子任务4.4】 华通机械厂的库存系统期初数据见表6-12。

操作步骤如下:

第一步,由账套主管201登录企业应用平台,单击"业务工作",进入"供应链—库存管理—初始设置—期初数据"下的"库存期初",如图6-38所示。

图6-38

第二步,单击"修改"、"取数"并"保存",如图6-39所示。

图 6-39

第三步，单击"批审"，系统弹出"批量审核完成"。

第四步，依次取入"成品库"数据，保存并审核。

知识链接

存货分类是指按照存货固有的特征或属性将存货划分为不同的类别，以便于分类核算和统计。

在企业日常购销业务中，经常会发生一些劳务费用，如运输费、装卸费等，这些费用是构成企业存货成本的一个组成部分，它们可以拥有不同于一般存货的税率。为了能够正确反映和核算这些劳务费用，一般在存货分类中单独设置一类，如"应税劳务"或"劳务费用"。

企业中存货种类繁多，不同的存货存在不同的计量单位，有时，同一种存货的计量单位也会出现几种情况，所以，在定义计量单位前，应先将计量单位进行分组，计量单位组分无换算、浮动换算、固定换算三种类别。

无换算计量单位组：在该组下的所有计量单位都以单独形式存在，各计量单位之间不需要输入换算率，系统默认为主计量单位。

浮动换算计量单位组：设置为浮动换算率时，可以选择的计量单位组中只能包含两个计量单位。此时需要将该计量单位组中的主计量单位、辅计量单位显示在存货卡片界面上。

固定换算计量单位组：设置为固定换算率时，可以选择的计量单位组中才可以包含两个（不包括两个）以上的计量单位，且每一个辅计量单位对主计量单位的换算率不为空。此时需要将该计量单位组中的主计量单位显示在存货卡片界面上。

其中，主计量单位、辅计量单位和换算率之间的关系如下：

按辅计量单位计量的数量×换算率＝按计量单位计量的数量

例如，一块砖为 10 千克，其中"千克"为主计量单位，"块"为辅计量单位，"10"就是换算率。

系统为存货设置的七种属性作用如下：

销售：具有该属性的存货可用于销售。发货单、发票、销售出库单等与销售有关的单据参照存货时，参照的都是具有销售属性的存货。开在发货单或发票上的应税劳务，也应设置为销售属性，否则，开发货单或发票时无法参照。

外购：具有该属性的存货可用于采购。到货单、采购发票、采购入库单等与采购有关的单据参照存货时，参照的都是具有外购属性的存货。开在采购专用发票、普通发票、运费发票等票据上的采购费用，也应设置为外购属性，否则，开具采购发票时无法参照。

生产耗用：具有该属性的存货可用于生产耗用。如生产产品耗用的原材料、辅助材料等。具有该属性的存货可用于材料的领用，材料出库单参照存货时，参照的都是具有生产耗用属性的存货。

委外：具有该属性的存货可用于委外加工。如工业企业委托外商加工的委外商品。委外订单、委外产品入库、委外发票等与委外有关的单据参照存货时，参照的都是具有委外属性的存货。

自制：具有该属性的存货可由企业生产自制。如工业企业生产的产成品、半成品等存货。具有该属性的存货可用于产成品或半成品的入库，产成品入库单参照存货时，参照的都是具有自制属性的存货。

在制：暂时不用。

应税劳务：指开具在采购发票上的运费费用、包装费等采购费用或开具在销售发票或发货单上的应税劳务。

采购系统期初数据包括：

期初暂估入库：指启用采购管理时，货到发票未到业务的期初数据。

期初在途存货：指启用采购管理时，发票到货未到业务的期初数据。

期初受托代销商品：指启用采购管理时，与供货单位尚未结算完的受托代销业务的期初数据。

存货管理主要从资金流和物流两个方面对存货加以管理与核算，用友 U8V10.1 中分别称为存货核算系统和库存管理系统。

存货核算系统是从资金的角度管理存货的出入库业务，主要用于核算企业的入库成本、出库成本、结余成本；反映和监督存货的收发、领退和保管情况；反映和监督存货资金的占用情况，动态反映存货资金的增减变动情况，提供存货资金周转和占用分析，在保证生产经营的前提下，降低库存量，减少资金积压，加速资金周转。

库存管理系统主要从实物方面对存货的入库、出库和结余加以反映和监督。能够满足采购入库、销售出库、产成品入库、材料出库、其他出入库、盘点管理等业务需要，提供仓库货位管理、批次管理、保质期管理、出库跟踪入库管理、可用量管理等全面的业务应用；可进行各种统计分析，输出存货收发存的汇总情况。

任务二　购销存系统日常业务处理

任务目标

通过学习，使学生能够独立操作财务软件完成购销存核算的日常业务处理。

任务导入

1. 采购业务处理；
2. 销售业务处理；
3. 库存业务处理；
4. 存货核算业务处理。

任务解析

【子任务1】 采购业务处理。

采购环节是供应链的起始环节，采购活动是企业生产经营活动的开始，企业根据市场的需求生成生产计划，结合库存的情况及管理要求生成采购计划。采购业务包括请购、订货、到货、入库、开票、结算等功能。

（一）请购

采购请购是指企业内部向采购部门提出采购申请，或采购部门汇总企业内部采购需求，列出采购清单。请购是采购业务处理的起点，用于描述和生成采购的需求，如采购什么货物、采购多少、何时使用、谁用等内容；同时，也可为采购订单提供建议内容，如建议供应商、建议订货日期等。采购请购单是可选单据，用户可以根据业务需要选用。

（二）订货

订货是通过采购订单来体现的。采购订单是企业与供应商之间签订的采购合同、购销协议等，主要内容包括采购什么货物、采购多少、由谁供货、什么时间到货、到货地点、运输方式、价格、运费等。它可以是企业采购合同中关于货物的明细内容，也可以是一种订货的口头协议。通过采购订单的管理，可以帮助企业实现采购业务的事前预测、事中控制、事后统计。

采购订单可以手工录入，也可以参照请购单、销售订单等生成；采购订单可以修改、删除、审核、弃审、变更、关闭、打开；已审核未关闭的采购订单可以参照生成采购到货单、采购入库单、采购发票；采购订单是可选单据，但如果系统设置必有订单时，则订单必有。

（三）到货

采购到货是采购订货和采购入库的中间环节，一般由采购业务员根据供方通知或送货单填写，确认对方所送货物、数量、价格等信息，以入库通知单的形式传递到仓库作为保管员收货的依据。采购到货单是可选单据，用户可以根据业务需要选用；但启用"质量管理"时，对于需要报检的存货，必须使用采购到货单。

采购到货单可以手工新增，也可以参照采购订单生成；但必有订单时，采购到货单不可手工新增；采购到货单可以修改、删除；采购到货单可以参照生成到货退回单，参照生成入库单；采购到货单可以只录入数量，不录入单价、金额。

（四）入库

采购入库是通过采购到货、质量检验环节，对合格到货的存货进行入库验收。当采购管理系统与库存管理系统集成使用时，入库业务需在库存管理系统中进行处理。在采购管理业务中，采购入库处理是必需的。

（五）采购发票

采购发票是供应商开出的销售货物的凭证，系统将根据采购发票确认采购成本，并据以登记应付账款。企业在收到供货单位的发票后，如果没有收到供货单位的货物，可以对发票压单处理，待货物到达后，再输入系统做报账结算处理；也可以先将发票输入系统，以便实时统计在途货物。

采购发票按业务性质分为：蓝字发票、红字发票。

采购发票按发票类型分为：

① 增值税专用发票，增值税专用发票的单价为无税单价。

② 普通发票，普通发票包括普通发票、废旧物资收购凭证、农副产品收购凭证、其他收据，这些发票的单价、金额都是含税的。普通发票的默认税率为0，可修改。

③ 运费发票，运费主要是指向供货单位或提供劳务单位支付的代垫款项、运输装卸费、手续费、违约金（延期付款利息）、包装费、包装物租金、储备费、进口关税等。运费发票的单价、金额都是含税的。运费发票的默认税率为7，可修改。

（六）采购结算

采购结算也称采购报账，是指采购核算人员根据采购入库单、采购发票核算采购入库成本；采购结算的结果是采购结算单，它是记载采购入库单记录与采购发票记录对应关系的结算对照表。采购结算从操作处理上分为自动结算、手工结算两种方式；另外，运费发票可以单独进行费用折扣结算。

【子任务1.1】 华通机械厂1月10日，供应科张明亮回厂交来郑州铸造厂的增值税专用发票一张，发票号75330006，发票列明铸铁件10吨，单价3 000元，铁路运费3 000元，货运增值税专用发票号56125031，材料已验收入库，款未付。

操作步骤如下：

第一步，由库管员301登录企业应用平台，单击"业务工作"，进入"供应链—库存管理—入库业务"下的"采购入库单"，如图6-40所示。

第二步，单击"增加"，依次录入表头和表体相关项目，如图6-41所示。

第三步，保存并审核，系统弹出"该单据审核成功"。

第四步，由采购员601登录企业应用平台，单击"业务工作"，进入"供应链—采购管理—采购发票"下的"专用采购发票"，如图6-42所示。

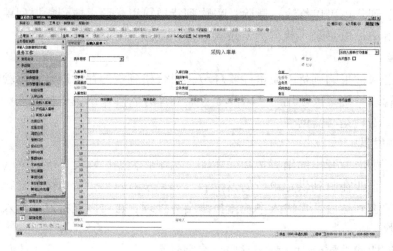

图 6-40

图 6-41

图 6-42

第五步，单击"增加"，选择"生单"功能中的"入库单"，如图6-43所示。

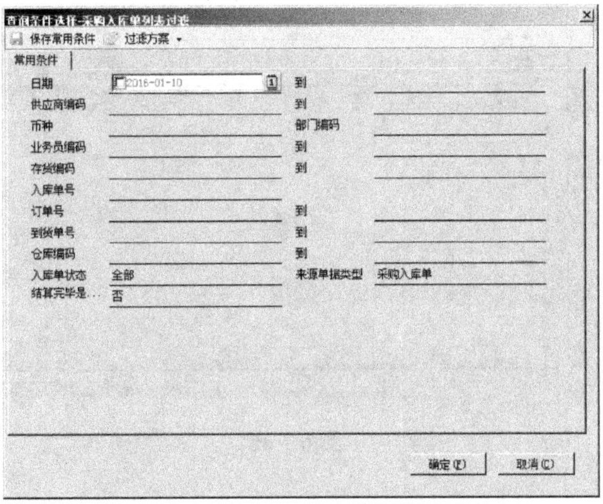

图6-43

第六步，单击"确定"，如图6-44所示。

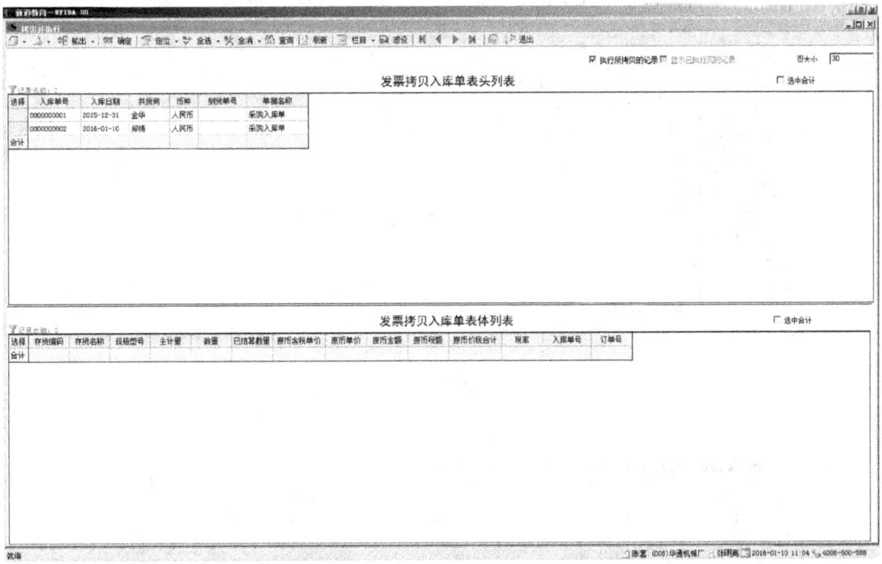

图6-44

第七步，双击选择第二张入库单据，单击"确定"，如图6-45所示。
第八步，补充录入表头项目"发票号-75330006"并修改日期，保存退出。
第九步，由采购员601继续进入"供应链—采购管理—采购发票"下的"运费发票"，如图6-46所示。
第十步，依次录入表头及表体相关项目，如图6-47所示，保存并退出。

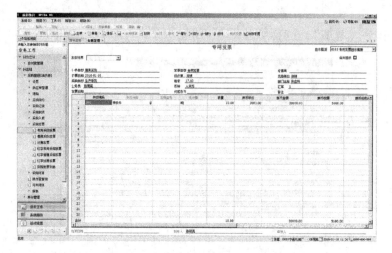

图 6-45

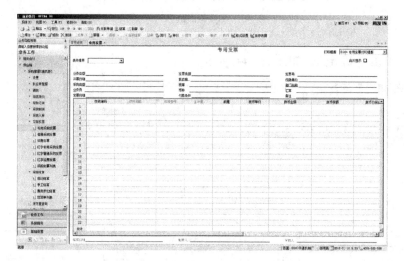

图 6-46

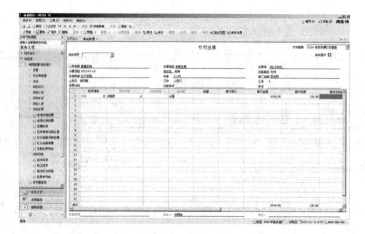

图 6-47

第十一步,由采购员 601 继续进入"供应链—采购管理—采购结算"下的"手工结算",如图 6-48 所示。

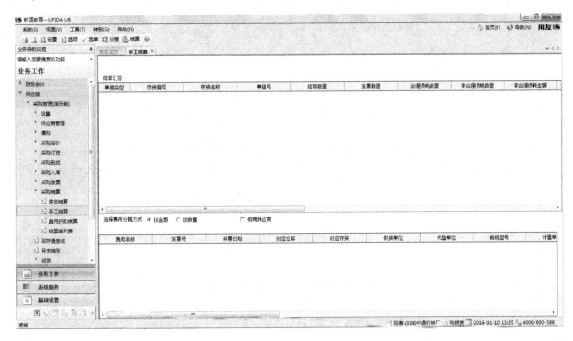

图 6-48

第十二步,单击"选单",如图 6-49 所示。

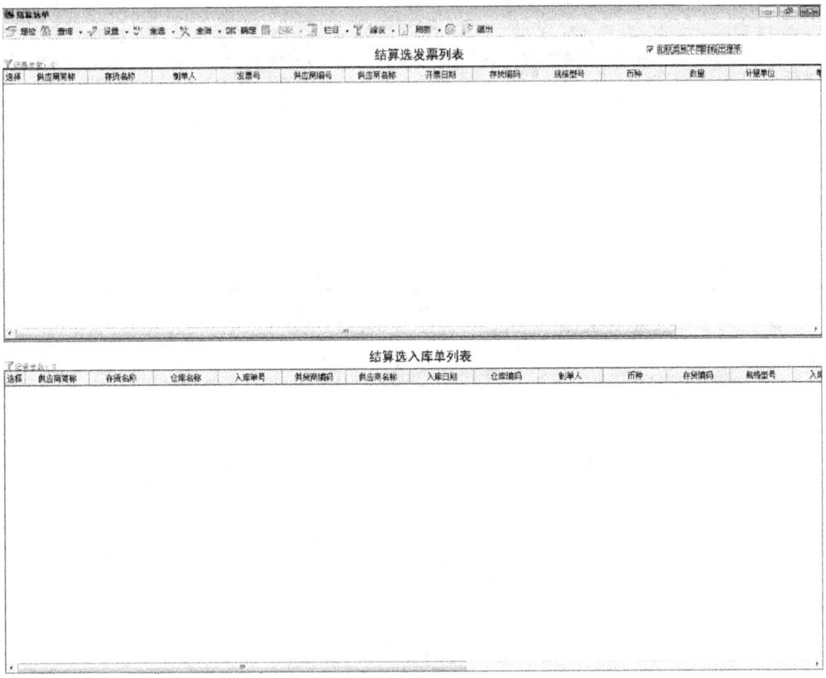

图 6-49

第十三步，单击"查询"，单击"确定"后如图 6-50 所示。

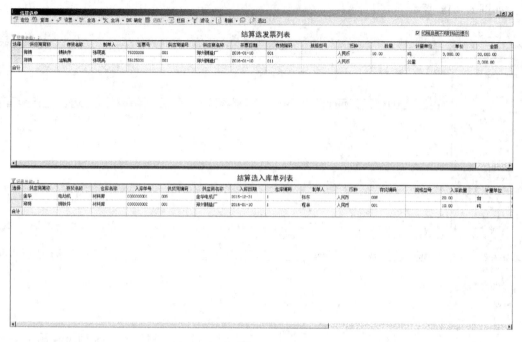

图 6-50

第十四步，选中匹配的发票和入库单，如图 6-51 所示。

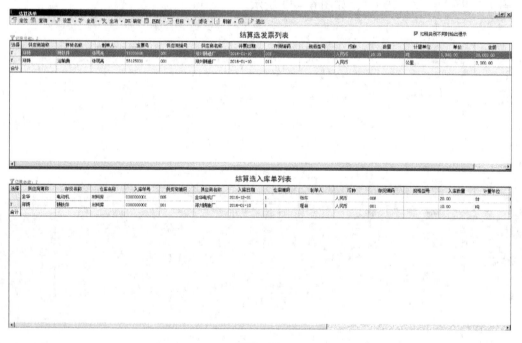

图 6-51

第十五步，单击"确定"，如图 6-52 所示。

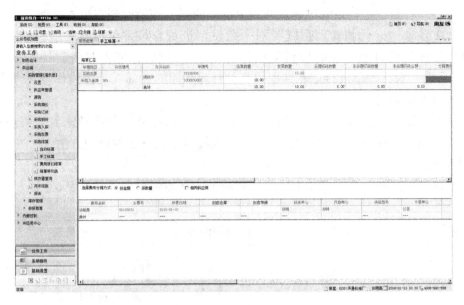

图 6-52

第十六步,选择"费用分摊方式—按金额或按数量",本例业务中由于只采购了一种材料,所以按哪种分摊方式都一样,单击"分摊",如图 6-53 所示。

第十七步,单击"是",系统如图 6-54 所示。

图 6-53

图 6-54

第十八步,单击"确定",进入结算窗口,单击"结算",系统弹出如图 6-55 所示对话框,单击"确定"并退出结算窗口。

图 6-55

在采购业务中,主要的财务问题是:一个是确认采购的应付款金额,并进行付款结算;另一个是确认存货入库并结转存货的入库成本。前者是根据采购发票确认的,在应付款管理系统里制单；后者是在存货系统里确认并制单的。所以，该笔业务完整的处理还需由该厂的会计人员 202 登录"应付款管理系统"对采购发票进行审核并生成有关应付账款的凭证，具体操作参见教材项目七"应收应付款核算与管理"；同时，还需要由会计人员 202 登录"存货核算系统"对入库单进行记账并生成有关材料入库的凭证，具体操作参见本项目后面的"存货核算业务处理"。

在采购业务处理中，除了"单货同行"，还有一种情况是"货到票未到"，这种情况即通常所说的"暂估入库业务"。对暂估业务，系统提供了如下 3 种处理方法。

1. 月初回冲

月初回冲是指月初时系统自动生成红字回冲单，具体处理模式参见表 6-13。

表 6-13

业务类型	业务描述	系统模块	处理
暂估业务	采购业务先到货，发票未到，本月处理	存货系统	暂估入库单记账，生成凭证。 借：存货 　贷：应付账款——应付暂估款
	采购业务先到货，发票未到，下月处理	存货系统	下月月初生成红字回冲单，生成凭证。 借：存货（红字） 　贷：应付账款——应付暂估款（红字）
下月第一种情况	发票到，与采购入库单完全结算	存货系统	进行暂估处理，生成蓝字回冲单（报销）制单。 借：存货 　贷：在途物资
下月第二种情况	发票到，与采购入库单部分结算	存货系统	暂估处理时，生成已结算的蓝字回冲单。 期末处理时，根据暂估入库数与结算数的差额生成未结算的蓝字回冲单，即作为暂估入库单。 下月月初就暂估入库单生成红字回冲单。 制单同前
下月第三种情况	发票未到	存货系统	期末处理后，根据蓝字回冲单（暂估）制单。 借：存货 　贷：应付账款——应付暂付款

2. 单到回冲

单到回冲是指对于上月暂估业务，本月初不做处理，在收到采购发票后再行处理，具体处理模式参见表 6-14。

表 6-14

业务类型	业务描述	系统模块	处理
暂估业务	采购业务先到货，发票未到，本月处理	存货系统	暂估入库单记账，生成凭证。 借：存货 　贷：应付账款——应付暂估款
下月第一种情况	采购业务先到货，发票未到	存货系统	不需处理
下月第二种情况	发票到，与采购入库单完全结算	存货系统	进行暂估处理，生成红字回冲单制单。 借：存货（红字） 　贷：应付账款——应付暂估款（红字） 生成蓝字回冲（报销）单制单。 借：存货 　贷：在途物资
下月第三种情况	发票到，与采购入库单部分结算	存货系统	暂估处理时，如果结算单对应的暂估入库单本月未生成红字回冲单，则根据结算单对应的暂估入库单生成红字回冲单，根据结算数量、结算单价、结算金额生成已结算的蓝字回冲单。 暂估处理时，如果结算单对应的暂估入库单本月已生成红字回冲单，则根据结算数量、结算单价、结算金额生成已结算的蓝字回冲单。 期末处理时，根据暂估入库数与结算数的差额生成未结算的蓝字回冲单，即作为暂估入库单

3. 单到补差

单到补差是指报销处理时，系统自动生成一笔调整单，调整金额为实际金额与暂估金额的差额。具体处理模式参见表 6-15。

表 6-15

业务类型	业务描述	系统模块	处理
暂估业务	采购业务先到货，发票未到，本月处理	存货系统	暂估入库单记账，生成凭证。 借：存货 　贷：应付账款——应付暂估款
下月第一种情况	采购业务先到货，发票未到	存货系统	不需处理
下月第二种情况	发票到，与采购入库单完全结算	存货系统	进行暂估处理，生成调整单。 减少 借：存货（红字） 　贷：应付账款——应付暂估款（红字） 增加 借：存货 　贷：应付账款——应付暂估款

【子任务1.2】 华通机械厂对暂估业务采用的是第一种"月初回冲"处理方式,所以1月1日需要冲销上月暂估入账的20台电动机,操作步骤如下:

第一步,由会计人员202登录企业应用平台,单击"业务工作",进入"供应链—存货核算—财务核算"下的"生成凭证",如图6-56所示。

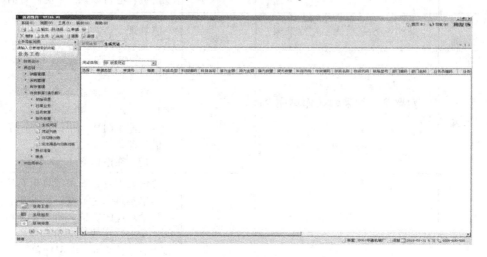

图6-56

第二步,选择"凭证类别—转账凭证",并单击"选择",如图6-57所示。

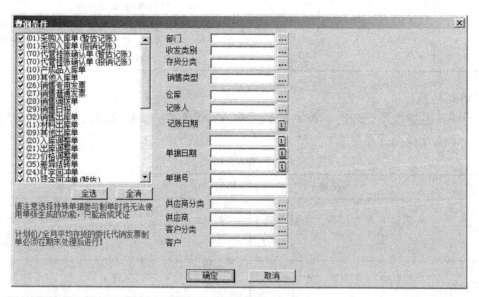

图6-57

第三步,选择"红字回冲单",单击"确认",如图6-58所示。
第四步,单击选中"红字回冲单",并单击"确定",如图6-59所示。
第五步,单击"生成",生成并保存凭证,如图6-60所示。

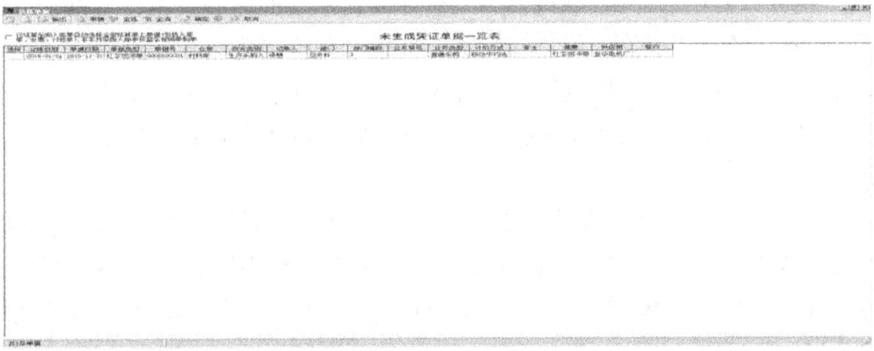

图 6-58

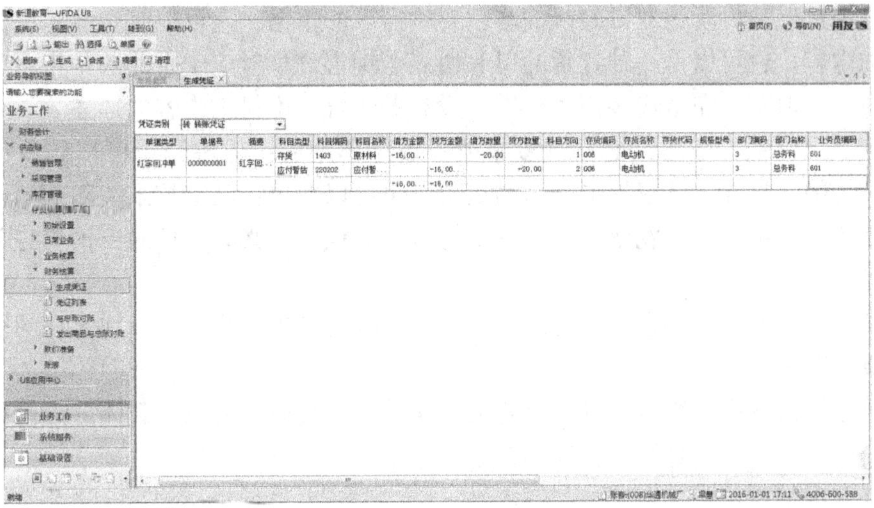

图 6-59

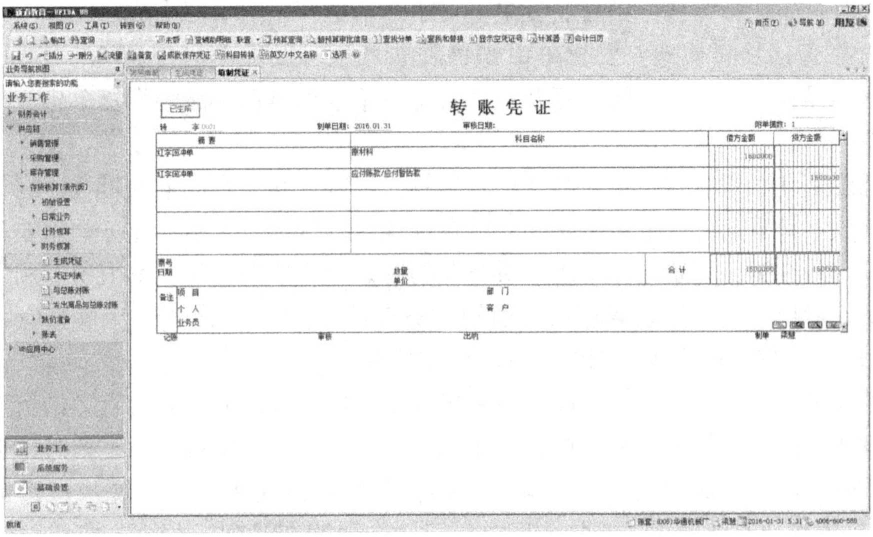

图 6-60

销售是企业生产经营成果的实现过程，是企业经营活动的中心。销售管理系统是用友供应链的重要组成部分，提供了报价、订货、发货、开票的完整销售流程，支持普通销售、委托代销、分期收款、直运、零售、销售调拨等多种类型的销售业务，并可对销售价格和信用进行实时监控。用户可根据实际情况对系统进行定制，构建自己的销售业务管理平台。

1. 报价

销售报价是企业向客户提供货品、规格、价格、结算方式等信息，双方达成协议后，销售报价单转为有效力的销售合同或销售订单。企业可以针对不同客户、不同存货、不同批量提出不同的报价、扣率。销售报价单是可选单据，用户可根据业务的实际需要选用。

2. 订货

销售订货是指由购销双方确认的客户的要货需求的过程，用户根据销售订单组织货源，并对订单的执行进行管理、控制和追踪。

销售订单是反映由购销双方确认的客户要货需求的单据，它可以是企业销售合同中关于货物的明细内容，也可以是一种订货的口头协议。销售订单对应于企业的销售合同中订货明细部分的内容，但不能完全代替销售合同，没有关于合同中付款内容的描述。

销售订单可以手工增加，也可以参照销售报价单生成；销售订单可以修改、删除、审核、弃审、关闭、打开，已审核未关闭的销售订单可以变更；已审核未关闭的销售订单可以参照生成销售发货单、销售发票；销售订单是可选单据，但必有订单时，销售订单必有。

3. 发货

销售发货是企业执行与客户签订的销售合同或销售订单，将货物发往客户的行为，是销售业务的执行阶段。

发货单是销售方作为给客户发货的凭据，是销售发货业务的执行载体。无论是工业企业还是商业企业，发货单都是销售管理的核心单据。

发货有两种模式：

（1）先发货后开票模式：发货单由销售部门根据销售订单填制或手工输入，客户通过发货单取得货物所有权。发货单审核后，可以生成销售发票、生成销售出库单。

注：必有订单业务模式，销售发货单不可手工新增，只能参照生成。

（2）开票直接发货模式：发货单由销售发票产生，发货单只作浏览，不能进行修改、删除、弃审等操作，但可以关闭、打开；销售出库单根据自动生成的发货单生成。

4. 开票

销售开票是在销售过程中企业给客户开具销售发票及其所附清单的过程，它是销售收入确认、销售成本计算、应交税金确认和应收账款确认的依据，是销售业务的重要环节。

销售发票是在销售开票过程中用户所开具的原始销售单据，包括增值税专用发票、普通发票及其所附清单。销售发票复核后，通知财务部门的"应收款管理"核算应收账款，在"应收款管理"审核登记应收明细账，制单生成凭证。

销售发票可以手工增加，也可以参照销售订单生成；直运业务时，直运销售发票可参照直运采购发票生成；销售发票可以修改、删除、复核、弃复；销售发票复核时，生成销售发货单；弃复时，删除生成的发货单；与"库存管理"集成使用，且设置"是否销售生成出库单"，则销售发票复核时生成销售出库单，否则在"库存管理"根据销售发票生成的发货单生成出库单；必有订单业务模式，销售发票不可手工新增，只能参照生成。

项目六　购销存核算与管理

【子任务 2】　华通机械厂 1 月 15 日按合同发给青岛华丰集团钻床 3 台，每台 60 000 元（无税单价），增值税发票号 65889102，代垫铁路运费 500 元，运费单号 360769，以转账支票支付给市火车站，支票号 54819522，全部货税款已办理银行汇票进账手续，票据号 29004508。

操作步骤如下：

第一步，由销售人员 701 登录企业应用平台，单击"业务工作"，进入"供应链—销售管理—销售发货"下的"发货单"，如图 6-61 所示。

图 6-61

第二步，单击"增加"，如图 6-62 所示。

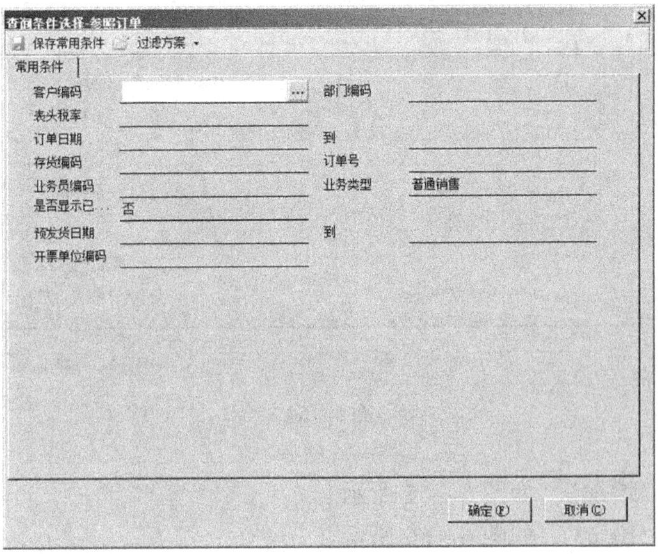

图 6-62

第三步，单击"取消"，手工录入发货单，如图 6-63 所示。

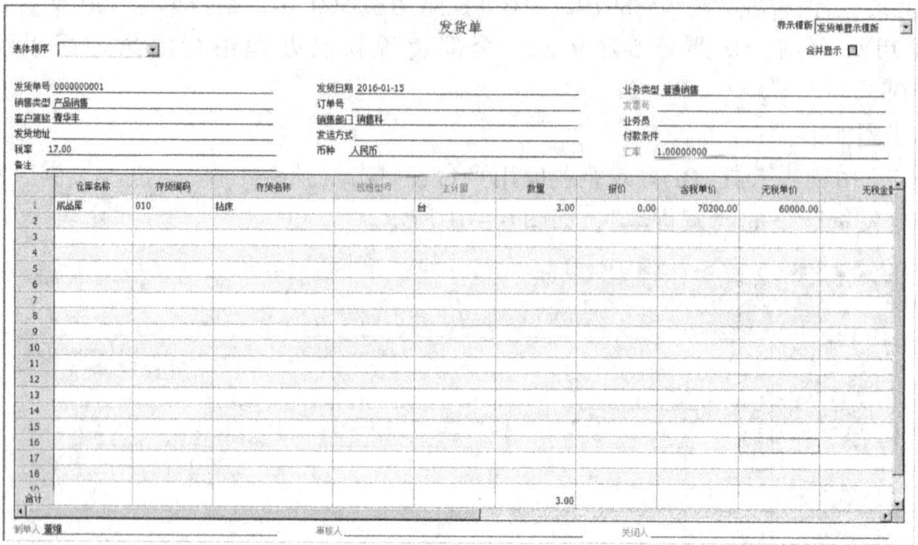

图 6-63

第四步，保存并审核退出。

第五步，由 701 继续进入"供应链—销售管理—销售开票"下的"销售专用发票"，如图 6-64 所示。

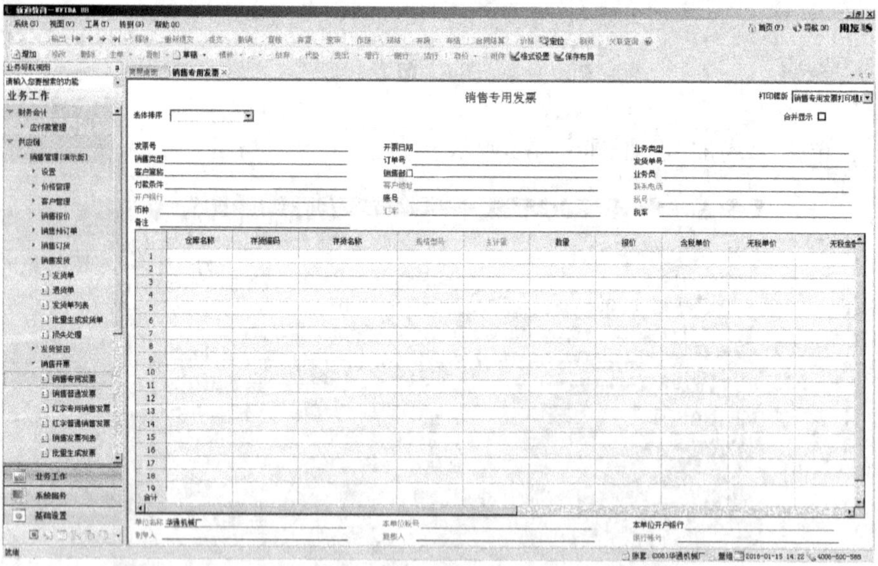

图 6-64

第六步，单击"增加"，如图 6-65 所示。

第七步，单击"确定"，如图 6-66 所示。

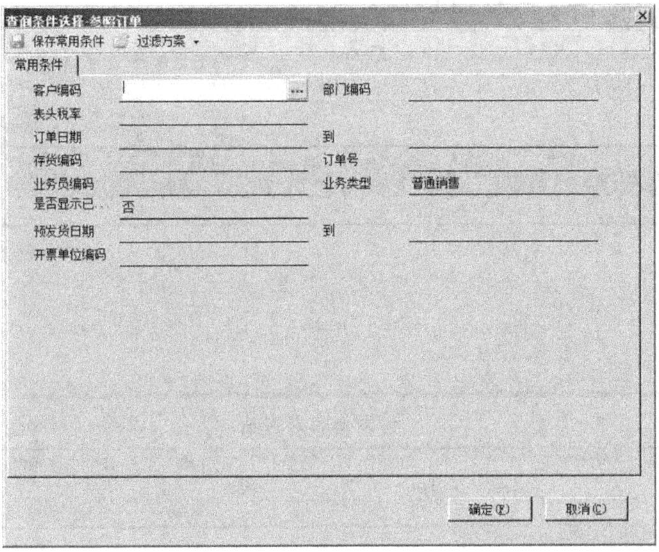

图 6-65

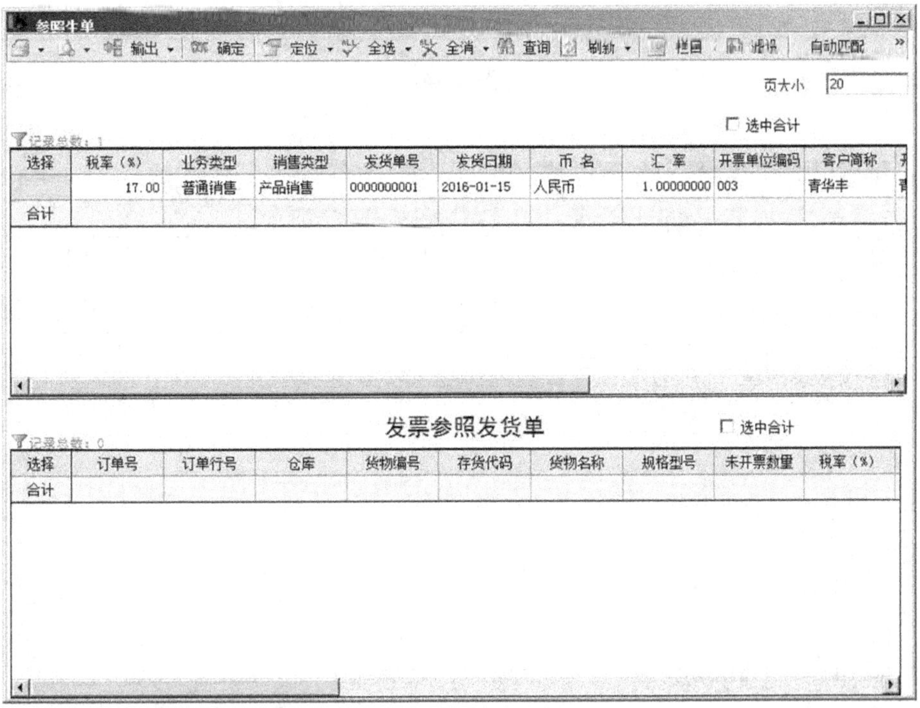

图 6-66

第八步，选择参照发货单相关信息，如图 6-67 所示。

第九步，单击“确定”，如图 6-68 所示。

图 6-67

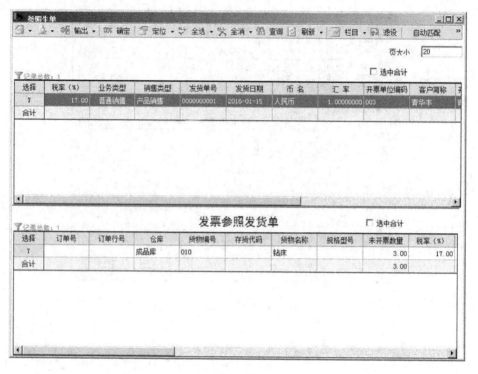

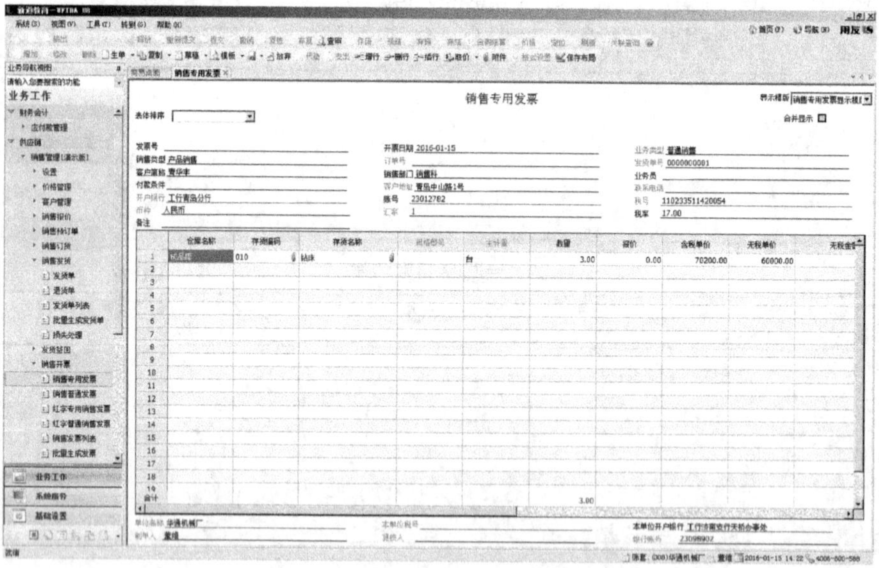

图 6-68

第十步,手工输入表头项目:发票号"65889102",并保存,如图 6-69 所示。

图 6 – 69

第十一步，单击"现结"，如图 6 – 70 所示。

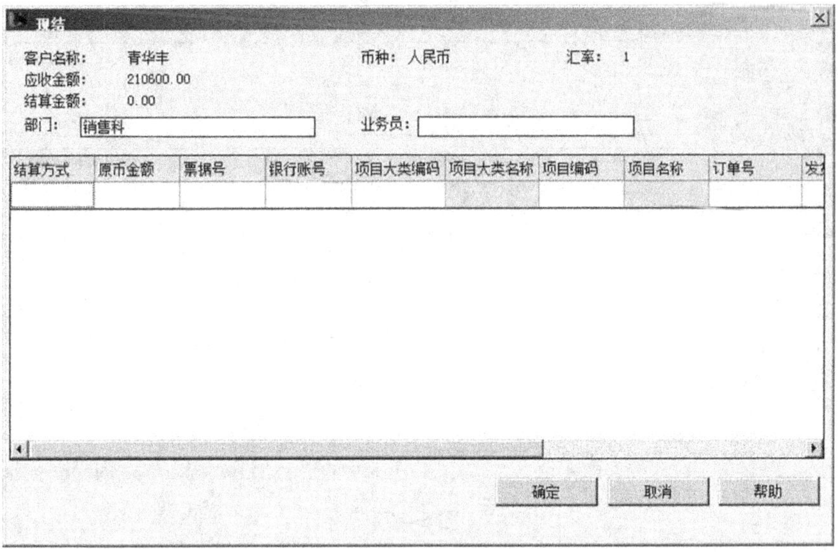

图 6 – 70

第十二步，依次选择结算方式，输入结算金额、票据号和银行账号，单击"确定"，如图 6 – 71 所示。

第十三步，复核并退出。

第十四步，由 701 继续进入"供应链—销售管理—代垫费用"下的"代垫费用单"，如图 6 – 72 所示。在销售业务中，代垫费用指随货物销售所发生的，不通过发票处理而形成的暂时代垫将来需向客户收取的费用项目，如运杂费、保险费等。代垫费用实际上形成了用户对客户的应收款，代垫费用的收款核销由"应收款管理"处理。

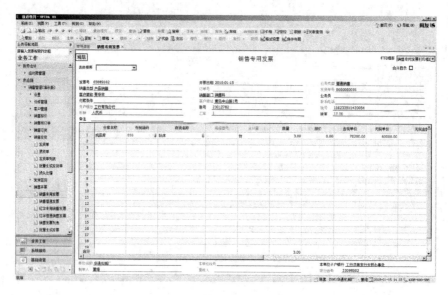

图 6-71

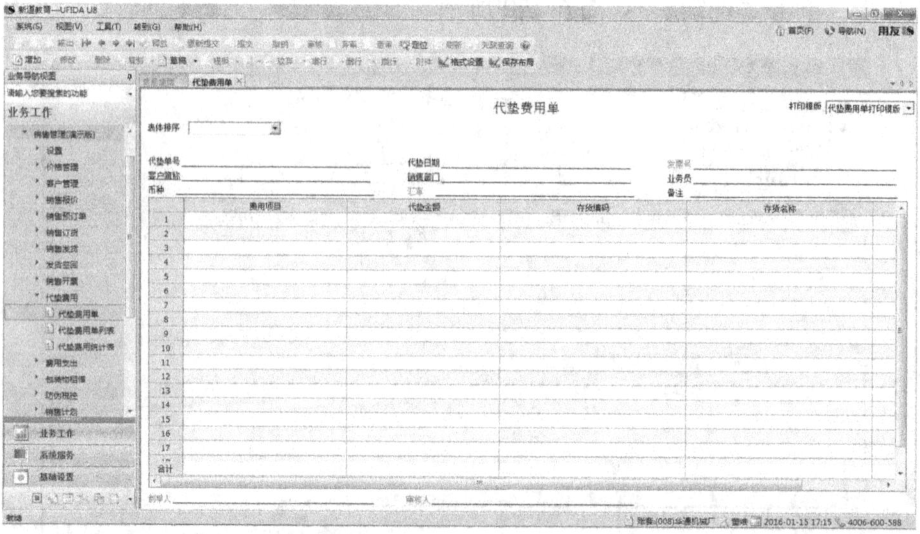

图 6-72

第十五步，单击"增加"，依次输入表头及表体项目，保存并审核，如图 6-73 所示。

第十六步，该笔业务完整的处理还需由该厂的会计人员 202 登录"应收款管理系统"对销售发票进行审核并生成有关凭证，具体操作参见教材项目七"应收应付款核算与管理"；同时，还需要由会计人员 202 登录"存货核算系统"对销售出库单进行记账并生成有关出库的凭证，具体操作参见本项目后面的"存货核算业务处理"。

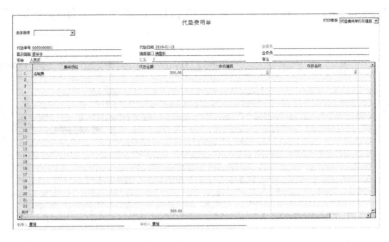

图 6-73

【子任务 3】 库存业务处理。
（一）入库业务
1. 采购入库
采购入库是通过填制采购入库单来体现的，其具体操作在采购业务中已介绍过，在此不再重复。
2. 产成品入库
产成品入库要填制产成品入库单，产成品入库单是工业企业入库单据的主要部分。只有工业企业才有产成品入库单，商业企业没有此单据。产成品一般在入库时无法确定产品的总成本和单位成本，所以，在填制产成品入库单时，一般只有数量，没有单价和金额。
【子任务 3.1】 华通机械厂月末金装车间完工入库产成品钻床 10 台。操作步骤如下：
第一步，由库管员 301 登录企业应用平台，单击"业务工作"，进入"供应链—库存管理—入库业务"下的"产成品入库单"，如图 6-74 所示。

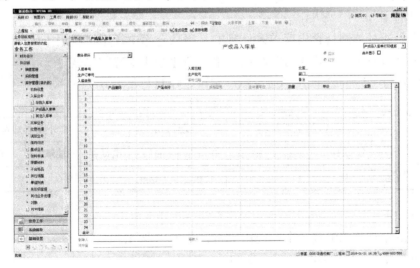

图 6-74

第二步，单击"增加"，依次录入表头和表体相关项目，保存并审核，如图 6-75 所示。

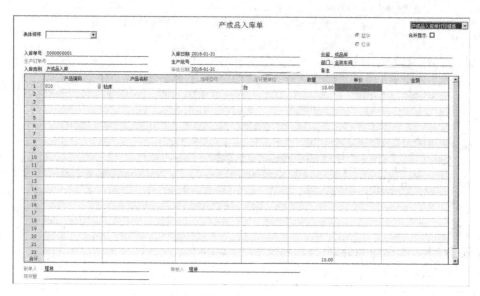

图 6-75

第三步，该笔业务完整的处理还需由该厂的会计人员 202 登录"存货核算系统"对产成品成本进行分配确认入库成本，并对产成品入库单记账生成有关产成品入库的凭证，具体操作参见本项目后面的"存货核算业务处理"。

3. 其他入库

其他入库是指除采购入库、产成品入库之外的其他入库业务，如调拨入库、盘盈入库、组装拆卸入库、形态转换入库等业务。其他入库单一般由系统根据其他业务单据自动生成，也可手工填制。

（二）出库业务

1. 材料出库

材料出库是通过填制材料出库单来体现的，当从仓库中领用材料用于生产时，就需要填制材料出库单。只有工业企业才有材料出库单，商业企业没有此单据。

【子任务3.2】 1月12日，华通机械厂生产领用材料见表 6-16。

表 6-16

部门		原料及主要材料			辅助材料		外购半成品		
		铸铁件	铸铝件	钢材	润滑油	油漆	电动机	轴承	电器元件
金装车间	钻床	10	1	50	50	1 000	20	60	1 200

操作步骤如下：

第一步，由库管员 301 登录企业应用平台，单击"业务工作"，进入"供应链—库存管理—出库业务"下的"材料出库单"，如图 6-76 所示。

图 6-76

第二步，单击"增加"，依次录入表头及表体项目，保存并审核，如图 6-77 所示。

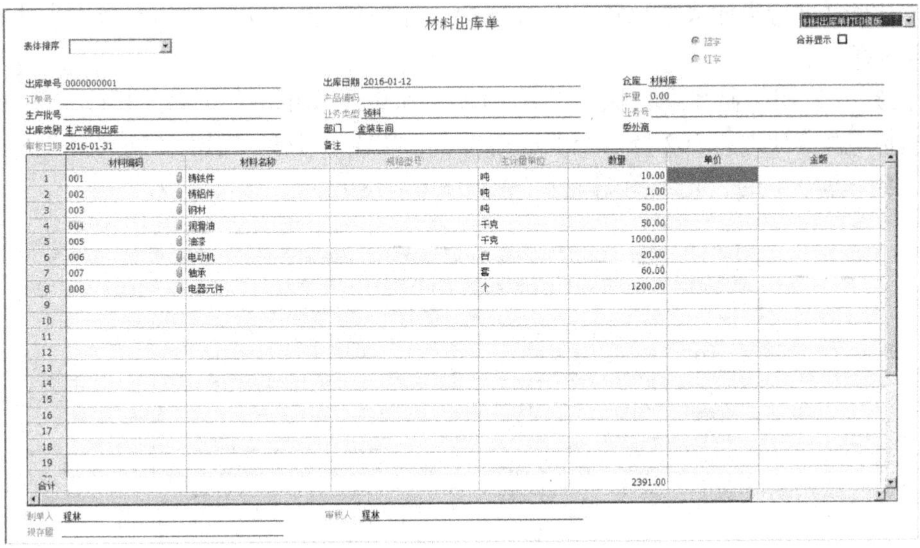

图 6-77

第三步，该笔业务完整的处理还需由该厂的会计人员 202 登录"存货核算系统"对材料出库单进行记账并生成有关材料出库的凭证，具体操作参见本项目后面的"存货核算业务处理"。

2. 销售出库

产品销售出库要填制销售出库单。销售出库单是销售出库业务的主要凭据，在库存管理系统用于存货出库数量核算，在存货核算系统用于存货出库成本核算（如果存货核算系统销售成本的核算选择依据是销售出库单）。

如果销售管理系统未启用,可直接填制销售出库单,否则不可手工填制。与销售管理系统集成使用时,先发货后开票业务:根据销售管理系统的发货单自动生成销售出库单;开票直接发货业务:根据销售管理系统的销售发票自动生成销售出库单。库管员只需在库存管理系统中审核销售出库单即可。

3. 其他出库

其他出库是指除销售出库、材料出库之外的其他出库业务,如调拨出库、盘亏出库、组装拆卸出库、形态转换出库、不合格品记录等业务形成的出库单。其他出库单一般由系统根据其他业务单据自动生成,也可手工填制。

其他出库单还可参照设备作业单生成,实现备件的领用;参照服务单生成,实现服务配件的领用。

【子任务4】 存货核算业务处理。

【子任务4.1】 业务核算

存货系统的业务核算主要功能是对单据进行出入库成本的计算、结算成本的处理、产成品成本的分配、期末处理。

1. 正常单据记账

单据记账用于将用户所输入的单据登记存货明细账、差异明细账/差价明细账、受托代销商品明细账、受托代销商品差价账。先进先出、移动平均、个别计价这几种计价方式的存货在单据记账时进行出库成本核算;全月平均、计划价/售价法计价的存货在期末处理进行出库成本核算。

【子任务4.1.1】 将华通机械厂1月10日的采购入库单进行记账。操作步骤如下:

第一步,由会计人员202登录企业应用平台,单击"业务工作",进入"供应链—存货核算—业务核算"下的"正常单据记账",如图6-78所示。

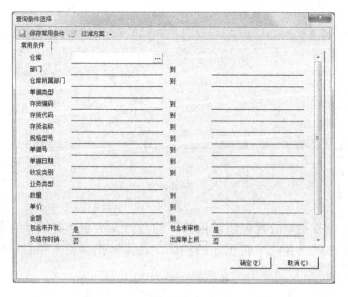

图6-78

第二步,单击"确定",选中"1月10日的采购入库单",并单击"记账",如图6-79所示。

图 6-79

2. 结算成本处理

结算成本处理是针对"暂估业务"按照用户选择的暂估方式（月初回冲、单到回冲及单到补差）进行业务处理。

【子任务 4.1.2】 1 月 11 日，2015 年 12 月从金华电动机厂购进 20 台电动机的账单已到，单价 810 元，增值税专用发票发票号 45356400，款未付。操作步骤如下：

第一步，由采购人员到采购管理系统中录入采购专用发票。操作方法在采购业务中已经介绍过了，不再重复。

第二步，在采购管理系统中执行"手工结算"，应该注意的是，暂估入库单的日期是"2015 年 12 月 31 日"，所以在采购发票和入库单之间进行手工结算的起止日期需要修改。

第三步，由会计人员 202 登录企业应用平台，单击"业务工作"，进入"供应链—存货核算—业务核算"下的"结算成本处理"，如图 6-80 所示。

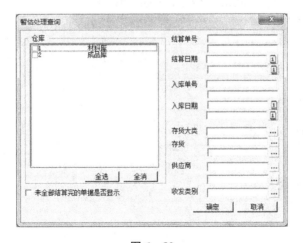

图 6-80

第四步,选中"材料库",单击"确定",如图6-81所示。

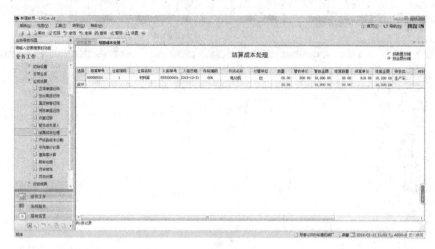

图6-81

第五步,单击选中"暂估入库单",然后单击"暂估"并退出。

第六步,该笔业务完整的处理还需由该厂的会计人员202登录"应付款管理系统"对采购发票进行审核并生成有关应付账款的凭证,具体操作参见教材项目七"应收应付款核算与管理";同时,还需要由会计人员202登录"存货核算系统",根据蓝字回冲单生成有关材料入库的凭证,具体操作参见本项目后面的"存货核算业务处理——财务核算"。

3. 产成品成本分配

产成品成本分配用于对已入库未记明细账的产成品进行成本分配。

【子任务4.1.3】 对华通机械厂月末金装车间完工入库产成品——10台钻床进行成本分配,财务部门提供的产品总成本为301 750.25元,其中,直接材料277 339.3元,工资薪酬12 426.2元,制造费用11 984.75元。操作步骤如下:

第一步,由会计人员202登录企业应用平台,单击"业务工作",进入"供应链—存货核算—业务核算"下的"产成品成本分配",如图6-82所示。

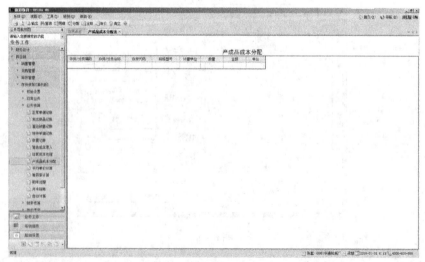

图6-82

第二步，单击"查询"，如图 6－83 所示。

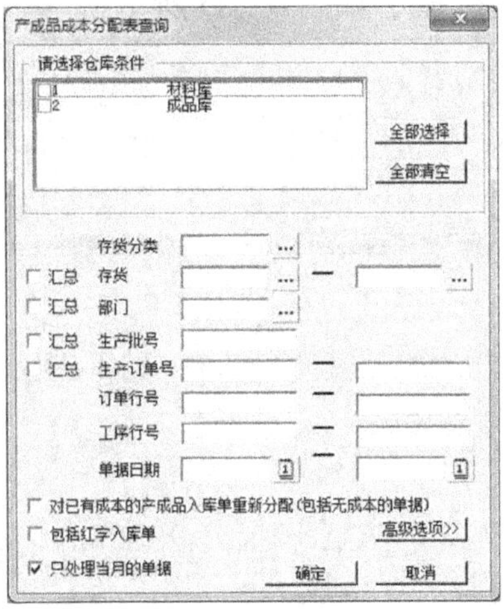

图 6－83

第三步，选择"成品库"，单击"确定"，如图 6－84 所示。

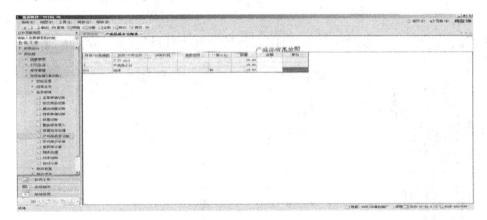

图 6－84

第四步，在"010－钻床"记录行的"金额"栏输入"301 750.25"，单击"分配"，系统弹出"分配操作顺利完成"，确定并退出。

第五步，该笔业务完整的处理还需由该厂的会计人员 202 登录"存货核算系统"对产成品入库单进行记账，并生成有关产成品入库的凭证，具体操作参见本项目后面的"存货核算业务处理——财务核算"。

【子任务 4.2】 财务核算。

系统在进行出入库核算后，下一步就要生成记账凭证。关于凭证的生成、修改、查询操作在此完成。存货核算管理系统生成的记账凭证自动会传递到总账系统，实现财务和业务的一体化操作。

1. 生成凭证

【子任务 4.2.1】 将华通机械厂 1 月 10 日已记账的采购入库单生成凭证。操作步骤如下：

第一步，由会计人员 202 登录企业应用平台，单击"业务工作"，进入"供应链—存货核算—财务核算"下的"生成凭证"，如图 6-85 所示。

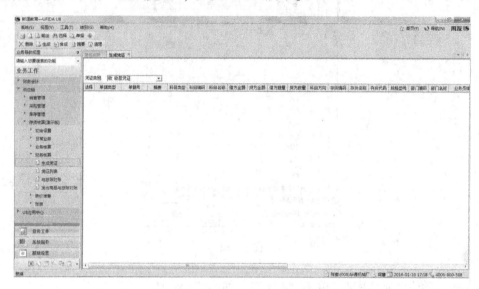

图 6-85

第二步，选择"凭证类别—转账凭证"，然后单击"选择"，如图 6-86 所示。

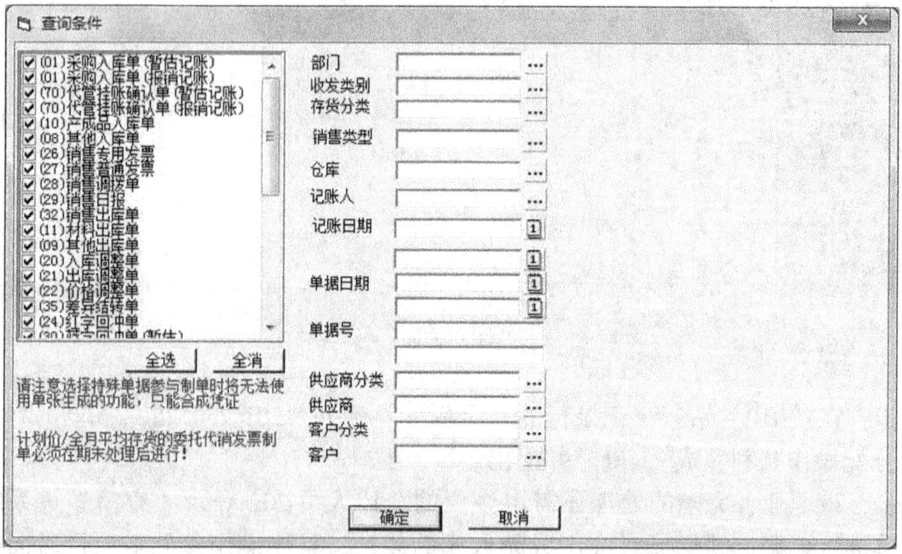

图 6-86

第三步，选择"采购入库单（报销记账）"，单击"确认"，如图 6-87 所示。
第四步，单击选中 1 月 10 日的"采购入库单"，然后单击"确定"，如图 6-88 所示。
第五步，单击"生成"，生成凭证并保存，如图 6-89 所示。

图 6-87

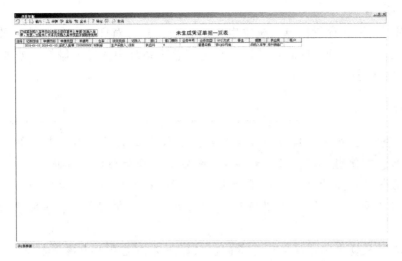

图 6-88

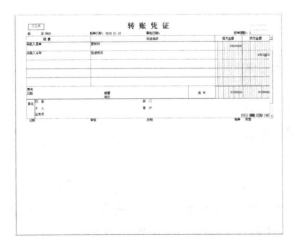

图 6-89

2. 凭证列表

本功能用于查询在存货核算系统中生成的凭证,并可对凭证进行相应的修改和删除等。需要注意的是,在凭证列表中删除凭证,只是将总账系统中的凭证做作废处理;在总账中已审核的凭证不能删除。

> **知识链接**
>
> "库存管理"是用友供应链的重要产品,能够满足采购入库、销售出库、产成品入库、材料出库、其他出入库、盘点管理等业务需要,提供仓库货位管理、批次管理、保质期管理、出库跟踪入库管理、可用量管理等全面的业务应用。"库存管理"可以单独使用,也可以与"采购管理"、"销售管理"、"存货核算"集成使用,发挥更加强大的应用功能。
>
> 存货核算是从资金的角度管理存货的出入库业务,主要用于核算企业的入库成本、出库成本、结余成本,反映和监督存货的收发、领退和保管情况,反映和监督存货资金的占用情况。
>
> 存货核算系统可以单独使用,单独使用时,所有的出入库单据均在存货核算系统填制。
>
> 当存货核算系统与供应链其他系统集成使用时,可对采购入库单进行记账核算,对采购暂估入库单进行结算成本处理,对销售出库单进行记账核算,对销售系统生成的销售发票、发货单进行记账核算,对库存系统生成的各种单据进行记账核算。
>
> 本教材案例以集成使用模式进行介绍。

任务三 购销存系统月末处理

任务目标

通过学习,使学生能够独立操作财务软件完成购销存核算的月末处理。

任务导入

1. 采购管理系统月末结账;
2. 销售管理系统月末结账;
3. 库存管理系统月末处理;
4. 存货核算系统月末处理。

任务解析

【子任务1】 将华通机械厂2016年1月的采购业务进行月末结账。操作步骤如下:

第一步,由采购人员601登录企业应用平台,单击"业务工作",进入"供应链—采购管理"下的"月末结账",单击"结账",如图6-90所示。

项目六 购销存核算与管理

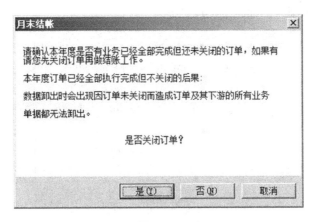

图 6 – 90

第二步,单击"否",然后退出。

采购管理系统月末结账是逐月将每月的单据数据封存,并将当月的采购数据记入有关账表中。

没有期初记账,将不允许月末结账;月末结账后,已结账月份的"采购管理"入库单、采购发票不可修改、删除。

应该注意的是,当采购管理系统与应付款管理系统、库存管理系统、存货核算系统集成使用时,月末结账应遵循一定的顺序:

采购管理系统月末结账后,才能进行库存管理系统、存货核算系统、应付款管理系统的月末结账;如果采购管理系统要取消月末结账,必须先通知库存管理、存货核算、应付款管理系统的操作人员,要求他们的系统取消月末结账。如果库存管理、存货核算、应付款管理系统的任何一个系统不能取消月末结账,那么也不能取消采购管理系统的月末结账。

【子任务 2】 将华通机械厂 2016 年 1 月的销售业务进行月末结账。操作步骤如下:

第一步,由销售人员 701 登录企业应用平台,单击"业务工作",进入"供应链—销售管理"下的"销售月末结账",如图 6 – 91 所示。

图 6 – 91

第二步，单击"结账"，如图 6-92 所示。

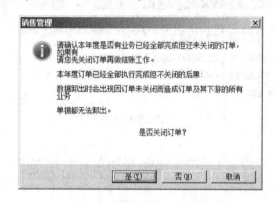

图 6-92

第三步，单击"否"，然后退出。

销售管理系统月末结账是逐月将每月的单据数据封存，并将当月的销售数据记入有关账表中。

本月还有未审/复核单据时，结账时系统提示"存在未审核的单据，是否继续进行月末结账？"，用户可以选择继续结账或取消结账，即使有未审核的单据，仍可月末结账；但年底结账时，所有单据必须审核才能结账。

应该注意的是，当销售管理系统与应收款管理系统、库存管理系统、存货核算系统集成使用时，月末结账应遵循一定的顺序：

销售管理系统月末结账后，才能进行库存管理系统、存货核算系统、应收款管理系统的月末结账；如果销售管理系统要取消月末结账，必须先通知库存管理、存货核算、应收款管理系统的操作人员，要求他们的系统取消月末结账。如果库存管理、存货核算、应收款管理系统的任何一个系统不能取消月末结账，那么也不能取消销售管理系统的月末结账。

【子任务3】 库存管理系统月末处理。

（一）对账

用户需要对账，保证库存管理与存货核算、库存账与货位账的一致。

将华通机械厂 2014 年 1 月的库存管理系统与存货核算系统数据进行对账。操作步骤如下：

第一步，由库管员 301 登录企业应用平台，单击"业务工作"，进入"供应链—库存管理—对账"下的"库存存货对账"，如图 6-93 所示。

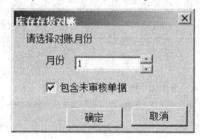

图 6-93

第二步，单击"确定"，如图 6-94 所示。

对账报告

仓库	仓库编码	存货编码	存货代码	存货名称	规格型号	库存系统			存货核算系统			出库未开票
						入库数量	出库数量	结存数量	入库数量	出库数量	结存数量	
材料库	1	001		铸铁件		10.00	10.00	10.00	10.00		20.00	
材料库	1	002		铸铝件			1.00	1.00			2.00	
材料库	1	003		钢材			50.00	55.00			105.00	
材料库	1	004		润滑油			50.00	30.00			80.00	
材料库	1	005		油漆			1000.00	500.00			1500.00	
材料库	1	006		电动机			20.00	30.00	-20.00		30.00	
材料库	1	007		轴承			60.00	20.00			80.00	
材料库	1	008		电器元件			1200.00	400.00			1600.00	
成品库	2	010		钻床		10.00	3.00	12.00			5.00	

图 6-94

（二）月末结账

月末结账是将每月的出入库单据逐月封存，并将当月的出入库数据记入有关账表中。

库存管理系统与供应链其他系统集成使用时，结账顺序在前面已经介绍过，不再重复。具体操作参见"销售管理系统月末结账"。

【子任务 4】 存货核算系统月末处理。

（一）期末处理

当日常业务全部完成后，用户可进行期末处理，功能是：

计算按全月平均方式核算的存货的全月平均单价及其本会计月出库成本；计算按计划价/售价方式核算的存货的差异率/差价率及其本会计月的分摊差异/差价；对已完成日常业务的仓库/部门/存货做处理标志。

注意：如果使用采购和销售系统，应在采购和销售系统做结账处理后才能进行。系统提供恢复期末处理功能，但是在总账结账后将不可恢复。

华通机械厂月末结转销售成本。操作步骤如下：

第一步，由会计人员 202 登录企业应用平台，单击"业务工作"，进入"供应链—存货核算—业务核算"下的"期末处理"，如图 6-95 所示。

第二步，选中"成品库"，然后单击"处理"，如图 6-96 所示。

第三步，单击"确定"，系统弹出"期末处理完毕"，确定并退出。

第四步，进入"财务核算"，单击"生成凭证"，如图 6-97 所示。

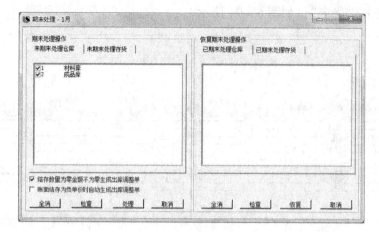

图 6-95

图 6-96

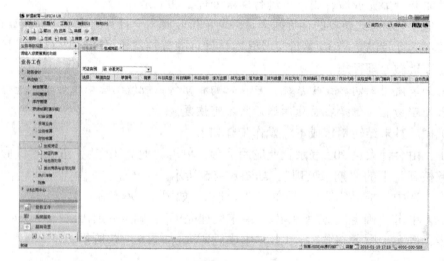

图 6-97

第五步,选择"凭证类别—转账凭证",然后单击"选择",如图6-98所示。

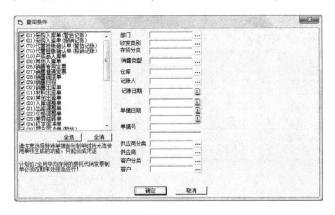

图 6-98

第六步,选择"销售出库单",单击"确认",如图6-99所示。

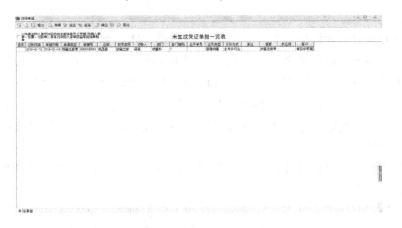

图 6-99

第七步,单击选中1月15日的"销售出库单",然后单击"确定",如图6-100所示。

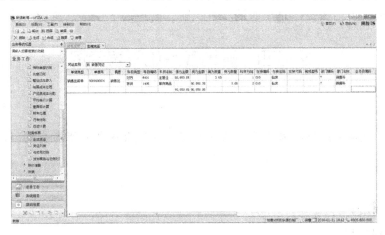

图 6-100

第八步,单击"生成",生成凭证并保存,如图 6-101 所示。

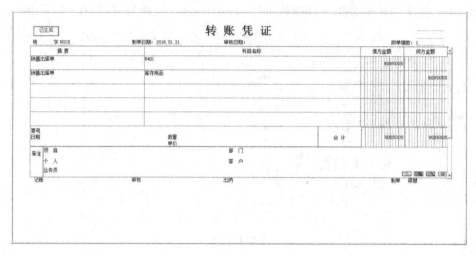

图 6-101

(二) 与总账对账

为保证业务与财务数据的一致性,需要进行对账。本功能用于存货核算系统与总账系统核对存货科目和差异科目在各会计月份借方、贷方发生金额以及期末结存的金额。

具体操作是:由会计人员 202 登录企业应用平台,单击"业务工作",进入"供应链—存货核算—财务核算"下的"与总账对账",对于核对结果是否两账相符,系统采用不同显示颜色加以区分,白色显示记录表示对账结果相平;蓝色显示记录表示对账结果不平。

(三) 月末结账

存货核算系统与供应链其他系统集成使用时,月末结账应注意的事项以及结账顺序在前面已经介绍过,不再重复。

具体操作是:由会计人员 202 登录企业应用平台,单击"业务工作",进入"供应链—存货核算—业务核算"下的"月末结账",单击"确认",系统开始进行合法性检查。如果检查通过,系统立即进行结账操作;如果检查未通过,系统会提示不能结账的原因。

需要注意的是,当某月账结错了时,可用"取消结账"按钮取消结账状态,然后再进行该月业务处理,再结账。但是想取消本月结账,需进入下一个月执行"取消结账"功能。

任务四 购销存系统账表查询

任务目标

通过学习,使学生能够独立操作财务软件完成购销存核算的账表查询。

任务导入

1. 采购查询及分析;
2. 销售查询及分析;
3. 库存查询及分析。

任务解析

【子任务1】 采购查询及分析。

业务处理归根到底都必须能被相关管理人员查询和利用，采购管理系统提供对采购业务各阶段、多因素、全方位的查询。采购报表的查询和分析主要包括对采购计划的查询、请购单的查询、采购订单的查询、供应商的查询、价格查询、发票的查询、采购到货情况的查询、采购结算情况的查询、采购付款情况的查询、采购计划的分析、采购预算的分析、采购费用的分析等。

【子任务1.1】 采购查询。

1. 到货明细表

到货明细表可以按照到货单查询存货的到货、入库、开票明细。到货明细表内容根据到货单、入库单、发票带入。到货明细表可以按照日期、部门、业务员等条件过滤查询。

2. 采购明细表

采购明细表可以查询发票的明细情况，包括数量、价税、费用、损耗等信息。采购明细表根据采购发票自动带入。到货明细表可以按照日期、部门、业务员等条件过滤查询。

【子任务1.1.1】 查看华通机械厂2016年1月采购明细统计表。操作步骤如下：

第一步，登录企业应用平台，单击"业务工作"，进入"供应链—采购管理—报表—统计表"下的"采购明细表"，如图6-102所示。

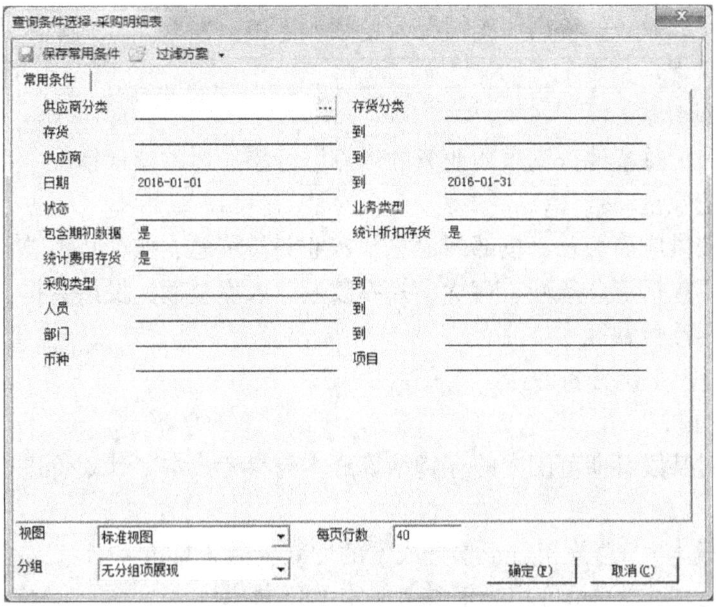

图 6-102

第二步，单击"确定"，如图6-103所示。

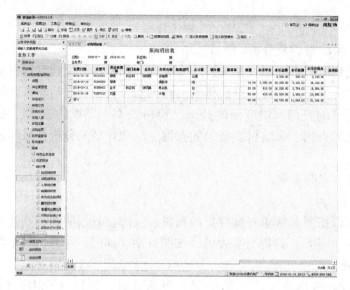

图 6-103

3. 入库明细表

入库明细表可以查询采购入库单的明细情况。入库明细表的内容根据采购入库单自动带入。入库明细表可以按照日期、供应商、存货、仓库、部门、业务员等条件过滤查询。

4. 未完成业务明细表

可以查询未完成业务的单据明细情况，包括入库单、发票，货到票未到为暂估入库，票到货未到为在途存货。

5. 采购综合统计表

可以按照报表汇总条件查询采购业务的入库、开票、付款统计情况。采购综合统计表根据入库单、发票记录自动带入。

选择内容为按供应商汇总、按部门汇总、按业务员汇总、按存货汇总、按地区汇总。

查询项目主要包括汇总条件、存货、入库数量、入库金额、发票数量、发票金额、发票价税合计、发票累计付款等。

【子任务1.2】 采购分析。

1. 采购成本分析

可根据发票对某段日期范围内的存货结算成本与参考成本、计划价进行对比分析。

其中：

增减（参考成本）：总价相对于参考成本的增减金额 = 总价 - 参考成本。

增减率（参考成本）：总价相对于参考成本的增减率（％） =（总价 - 参考成本）/参考成本 × 100％。

计划价/售价：指存货档案中的计划价/售价。

增减（计划价）：总价相对于计划价的增减金额 = 总价 - 计划价。

增减率（计划价）：总价相对于计划价的增减率（％） =（总价 - 计划价）/计划价 × 100％。

【子任务1.2.1】 查看华通机械厂2016年1月采购成本分析表。操作步骤如下：

第一步，登录企业应用平台，单击"业务工作"，进入"供应链—采购管理—报表—采购分析"下的"采购成本分析"，如图 6-104 所示。

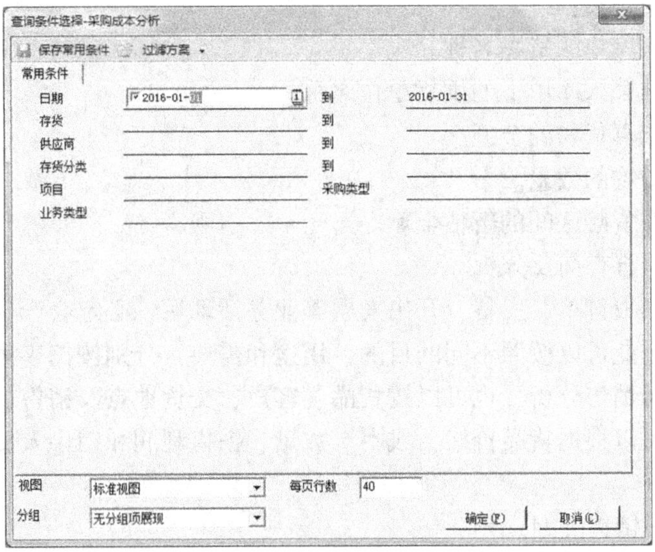

图 6-104

第二步，单击"确定"，如图 6-105 所示。

图 6-105

2. 采购资金比重分析

根据采购发票，对各种货物占用采购资金的比重进行分析。

3. 采购类型结构分析

根据发票，对某段时期内各种采购类型的业务比重进行分析。

4. 采购货龄综合分析

货龄是指未结算的入库货物到定义日期的天数。采购货龄综合分析是对采购入库未结算的存货，分析到目前某日期为止它们各自的货龄。可以定义若干个货龄期间，系统把满足条件的货物归集到定义的货龄期间中。该表内容根据未结算的采购入库单记录自动带入。

查询的项目主要包括：

存货：未结算入库单的货物名称。

供货单位：未结算入库单上的供货单位名称。

暂估金额：未结算货物的金额。

数量：未结算货物的数量。

货龄区间：相应货龄区间的暂估金额。

【子任务2】 销售查询及分析。

在经过报价、形成订单、发货、开出发票等业务活动后，必定会产生许多信息，最终形成各种销售报表。企业可以按照不同的目的、用途和需要，分别按销售额、销售量、客户类型或销售人员等进行销售分析，也可以按货品、客户、交货地点及销售员等分别取得相应销售信息。此外，还可以根据货品价格、成本、数量、销售利润和销售人员报价等信息进行销售分析。

【子任务2.1】 销售查询。

1. 发货统计表

发货统计表可以统计存货的发货、开票、结存业务数据。

需要注意的是：

期初数量 = 期初发货数量 − 期初开票数量

期初金额 = 期初发货金额 − 期初开票金额

2. 销售统计表

系统提供多角度、综合性的销售统计表，能够提供销售金额、折扣、成本、毛利等数据。

3. 销售综合统计表

销售综合统计表可以查询企业的订货、发货、开票、出库、回款的统计数据。

销售综合统计表来源于销售订单、销售发货单、销售发票、销售处库单及应收款管理系统的收款单。

【子任务2.2】 销售收入明细账。

销售收入明细账可以查询销售发票、销售调拨单、零售日报的明细数据，兼顾了会计和业务的不同需要。

【子任务2.3】 销售分析。

1. 销售增长分析

销售增长分析可以分析部门或货物的本期销售比前期销售的增长情况。

2. 销售结构分析

销售结构分析可以分析按照不同分组条件（如客户、业务员、货物等）在某时间段的销售构成情况。

需要注意的是：

当分析对象为货物时，分析指标包括数量，否则无此分析指标。如果货物有自由项，分析对象具体到货物的自由项；按部门分析，可以指定部门的级次，以决定最低分析到哪一级部门；按货物分析，可以指定货物的级次，以决定最低分析到哪一级货物分类。

3. 销售毛利分析

销售毛利分析可以统计货物在不同期间的毛利变动及影响原因。

本期毛利＝本期数量×（本期单位售价－本期单位成本）＝本期销售收入总额－本期销售成本总额

数量增减及成本影响

毛利增减＝本期毛利－前期毛利＝数量影响＋售价影响－成本影响

数量影响＝（前期单位售价－前期单位成本）×（本期数量－前期数量）

售价影响＝本期数量×（本期单位售价－前期单位售价）

成本影响＝本期数量×（本期单位成本－前期单位成本）

需要注意的是：

销售成本只有到存货核算系统月末结账后才能取得准确的数据，因此，建议用户在存货核算系统月末结账后再做销售毛利分析。

【子任务2.4】 市场分析。

市场分析可以反映某时间区间内部门/业务员所负责的客户或地区销售、回款、业务应收（发货未开票）的比例情况。

【子任务3】 库存查询及分析。

存货核算系统主要根据存货出入库单文件、存货库存余额文件及存货档案资料文件中的各种出入库单据、库存余额数据和基础数据进行比较、统计分析数据处理后输出的各种账簿与报表。这些账表主要反映存货出入库动态变化及存货结存情况。例如，存货总账、存货明细账、出入库流水账、入库汇总表、出库汇总表、收发存汇总表、存货周转率分析表、库存资金占用分析表、入库成本分析表等。

项目七

应收应付款核算与管理

项目目标

通过学习，学生能够独立操作财务软件完成应收应付款核算的初始设置、日常业务处理、账表管理及期末业务处理等工作任务。

项目重点难点

1. 应收应付款核算的初始设置；
2. 日常业务处理；
3. 应收应付款核算的账表管理；
4. 期末处理。

项目内容

任务一 应收应付款初始设置

任务目标

通过学习，学生独立操作财务软件完成应收应付款核算的初始设置，进而在实际操作的基础上理解初始化设置在整个应收应付款模块中的重要作用。

任务导入

1. 应收款初始设置
(1) 控制参数设置；
(2) 基本科目设置；
(3) 结算方式科目设置；
(4) 坏账准备设置；

(5) 账龄区间设置；
(6) 报警级别设置；
(7) 应收款项期初余额录入。

2. 应付款初始设置

(1) 控制参数设置；
(2) 基本科目设置；
(3) 结算方式科目设置；
(4) 应付款项期初余额录入。

任务解析

【子任务 1】 应收款初始设置。

【子任务 1.1】 设置华通机械厂的应收款业务控制参数。

按单据核销应收账款；采用应收账款余额百分比法进行坏账处理；代垫费用类型：其他应收单；受控科目制单方式：明细到客户；控制科目：按客户；销售科目依据：按存货；录入发票时，显示提示信息。

操作步骤如下：

第一步，以往来会计202梁慧的身份注册企业应用平台，单击"开始"→"程序"→"用友 U8V10.1"→"企业应用平台"，依次输入操作员"202"，密码"002"，账套"(008) 华通机械厂"，操作日期"2016-01-01"，如图7-1所示。

图 7-1

第二步，单击"登录"，进入企业应用平台，如图7-2所示。

第三步，单击左栏下方的"业务工作"，再单击"财务会计"→"应收款管理"→"设置"→"选项"，进入"账套参数设置"窗口，如图7-3所示。

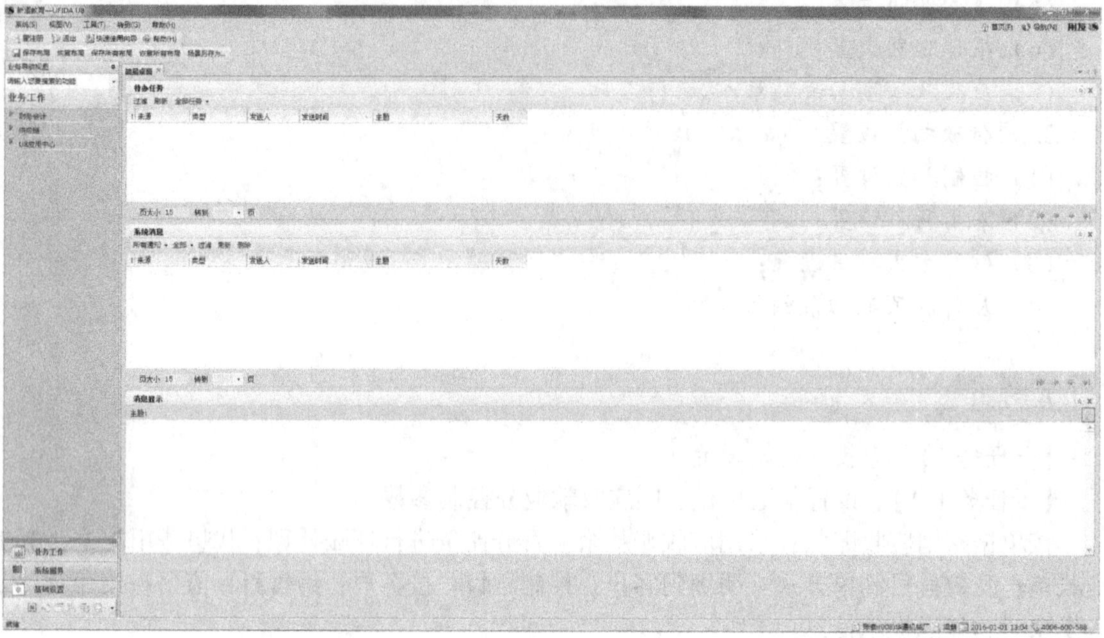

图 7-2

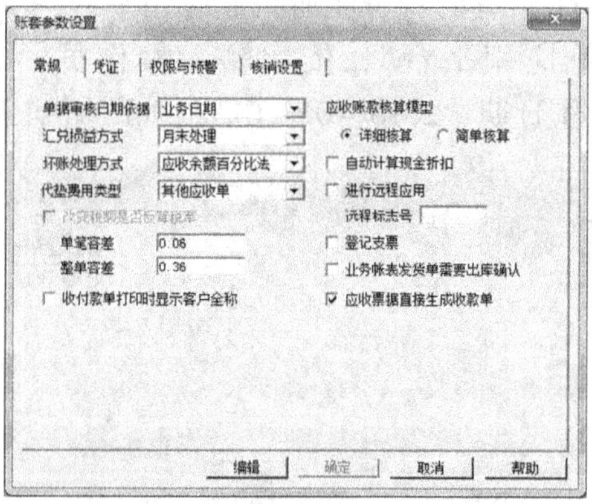

图 7-3

第四步，单击"编辑"，依次在"常规"、"凭证"、"权限与预警"选项，选择应收账款核销"按单据"，坏账处理方式"应收账款余额百分比法"，代垫费用类型"其他应收单"，受控科目制单方式"明细到客户"，控制科目"按客户"，销售科目依据"按存货"，"录入发票时，显示提示信息"。选择完毕，单击"确定"。

【子任务1.2】 设置华通机械厂的应收款基本科目，见表7-1。

表 7-1

科 目	编 码	科 目	编 码
应收科目	1122	税金科目	22210102
销售科目	6001	银行承兑科目	112101

操作步骤如下：

第一步，以往来会计 202 梁慧的身份注册企业应用平台，单击"应收款管理"→"设置"→"初始设置"，如图 7-4 所示。

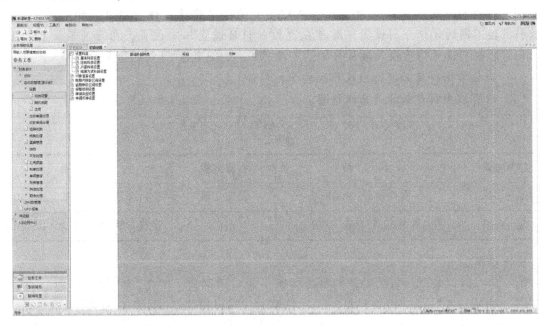

图 7-4

第二步，在窗口中间部分，选择"设置科目"→"基本科目设置"，单击"增加"，依次选入应收科目"1122"，销售收入科目"6001"，税金科目"22210102"，银行承兑科目"112101"，如图 7-5 所示。

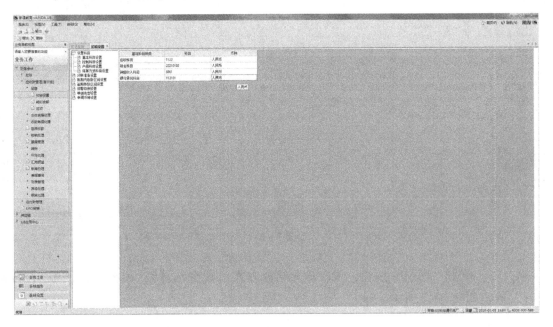

图 7-5

第三步，输入完毕，关闭界面。

注意：

（1）若无外币核算，可以不输入外币应收预收科目。

（2）应收预收科目必须是有客户往来核算且受控于应收系统的科目，如果应收科目、预收科目按不同的客户分别设置，则可在"控制科目设置"中设置，在此可不设置；若按不同的存货分别设置销售收入核算科目，可在"产品科目设置"中进行设置。

（3）应收票据科目必须是应收系统的受控科目。

（4）所有以上科目必须是末级科目。

【子任务1.3】 设置华通机械厂的结算方式科目，见表7-2。

表7-2

结算方式	科　　目	结算方式	科　　目
现金结算	库存现金（1001）	转账支票	银行存款/工行存款（100201）
现金支票	银行存款/工行存款（100201）	电汇	银行存款/工行存款（100201）

操作步骤如下：

第一步，以往来会计202梁慧的身份注册企业应用平台，单击"应收款管理"→"设置"→"初始设置"→"设置科目"→"结算方式科目设置"，如图7-6所示。

图7-6

第二步，单击"增加"按钮，依次输入结算方式"现金结算"，币种"人民币"，科目"1001"等，如图7-7所示。

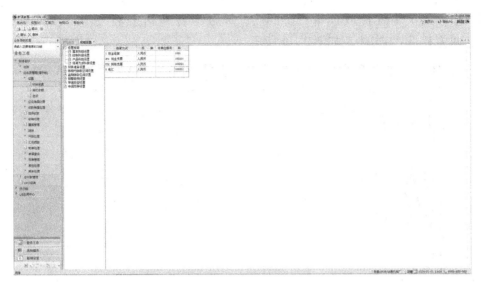

图 7-7

第三步，输入完毕，单击"退出"。

【子任务1.4】 设置华通机械厂的坏账准备，见表7-3。

表 7-3

项　　目	设　　置	项　　目	设　　置
提取比率	0.2%	坏账准备科目	1231
坏账准备期初余额	702	对方科目	6701

操作步骤如下：

第一步，以往来会计202梁慧的身份注册企业应用平台，单击"应收款管理"→"设置"→"初始设置"→"坏账准备设置"，如图7-8所示。

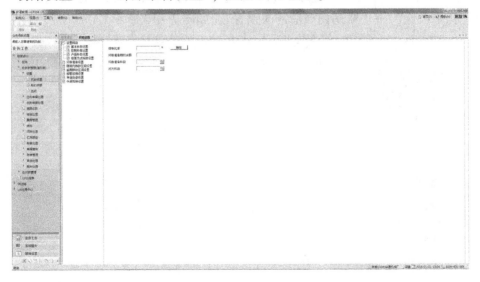

图 7-8

第二步,依次输入提取比率"0.2%",坏账准备期初余额"702",坏账准备科目"1231",对方科目"6701",如图7-9所示。

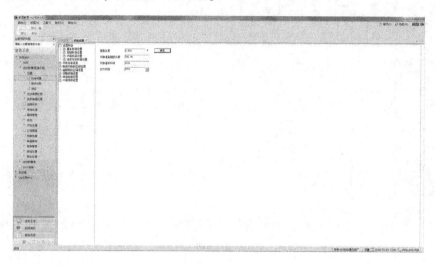

图7-9

第三步,输入完毕,单击"确定",再单击"退出"。

【子任务1.5】 设置华通机械厂的账龄区间,见表7-4。

表7-4

序　号	总　天　数	序　号	总　天　数
01	30	03	90
02	60	04	120

操作步骤如下:

第一步,以往来会计202梁慧的身份注册企业应用平台,单击"应收款管理"→"设置"→"初始设置"→"账期内账龄区间设置",如图7-10所示。

图7-10

第二步，输入总天数"30"，单击回车，再依次输入其他总天数。如图7-11所示。

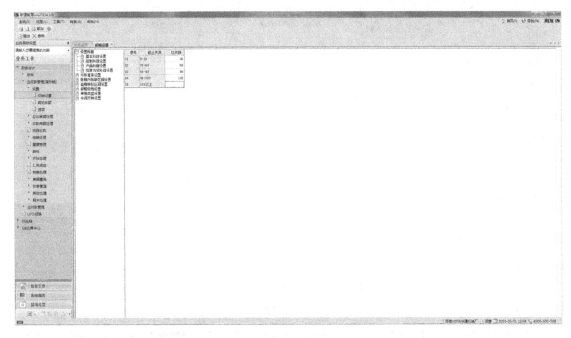

图 7-11

第三步，输入完毕，关闭界面。

注意：

（1）输入某区间的总天数，即可在当前区间之前插入一个区间，该区间后的各区间起止天数会自动调整。

（2）最后一个区间不能修改和删除。

【子任务1.6】 设置华通机械厂的报警级别，见表7-5。

表 7-5

序 号	总比率/%	级别名称	序 号	总比率/%	级别名称
01	10	A	03	50	C
02	30	B	04	100	D
			05		E

操作步骤如下：

第一步，以往来会计202梁慧的身份注册企业应用平台，单击"应收款管理"→"设置"→"初始设置"→"报警级别设置"，如图7-12所示。

第二步，在窗口右半部分，单击"增加"按钮，输入总比率（%）"10"，级别名称"A"，单击回车，再依次输入其他总比率及级别名称信息。如图7-13所示。

图 7-12

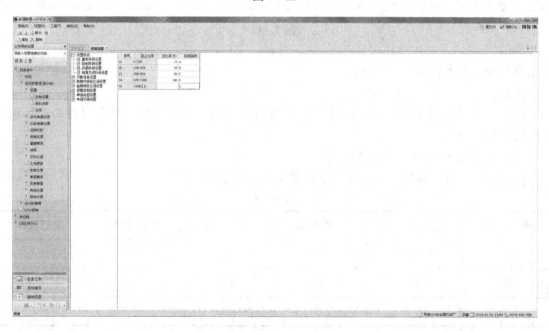

图 7-13

第三步，输入完毕，关闭界面。

注意：

（1）当增加一个级别后，该级别后的各级别比率会自动调整。删除一个级别后，该级别后的各级别比率也会自动调整。

（2）最后一个级别不能修改和删除。

【子任务 1.7】 华通机械厂 2016 年 1 月应收账款的期初余额见表 7-6，应收票据的期初余额见表 7-7。

表 7-6

单据名称	单据类型	方向	开票日期	客户名称	部门	业务员	科目编码	货物名称	数量	增值税发票号	价税合计
销售发票	专用发票	借	14-6-15	长轴	销售科	董维	1122	钻床	4台	23670945	280 800
销售发票	专用发票	借	15-8-18	上海兴隆	销售科	董维	1122	钻床	1台	56908900	70 200

表 7-7

单据名称	单据类型	方向	票据编号	签发日期	开票单位	收到日期	到期日	承兑银行	科目编码	票据面值
应收票据	银行承兑汇票	借	YD626801	15-10-29	济钢窗	15-10-29	16-1-29	工商银行	112 101	210600

应收账款期初余额的录入：

2014 年 6 月 15 日，销售给长春轴承厂 4 台钻床，开具增值税专用发票，票号 23670945，价税共计 280 800 元，款项至今尚未收回。

操作步骤如下：

第一步，以往来会计 202 注册进入企业应用平台，单击"业务工作"→"财务会计"→"应收款管理"→"设置"→"期初余额"，如图 7-14 所示。

第二步，依次选择单据名称"销售发票"，单据类型"销售专用发票"，如图 7-15 所示。

图 7-14

图 7-15

第三步，单击"确定"，如图 7-16 所示。

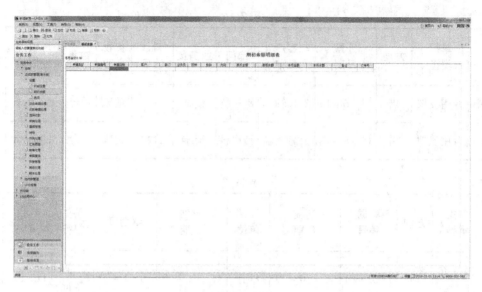

图 7-16

第四步,单击"增加"按钮,如图 7-17 所示。

图 7-17

第五步,单击"确定",如图 7-18 所示。

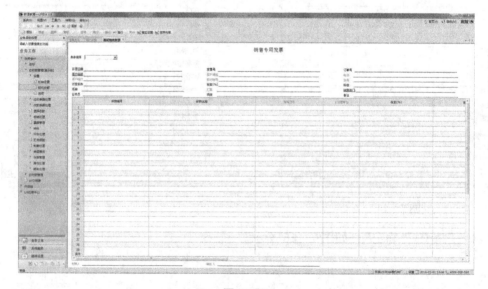

图 7-18

第六步，单击"增加"按钮，依次输入表头的开票日期"2015-12-31"，发票号"23670945"，客户名称"长轴"，科目编码"1122"，税率"17%"，销售部门"销售科"，业务员"董维"等内容，以及表体的货物编号，数量"4"，无税单价"60 000"等内容，单击"保存"按钮，系统保存数据并在单据下方的"审核人"栏签上当前操作人员姓名，如图7-19所示。

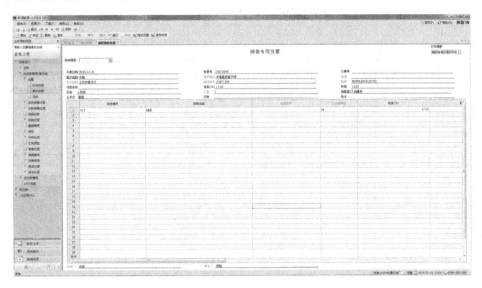

图 7-19

第七步，关闭界面。

应收票据期初余额的录入：

2015年10月29日，销售给济南钢窗厂3台钻床，开具增值税专用发票，价税共计210 600元，收到3个月银行承兑汇票，票据编号YD626801。

第一步，以往来会计202注册进入企业应用平台，单击"业务工作"→"财务会计"→"应收款管理"→"设置"→"期初余额"，进入期初余额界面，如图7-20所示。

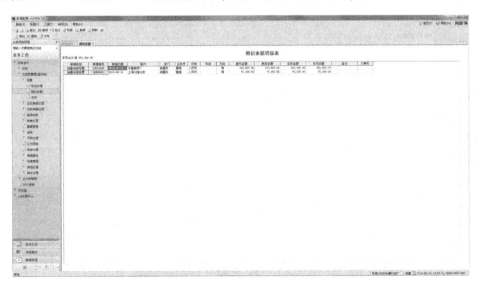

图 7-20

第二步，单击"增加"，依次选择单据名称"应收票据"，单据类型"银行承兑汇票"，如图7-21所示。

第三步，单击"确定"，如图7-22所示。

第四步，单击"增加"按钮，依次录入票据编号、票据面值、签发日期、到期日等相关信息，输入完毕，单击"保存"，如图7-23所示。

图 7-21

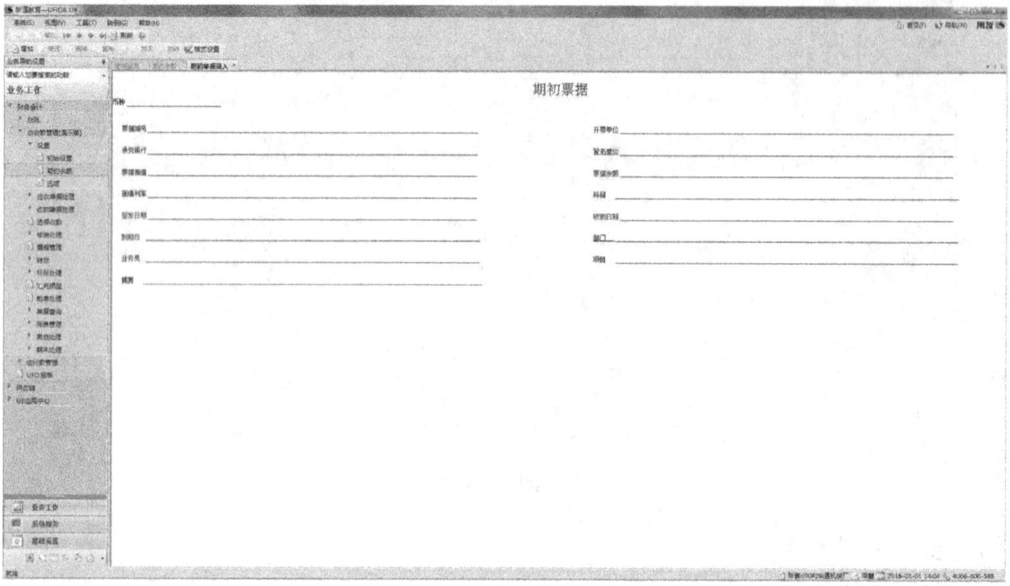

图 7-22

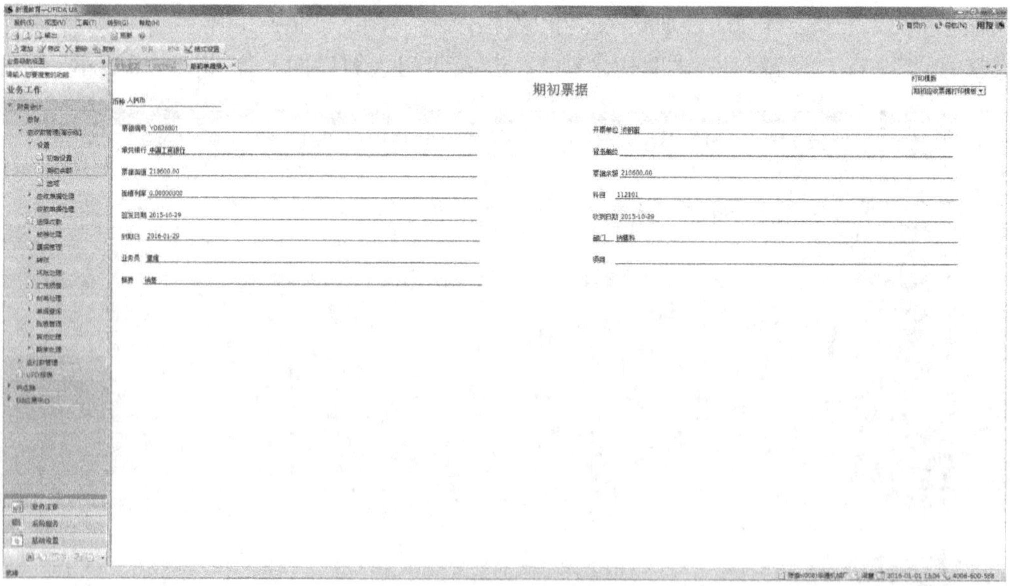

图 7-23

第五步，期初余额输入完毕，返回"期初余额"界面，系统显示所有已录入的期初应收单据，如图7-24所示。

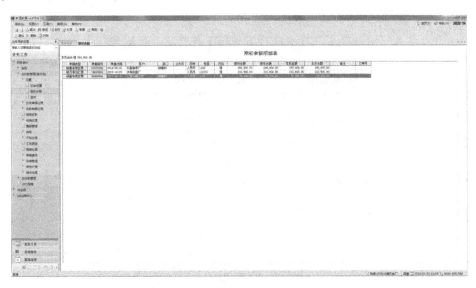

图7-24

选中某一单据，单击"单据"按钮，可查看单据的具体内容，单击"对账"按钮，系统将应收账款管理系统的期初余额与总账系统的期初余额进行核对，并给出对账结果，如图7-25所示。

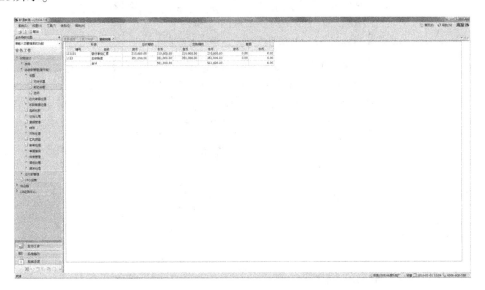

图7-25

【子任务2】 应付款初始设置

【子任务2.1】 设置华通机械厂应付账款的业务控制参数。

应付账款核销"按单据"；控制科目依据"按供应商"；产品采购科目依据"按存货"；受控科目制单方式为"明细到供应商"。

操作步骤如下：

第一步，以往来会计 202 梁慧的身份注册企业应用平台，单击"应付款管理"→"设置"→"选项"，如图 7-26 所示。

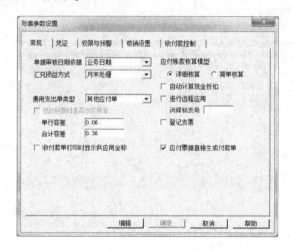

图 7-26

第二步，单击"编辑"，依次在"常规"、"凭证"、"权限与预警"选项中选入应付账款核销"按单据"，控制科目依据"按供应商"，产品采购科目依据"按存货分类"，受控科目制单方式"明细到供应商"等参数，如图 7-27 所示。

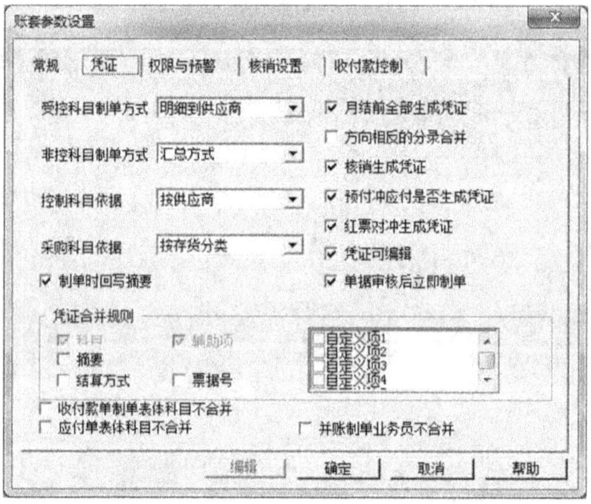

图 7-27

第三步，选中后，单击"确定"。

【子任务 2.2】 设置华通机械厂的应付款基本科目，见表 7-8。

表 7-8

科　目	编　码	科　目	编　码
应付科目	220201	采购科目	1402
预付科目	1123	采购税金科目	22210101

操作步骤如下：

第一步，以往来会计202梁慧的身份注册企业应用平台，单击"业务工作"→"财务会计"→"应付款管理"→"设置"→"初始设置"→"设置科目"→"基本科目设置"，单击"增加"，如图7-28所示。

图 7-28

第二步，依次选入应付科目"220201"，预付科目"1123"，采购科目"1402"，税金科目"22210101"，如图7-29所示。

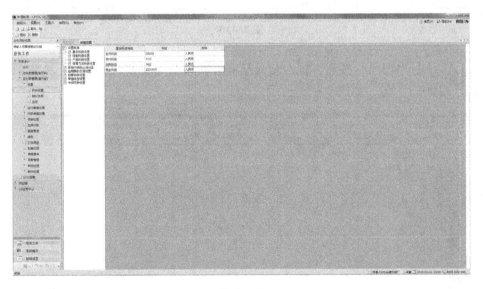

图 7-29

第三步，输入完毕，关闭界面。

【子任务2.3】 设置华通机械厂的结算方式科目，见表7-9。

表 7-9

结算方式	科 目	结算方式	科 目
现金结算	库存现金（1001）	转账支票	银行存款/工行存款（100201）
现金支票	银行存款/工行存款（100201）		

操作步骤如下：

第一步，以往来会计 202 梁慧的身份注册企业应用平台，单击"应付款管理"→"设置"→"初始设置"→"设置科目"→"结算方式科目设置"，如图 7-30 所示。

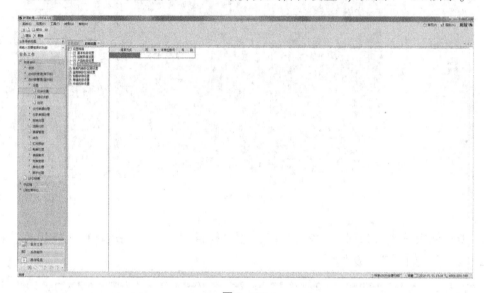

图 7-30

第二步，单击"增加"按钮，依次输入结算方式"现金结算"，币种"人民币"，科目"库存现金（1001）"等，如图 7-31 所示。

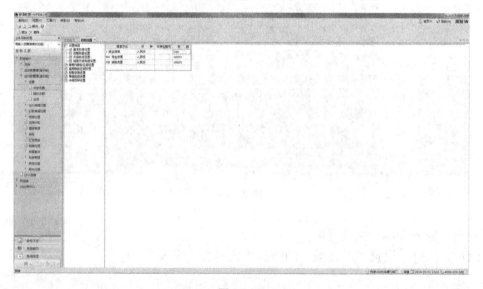

图 7-31

第三步，输入完毕，关闭界面。

【子任务 2.4】 华通机械厂 2014 年 1 月应付账款的期初余额见表 7-10，应付票据的期初余额见表 7-11。

表 7-10

单据名称	单据类型	方向	开票日期	供应商名称	部门	业务员	科目编码	货物名称	数量	单位成本	增值税发票号	价税合计
采购发票	专用发票	贷	2015-05-16	郑铸	供应科	张明亮	220201	铸铁件	20 吨	3 200	36098015	74 880
采购发票	专用发票	贷	2015-12-28	郑铸	供应科	张明亮	220201	钢材	20 吨	7 900	26009560	184 860
预付款付款单		借	2015-11-24	文强	供应科	张明亮	1123	木箱	50 个	400		20 000

表 7-11

单据名称	单据类型	方向	票据编号	签发日期	收票单位	到期日	科目编码	票据面值
应付票据	商业承兑汇票	贷	SD543218	2015-11-15	顺达	2016-2-15	220101	40 950

应付账款期初余额的录入：

2015 年 05 月 16 日从郑州铸造厂购入铸铁件 20 吨，单价 3 200 元，采购发票为增值税专用发票，价税合计为 74 880 元。

操作步骤如下：

第一步，以往来会计 202 注册进入企业应用平台，单击"业务工作"→"财务会计"→"应付款管理"→"设置"→"期初余额"，如图 7-32 所示。

图 7-32

第二步，依次选择单据名称"采购发票"，单据类型"采购专用发票"，如图 7-33 所示。

图 7-33

第三步，单击"确定"，如图 7-34 所示。

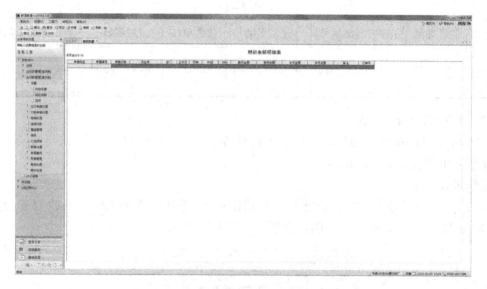

图 7-34

第四步，单击"增加"按钮，如图 7-35 所示。

图 7-35

第五步，单击"确定"，如图 7 – 36 所示。

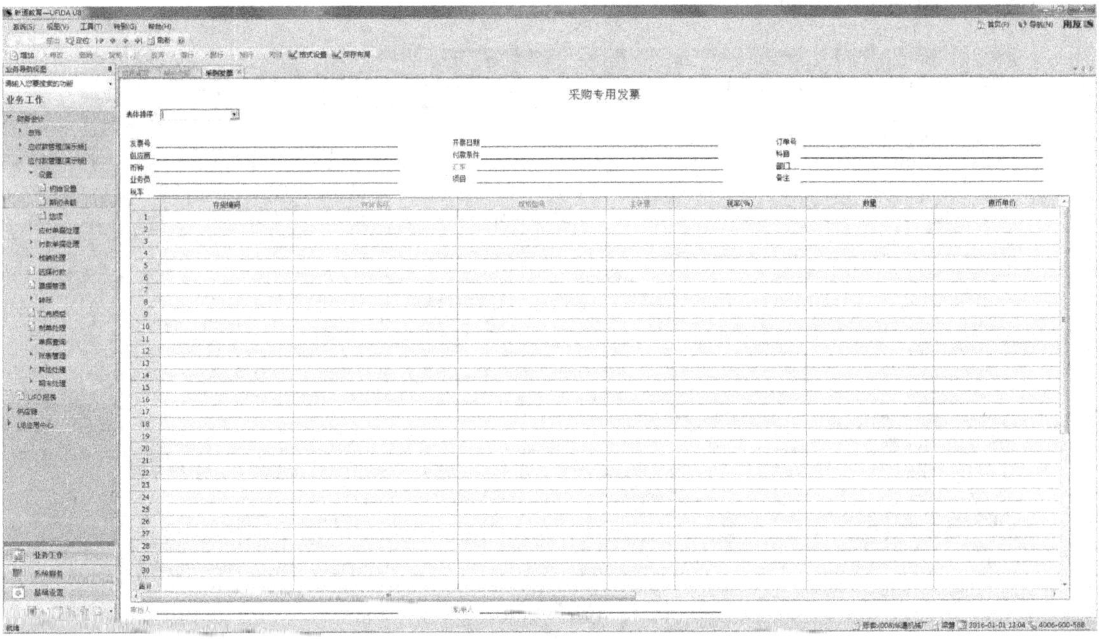

图 7 – 36

第六步，单击"增加"按钮，依次录入表头内容：发票号"36098015"，开票日期"2015 – 05 – 16"，科目"220201"，部门"供应科"，业务员"张明亮"；表体内容：存货编码"001"，数量"20"，原币单价"3 200"等，如图 7 – 37 所示。

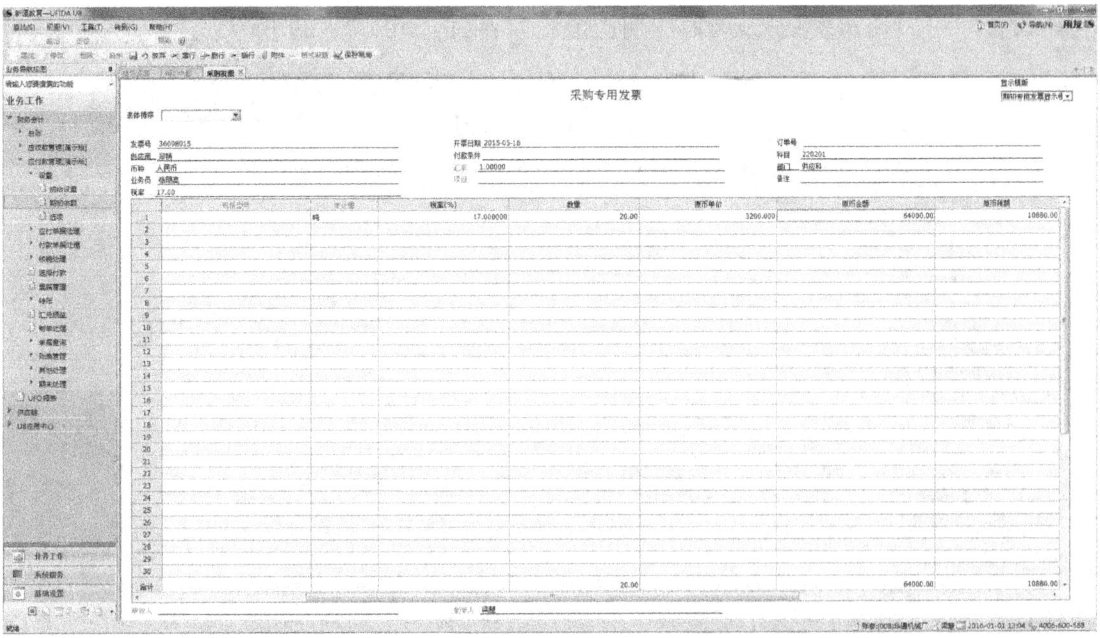

图 7 – 37

第七步，单击"保存"按钮，系统保存数据并在单据下方的"审核人"栏签上当前操作人员姓名，如图7-38所示。

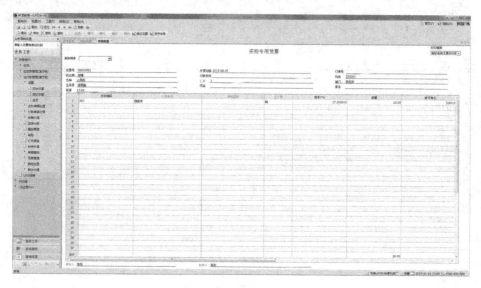

图7-38

第八步，关闭界面。

应付票据期初余额的录入：

2015年11月15日，从北京顺达公司采购100套轴承，收到增值税专用发票，价税共计40 950元，收到3个月商业承兑汇票，票据编号SD543218。

第一步，以往来会计202注册进入企业应用平台，单击"应付款管理"→"设置"→"初始设置"→"期初余额"，进入"期初余额"界面，如图7-39所示。

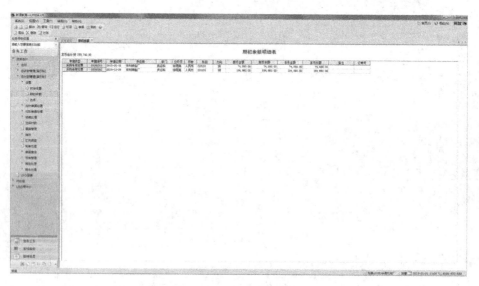

图7-39

第二步，单击"增加"，依次选择单据名称"应付票据"，单据类型"商业承兑汇票"，如图7-40所示。

图 7-40

第三步,单击"确定",如图 7-41 所示。

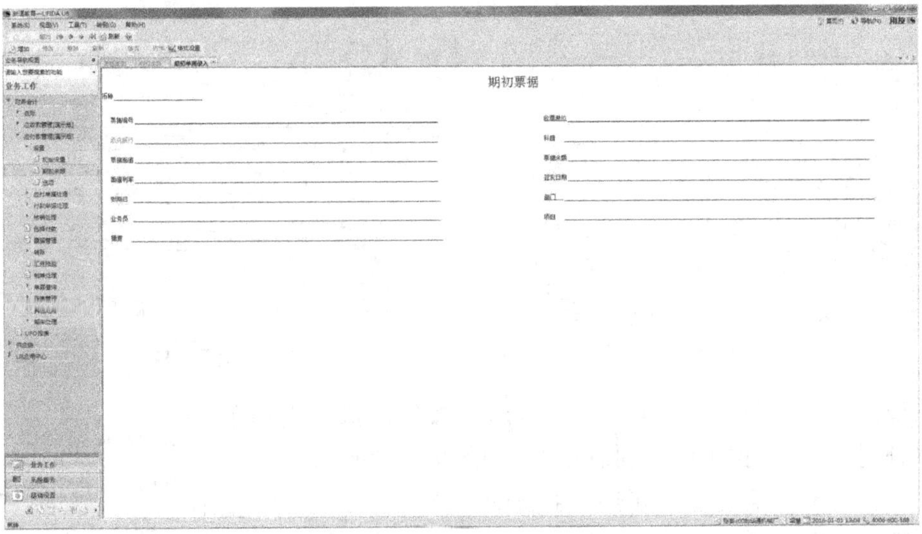

图 7-41

第四步,依次录入票据编号、票据面值、签发日期、到期日等相关信息,输入完毕,单击"保存",如图 7-42 所示。

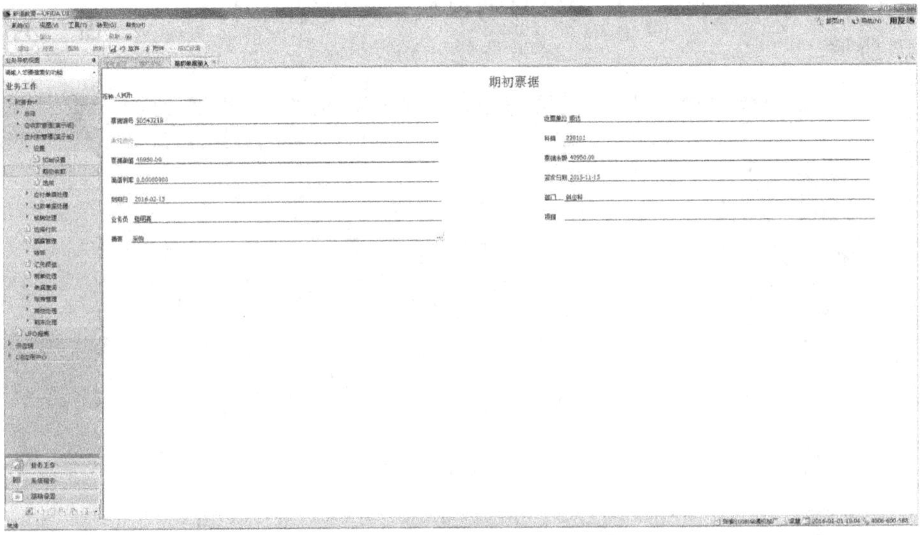

图 7-42

预付款期初余额的录入：

2015年11月24日电汇给成都文强公司20 000元，作为购买50个木箱的预付款。

操作步骤如下：

第一步，以往来会计202注册进入企业应用平台，单击"应付款管理"→"设置"→"初始设置"→"期初余额"，如图7-43所示。

第二步，在图7-43所示窗口中依次选择单据名称"预付款"，单据类型"付款单"，如图7-44所示。

图7-43	图7-44

第三步，单击"确定"，再单击"增加"按钮，依次选择单据名称"预付款"，单据类型"付款单"，如图7-45所示。

第四步，单击"确定"，如图7-46所示。

第五步，单击"增加"按钮，在表头依次输入应付账款期初余额的第三笔业务的单据编号"0000000001"，日期"2015-11-24"，供应商"文强"，结算方式"电汇"，结算科目"100201"，金额"20 000"，部门"供应科"，业务员"张明亮"，摘要"预付款"，单击"保存"按钮，表体内容自动根据表头内容填列，如图7-47所示。

图7-45

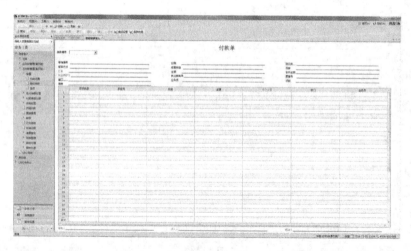

图7-46

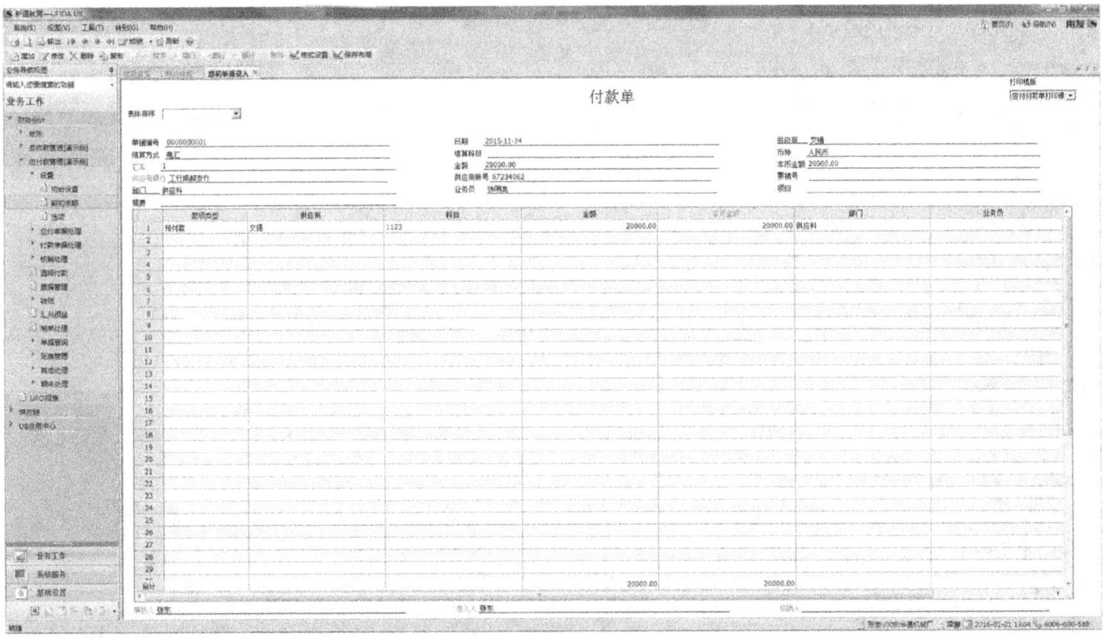

图 7-47

第六步，录入完毕的查询和对账。期初余额输入完毕，进入"期初余额"界面，系统显示所有已录入的期初应付款单据，如图 7-48 所示。

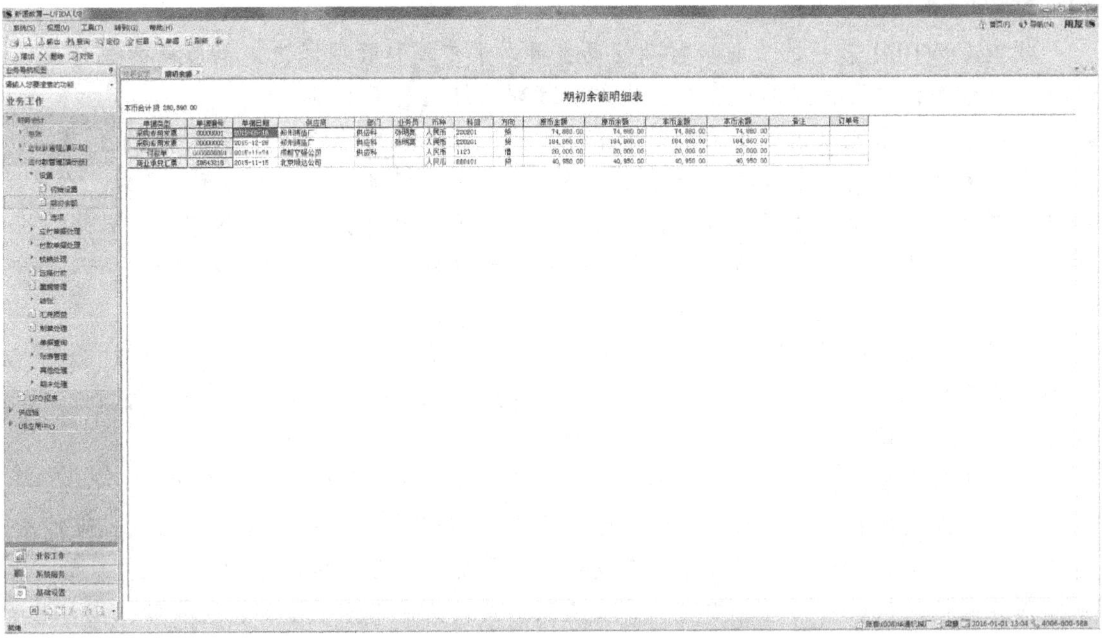

图 7-48

单击"对账"按钮，系统将应付账款管理系统的期初余额与总账系统的期初余额进行核对，并显示对账结果，如图 7-49 所示。

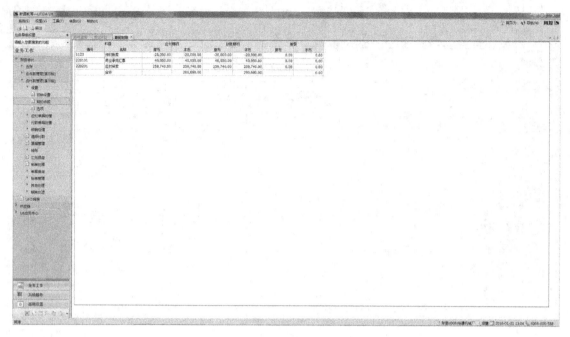

图 7-49

第七步,关闭界面。

知识链接

用友 U8V10.1 软件的应收应付款管理主要用于核算和管理客户与供应商的往来款项。应收款管理系统主要面对的是客户,应付款管理系统主要面对供应商。

应收款管理系统以销售发票、费用单、其他应收单等原始单据为依据,记录销售业务及其他业务所形成的往来款项,处理应收账款的收回、坏账、转账等情况,及时、准确地提供客户的往来账余额资料。应收款系统还提供各种分析报表,如账龄分析、周转分析、欠款分析、坏账分析、回款情况分析等,通过各种分析报表,便于企业合理地进行资金调配,提高资金的利用效率。

应付款管理系统以采购发票、其他应付单、付款单等单据的录入,对企业的往来账款进行综合管理,及时、准确地提供供应商的往来账款余额资料,提供各种分析报表,帮助企业进行资金的调配,提高资金的利用效率。

系统根据对客户往来款项核算和管理的程度不同,提供了两种应用方案:

如果企业的应收、应付款管理内容比较复杂,需要追踪每一笔业务的应收、应付款、收款、还款等情况,那么,可选择在应收款管理系统核算客户往来款项,在应付款管理系统核算供应商往来款项,所有的客户往来凭证和供应商往来凭证全部由应收款、应付款管理系统生成,其他系统不再生成这类凭证。

如果企业的应收账款、应付账款业务比较简单,或者现销现购业务很多,则可在总账管理系统通过辅助核算完成客户往来和供应商往来的核算。

本项目采用第一种方案介绍应收应付款管理系统的应用。

一、应收款初始设置

应收款的初始设置是根据企业的具体情况,建立适合企业实际情况的应收款管理与核算的过程。它是使用应收款管理系统的基础,初始设置包括控制参数设置、基本科目设置、结算方式科目设置、坏账准备设置、账龄区间设置、报警级别设置、期初余额录入等。

(一)控制参数设置

在运行应收款系统前,应设置应收款运行所需要的参数,以便系统根据所设定的选项进行相应的处理。

(二)基本科目设置

基本科目是指在核算应收款项时经常用到的科目,可以在此设置应收业务的常用科目。

(三)结算方式科目设置

(四)坏账准备设置

应收款系统可以根据发生的应收业务情况,提供自动计提坏账准备的功能。计提坏账的处理方式包括应收余额百分比法、销售余额百分比法、账龄分析法。

(五)账龄区间设置

为了对应收账款进行账龄分析,评估客户信誉,并按一定的比例估计坏账损失,应首先在此设置账龄区间。

(六)报警级别设置

通过对报警级别设置,将客户按照欠款余额与其授信额度的比例分为不同的类型,以便于掌握各个客户的信用情况。

(七)期初余额录入

初次使用本系统时,要将启用应收系统时未处理完的所有客户的应收账款、预收账款、应收票据等数据录入本系统,以便于以后的核销处理,并且作为期初建账的数据,系统即可对其进行管理。当进入第二年度处理时,系统自动将上年度未处理完的单据转为下一年度的期初余额。

二、应付账款的初始设置

应付款的初始设置是根据企业的具体情况,建立适合企业实际情况的应付款管理与核算的过程。它是使用应付款管理系统的基础,初始设置包括控制参数设置、基本科目设置、结算方式科目设置、期初余额录入。

(一)控制参数设置

在运行应付款系统前,应设置应付款运行所需要的参数,以便系统根据所设定的选项进行相应的处理。

(二)基本科目设置

基本科目是指在核算应付款项时经常用到的科目,可以在此设置应付业务的常用科目。

(三)结算方式科目设置

(四)期初余额录入

初次使用本系统时,要将启用应付系统时未处理完的所有供应商的应付账款、预付账款、应付票据等数据录入到本系统,以便于以后的核销处理,并且作为期初建账的数据,系统即可对其进行管理。当进入第二年度处理时,系统自动将上年度未处理完的单据转为下一年度的期初余额。

任务二　日常业务处理

任务目标

通过学习，学生独立操作财务软件完成应收应付款核算的日常业务处理，进而在实际操作后能理解应收应付款核算的数据流程。

任务导入

1. 应收款日常处理
（1）应收单据录入；
（2）应收单据审核；
（3）收款单据处理；
（4）转账处理；
（5）票据管理；
（6）坏账发生；
（7）计提坏账准备；
（8）制单处理。
2. 应付款日常处理
（1）应付单据录入；
（2）应付单据审核；
（3）付款单据处理；
（4）转账处理；
（5）制单处理。

任务解析

【子任务 1】　应收款日常处理。
【子任务 1.1】　应收单据录入。
操作步骤如下：
第一步，选择"应收款管理"→"应收单据处理"→"应收单据录入"，依次选择单据名称"应收单"，单据类型"其他应收单"，方向"正向"，如图 7-50 所示。
第二步，单击"确定"，进入应收单据处理界面，如图 7-51 所示。
第三步，单击"增加"按钮，则可新增应收单据。依次输入表头、表体各栏目的信息后，单击"保存"按钮将其保存。
如果发现已录入的应收单有错，可执行"修改"功能修改有关内容。

图 7-50

图 7-51

【子任务 1.2】 华通机械厂 2016 年 1 月 15 日，按合同发给青岛华丰集团钻床 2 台，每台 60 000 元，增值税专用发票号 65889102，代垫铁路运费 500 元，以转账支票支付给火车站，支票号 54819122，全部货税款已办理银行汇票进账手续，票据号 29004508。

操作员 701 董维已在销售系统录入此业务的销售发票和代垫运费单据，在应收款系统对这两张单据进行审核。

（1）销售发票单据的审核。

操作步骤如下：

第一步，以往来会计 202 梁慧身份登录企业应用平台，对销售发票等单据进行审核，单击"应收款管理"→"应收单据处理"→"应收单据审核"，系统弹出"应收单查询条件"对话框，如图 7-52 所示。

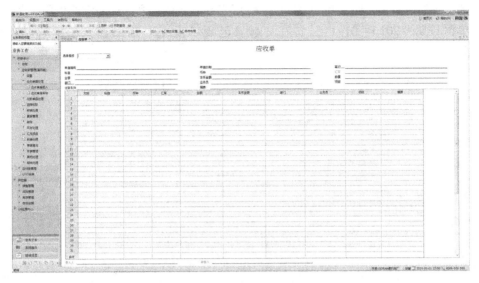

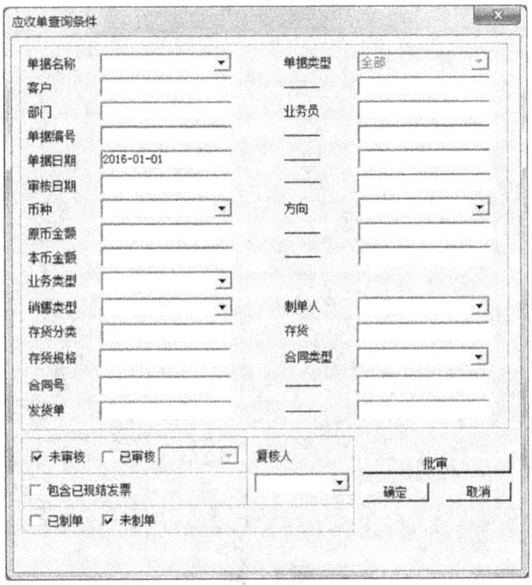

图 7-52

第二步，输入过滤条件，单据名称"销售发票"，单据类型"销售专用发票"，客户"003"，单据日期"2016-01-15"，在"包含已现结发票"前面打上"√"，如图7-53所示。

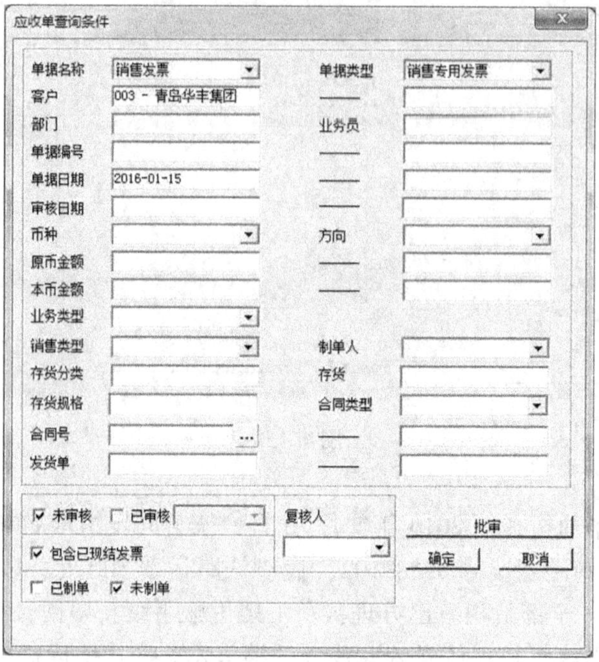

图7-53

第三步，单击"确定"，如图7-54所示。

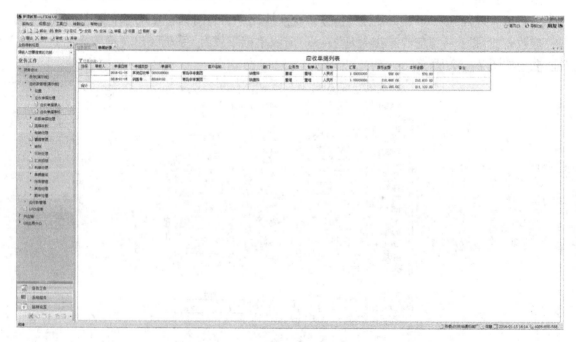

图7-54

第四步,在"应收单据列表"中,选中单据类型为"销售专用发票"并双击,如图7-55所示。

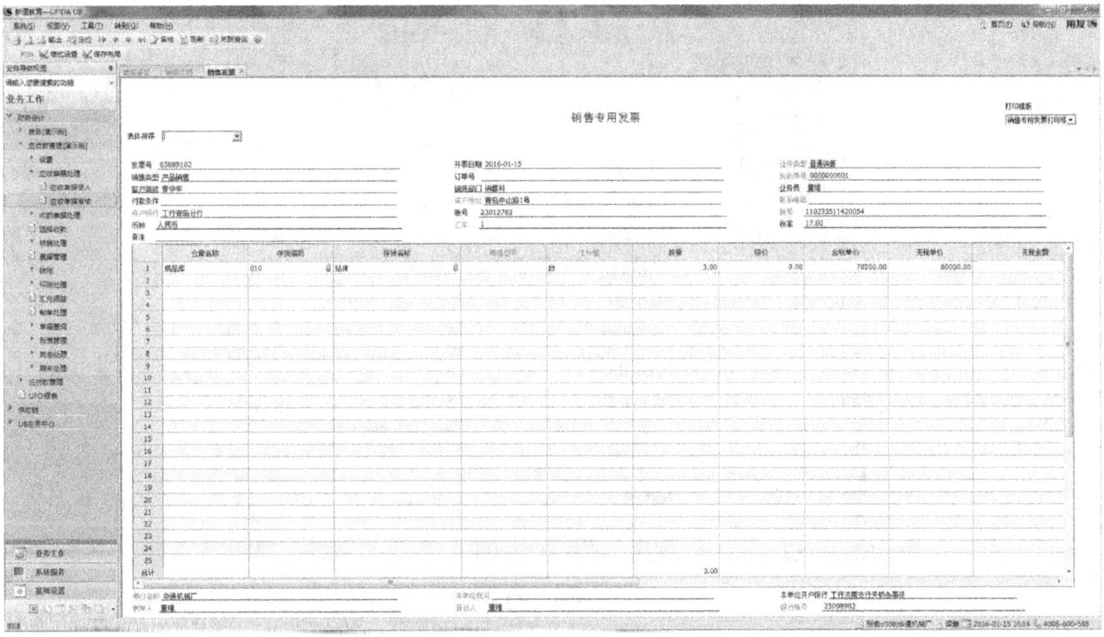

图 7-55

第五步,单击"审核"按钮,出现"是否立即制单"界面,如图7-56所示。

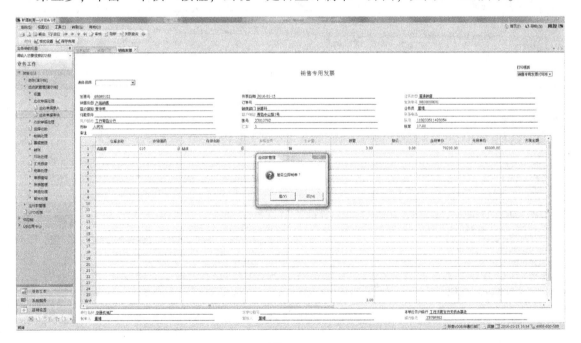

图 7-56

第六步,单击"是",就是当前审核人制单,如果单击"否",则让企业相关会计人员进入企业应用平台,单击"应收款管理"→"制单处理",选中"现结制单",如图7-57所示。

图 7-57

第七步,单击"确定",进行制单处理,如图7-58所示。

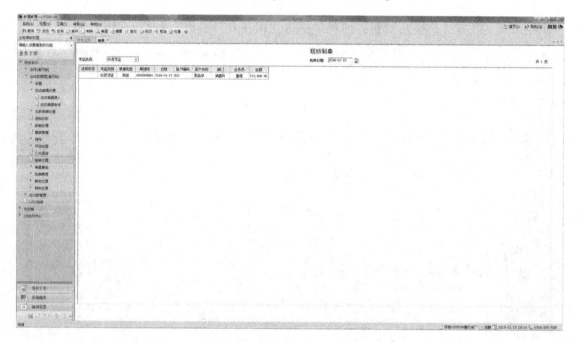

图 7-58

第八步,单击"全选",再单击"制单",如图7-59所示。

图 7-59

第九步,修改凭证类别为"收"字,借方科目名称"银行存款/工行存款",附属单据"1"张等,如图 7-60 所示。

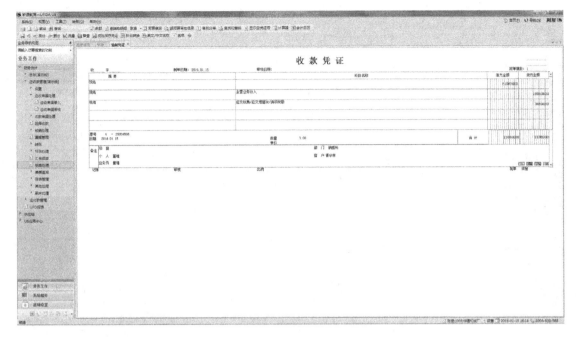

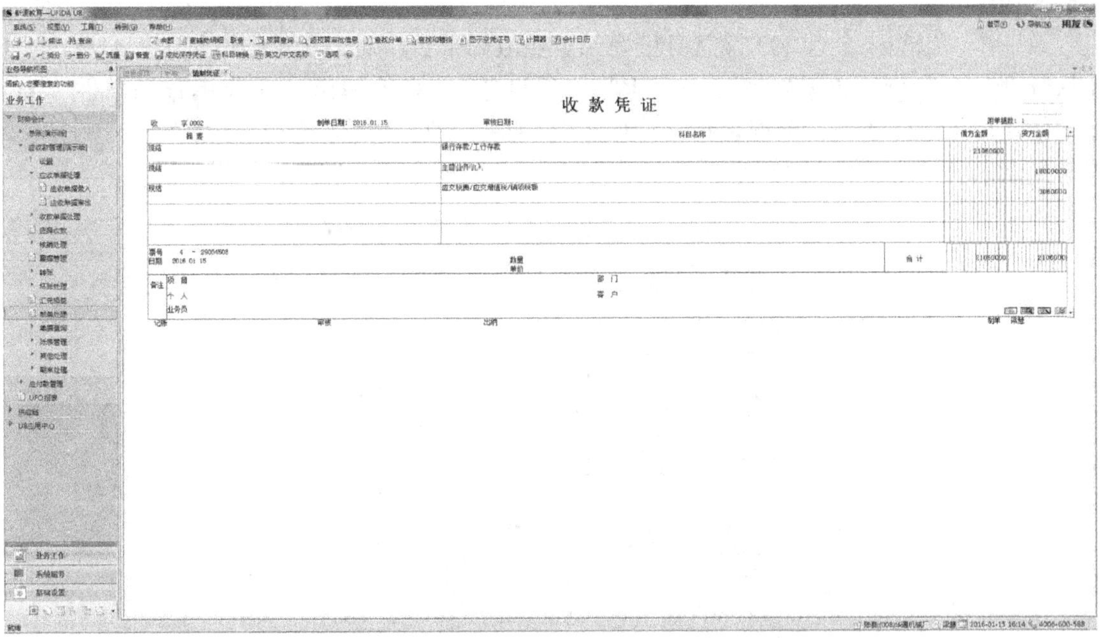

图 7-60

第十步,单击"保存"按钮,如图 7-61 所示。

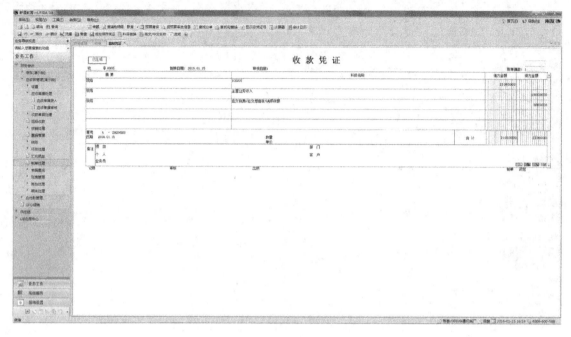

图 7-61

第十一步，关闭界面。

（2）运费等代垫费用单据的审核。

操作步骤如下：

第一步，以往来会计 202 梁慧身份登录企业应用平台，对运费单据进行审核，单击"应收款管理"→"应收单据处理"→"应收单据审核"，系统弹出"应收单查询条件"对话框，依次输入过滤条件，单据名称"应收单"，单据类型"其他应收单"，客户"003"，单据日期"2016-01-15"，如图 7-62 所示。

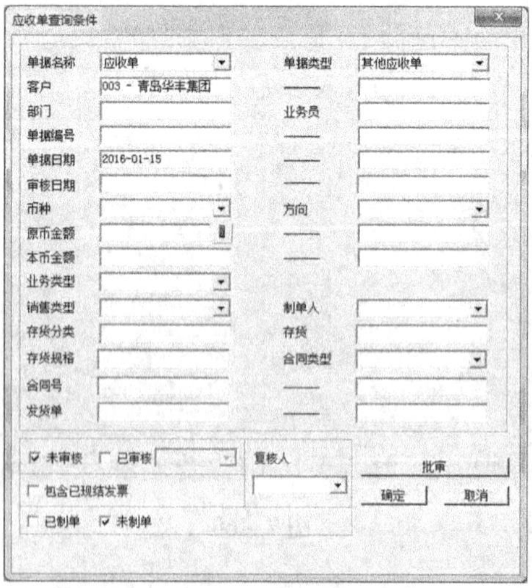

图 7-62

第二步，单击"确定"，如图7-63所示。

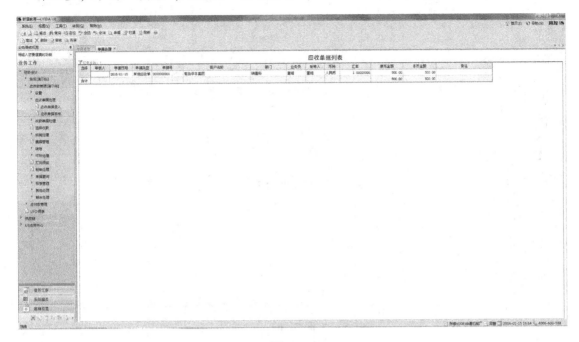

图7-63

第三步，在"应收单据列表"中，选中单据并双击，如图7-64所示。

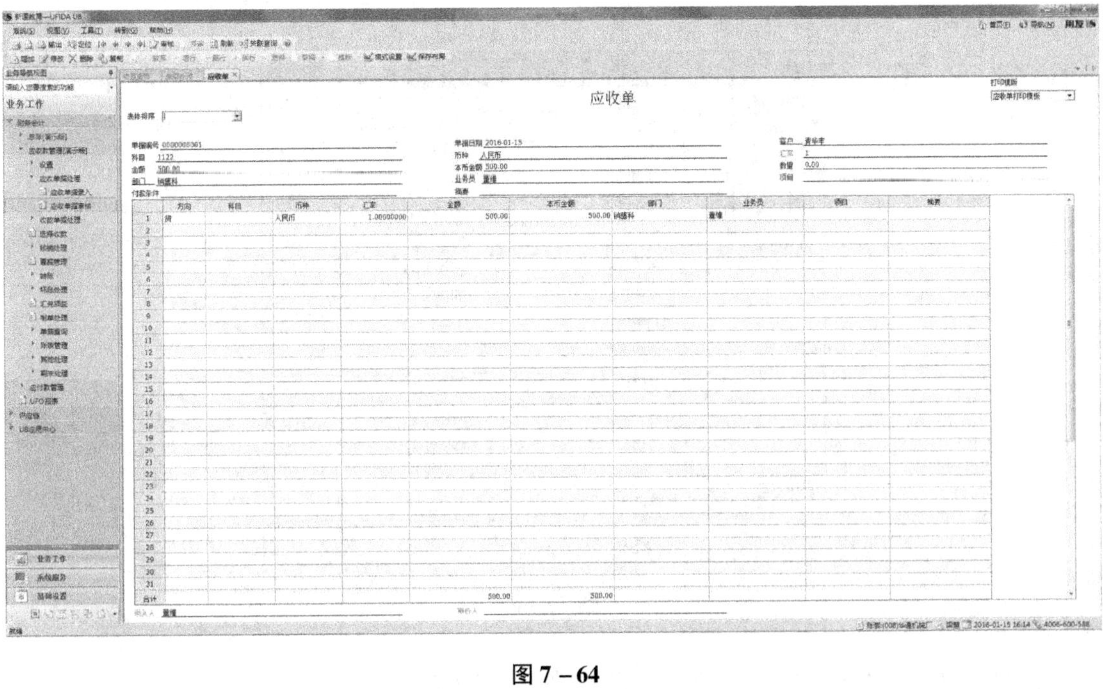

图7-64

第四步，单击"审核"按钮，如图7-65所示。

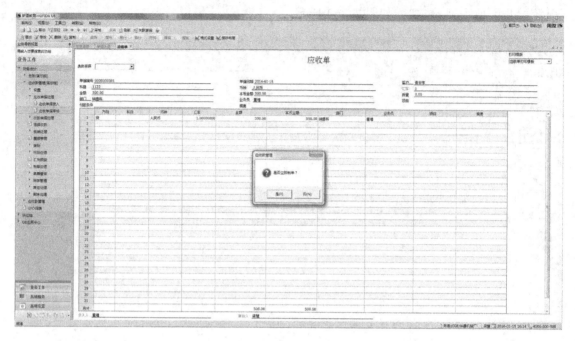

图 7-65

第五步,单击"是",就是当前审核人制单,如果单击"否",则让企业相关会计人员进入企业应用平台,单击"应收款管理"→"制单处理",选中"应收单制单",如图 7-66 所示。

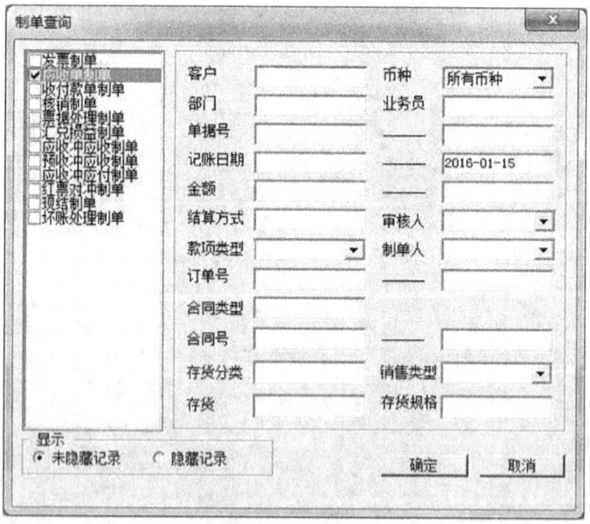

图 7-66

第六步,单击"确定",进行制单处理,如图 7-67 所示。

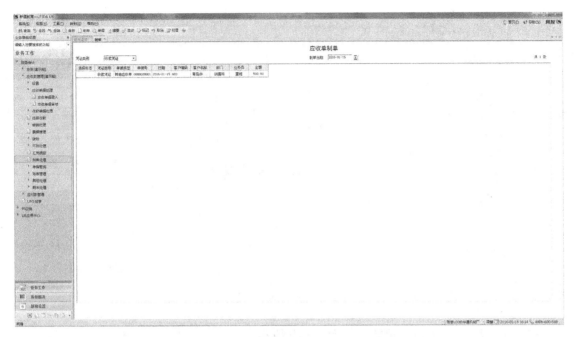

图 7-67

第七步，单击"全选"，再单击"制单"，如图 7-68 所示。

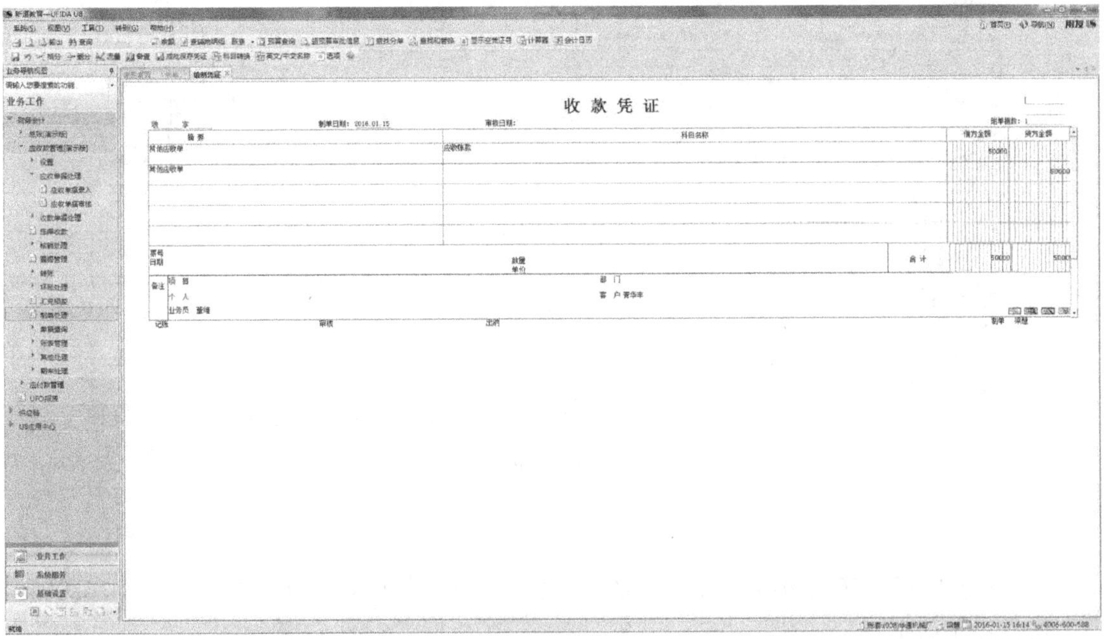

图 7-68

第八步，修改凭证类别为"付"字，附属单据"1"张，贷方科目名称"银行存款/工行存款"，出现辅助项对话框，依次输入结算方式"转账支票"，票号"54819522"，发生日期"2016.01.15"，单击"确定"，如图 7-69 所示。

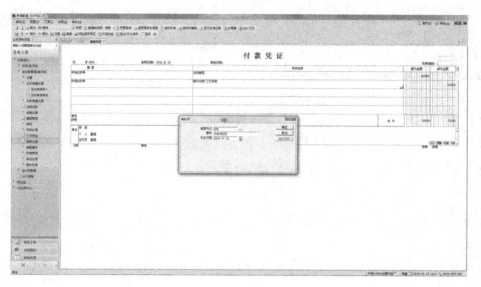

图 7-69

第九步,单击"保存"按钮,如图 7-70 所示。

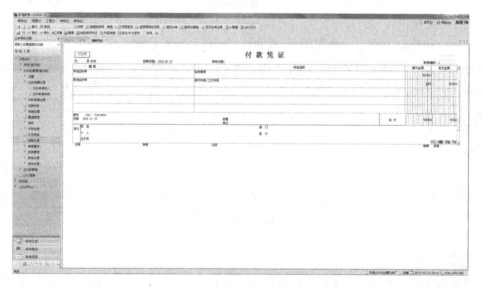

图 7-70

第十步,关闭界面。

【子任务 1.3】 2016 年 1 月 1 日,收到上海兴隆公司电汇款 70 200 元,票号 26800567。
操作步骤如下:

第一步,以往来会计 202 梁慧身份登录企业应用平台,对收款单据进行处理,选择"应收款管理"→"收款单据处理"→"收款单据录入",进入收款单据录入界面,单击"增加"按钮,新增收款单,如图 7-71 所示。

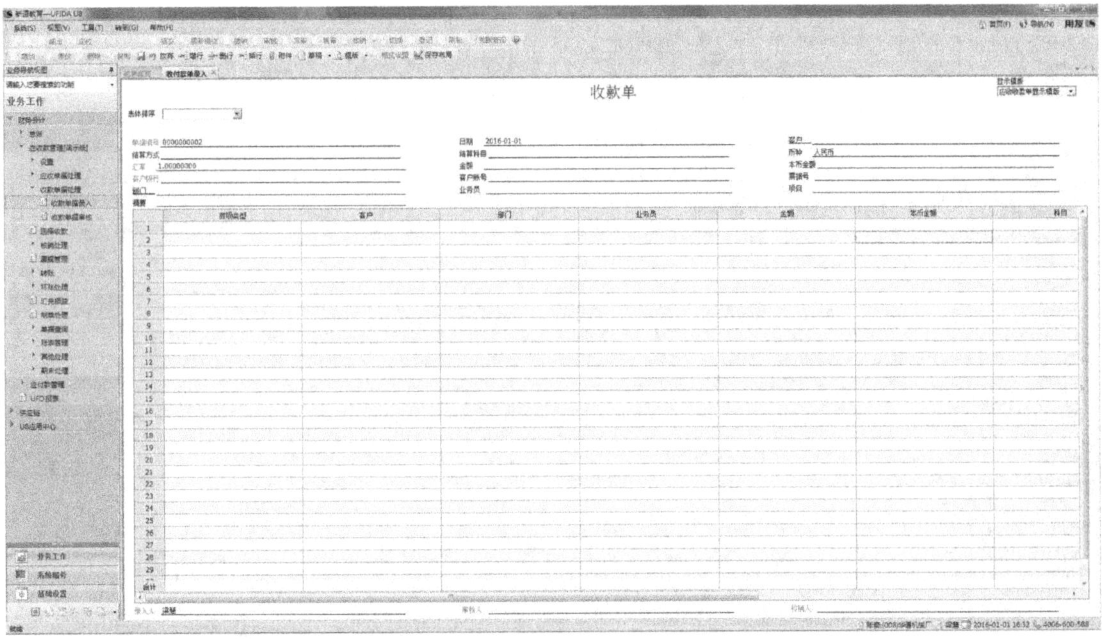

图 7-71

第二步，依次输入表头内容，日期"2016-01-01"，客户"上海兴隆"，结算方式"电汇"，金额"70 200"，摘要"收回货款"，如图 7-72 所示。

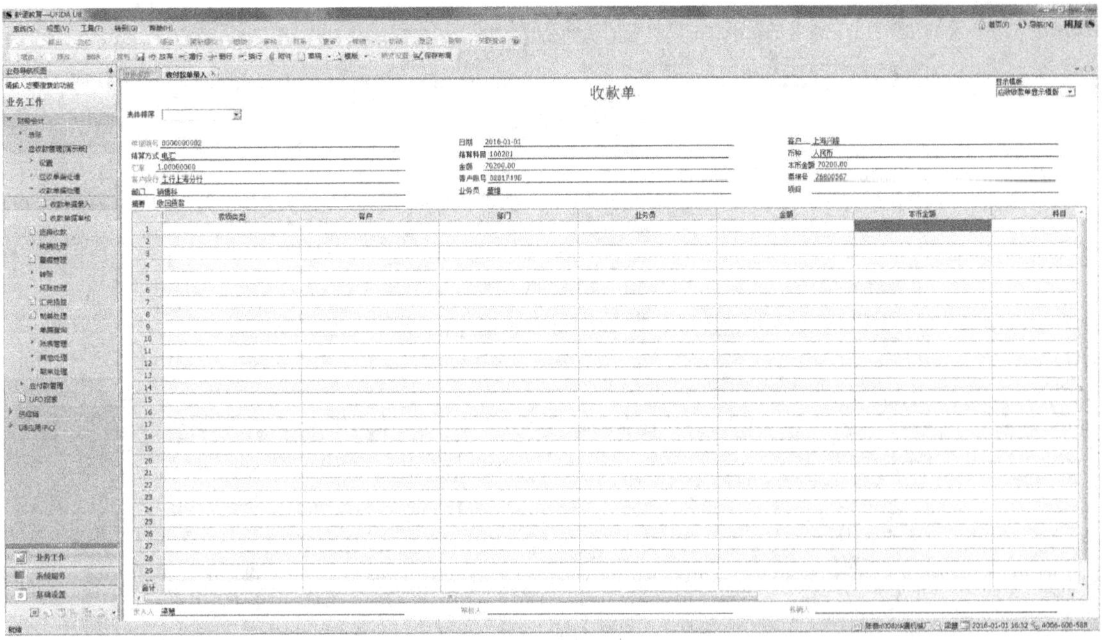

图 7-72

第三步，单击"保存"按钮，表体内容自动根据表头内容填列，如图 7-73 所示。

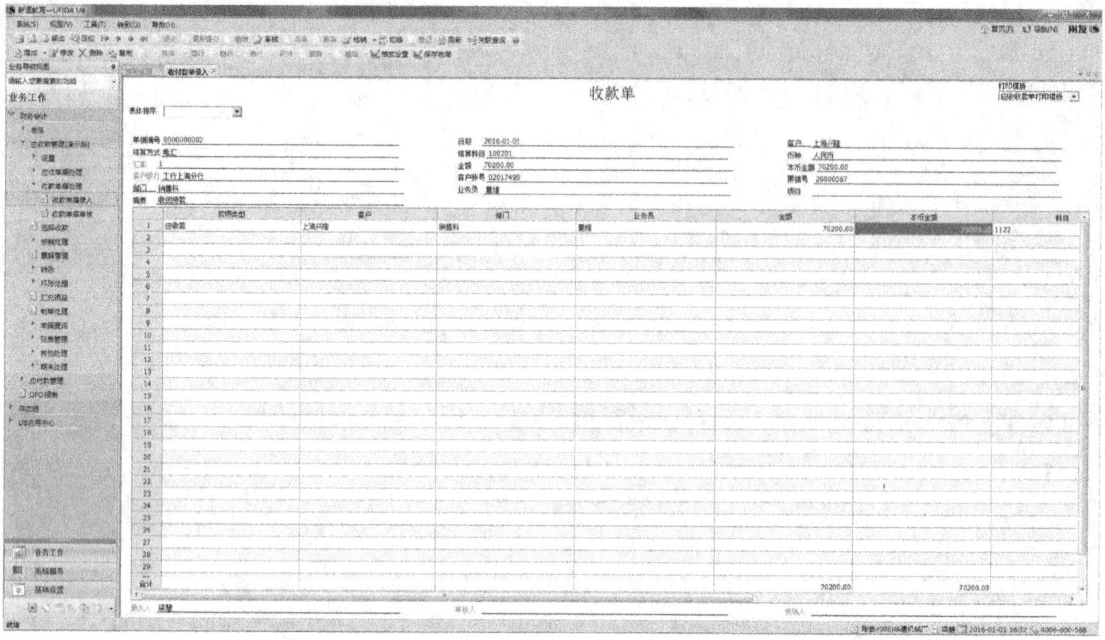

图 7-73

第四步，单击"应收款管理"→"收款单据处理"→"收款单据审核"，如图 7-74 所示。

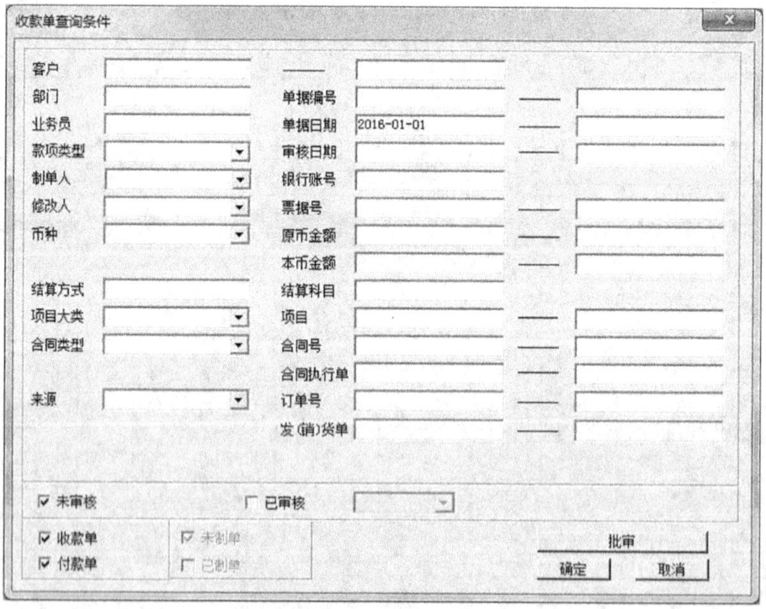

图 7-74

第五步，单击"确定"按钮，如图 7-75 所示。

图 7-75

第六步,在"收付款单列表"中,选中单据并双击,单击"审核"按钮,系统完成审核后弹出对话框"是否立即制单?",如图 7-76 所示。

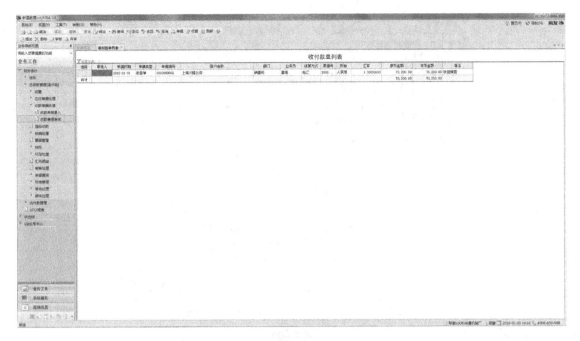

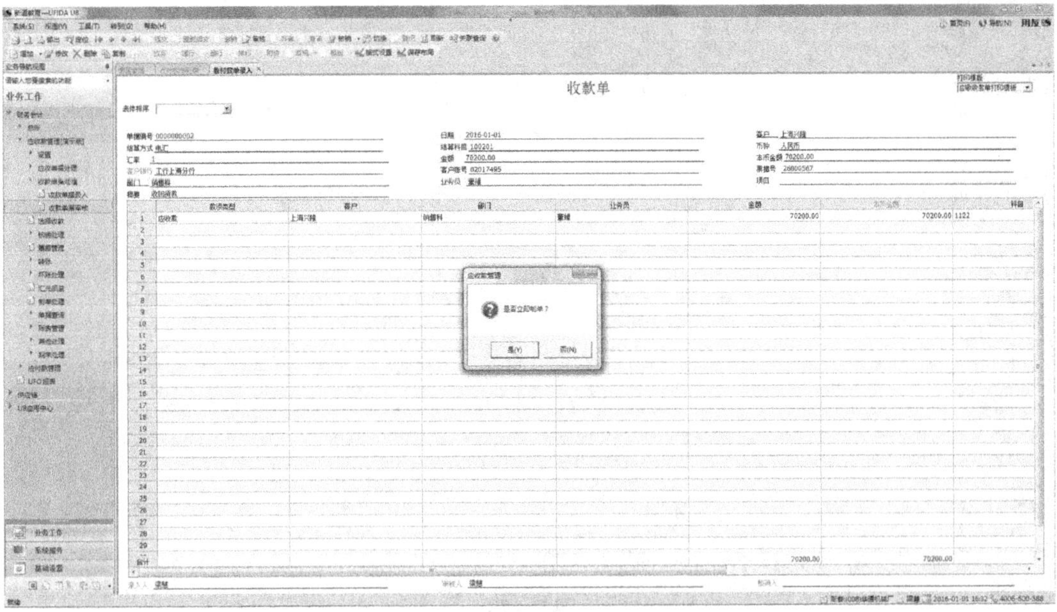

图 7-76

第七步,单击"是",就是当前审核人制单,如果单击"否",则让企业相关会计人员进入企业应用平台,单击"应收款管理"→"制单处理",选中"收付款单制单",如图 7-77 所示。

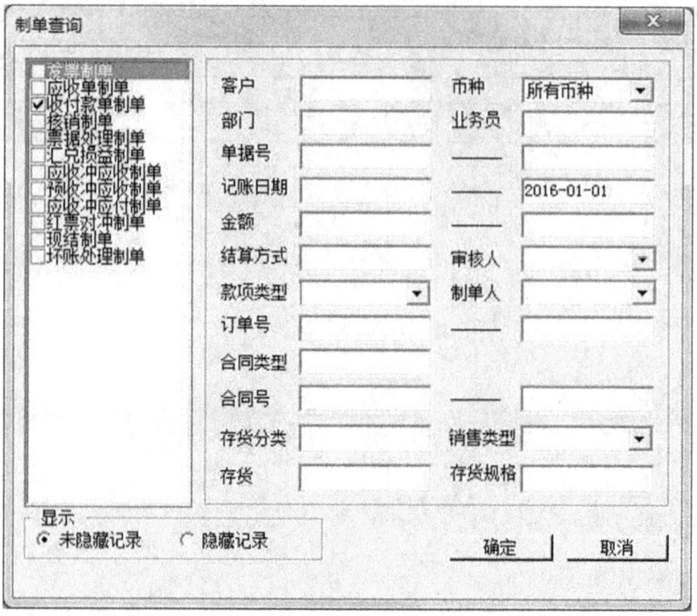

图 7-77

第八步,单击"确定",进行制单处理,如图 7-78 所示。

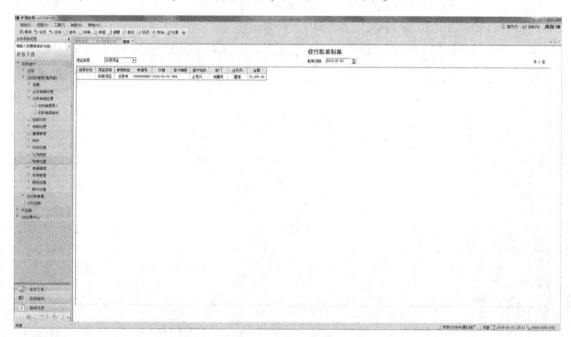

图 7-78

第九步,单击"全选",再单击"制单",如图 7-79 所示。

项目七　应收应付款核算与管理

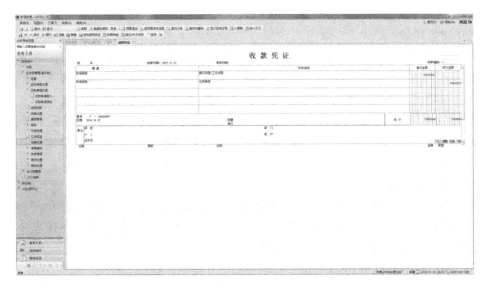

图 7-79

第十步，修改凭证类别为"收"字，附单据"1"张等相关内容后，单击"保存"按钮，如图 7-80 所示。

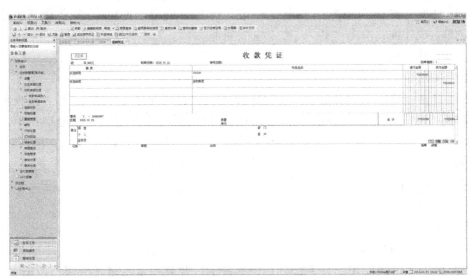

图 7-80

第十一步，关闭界面。
注意：
(1) 新增单据时，若输入了客户，则与客户相关的内容均自动带出，如客户的银行名称、银行账号等信息。
(2) 表头中必须录入的项目有：客户、单据日期、单据编码、结算方式、币种、金额，当币种为外币时，汇率也必须输入。
(3) 表体中必须输入的项目有：款项类型、客户、金额。

（4）输入完表头数据后，单击保存按钮或者单击表体空白处，系统应该自动将表头信息带入表体中。

（5）款项类型必须在"应收款"、"预收款"、"其他费用"中选择一种，缺省选择应收款。缺省情况下，新增的表体记录款项类型为应收款，客户名称均自动带出表头的内容，但可以修改，若修改了表体的客户信息，则系统自动将该结算单作为代付款处理。

（6）款项类型为应收款、预收款时，表体中对应输入的冲销科目必须是本系统的受控科目；款项类型为其他费用时，表体中对应的冲销科目不能是应收系统的受控科目。

（7）表体本币金额＝表体金额×表头汇率，输入原币金额时，自动计算本币金额，修改本币金额时，自动反算金额。

（8）表体记录的原币金额合计和本币金额合计必须与表头的原币金额、本币金额相等。当输入的表体原币金额合计已经等于表头的原币金额，但表体的本币金额合计不等于表头的本币金额时，应将其差额分摊到最后一条表体记录上。

【子任务1.4】 转账处理。

（1）应收冲应收。

操作步骤如下：

单击"日常处理"→"转账"→"应收冲应收"；确定日期；选择转出客户；选择转入客户；单击"过滤"按钮，系统列出该转出客户的未核销的应收款；在需要转出的单据行的"并账金额"栏输入金额；单击"确定"按钮，屏幕显示"是否立即制单?"，单击"是"，立即生成凭证；单击"否"，暂不生成凭证。

（2）预收冲应收。

操作步骤如下：

单击"日常处理"→"转账"→"预收冲应收"；确定业务日期；在"预收款"页签中选中客户；单击"过滤"按钮，系统列出该客户的预收款；录入转账金额；单击"应收款"页签；参照输入客户；单击"过滤"按钮，系统列出该客户的应收款；录入转账金额；单击"确定"按钮，屏幕显示："是否立即制单?"对话框；单击"是"，立即生成凭证；单击"否"，暂不生成凭证。

（3）应收冲应付。

操作步骤如下：

单击"日常处理"→"转账"→"应收冲应付"；确定业务日期；在"应收"页签中选中客户；单击"过滤"按钮，系统列出该客户的应收款；录入转账金额；单击"应付款"页签；选择供应商；单击"过滤"按钮，系统列出该供应商的应付款；录入转账金额；单击"确定"按钮，屏幕显示："是否立即制单?"对话框；单击"是"，立即生成凭证；单击"否"，暂不生成凭证。

【子任务1.5】 2016年1月29日，华通机械厂收到济南钢窗厂银行承兑汇票款210 600元，票号35120058。

操作步骤如下：

第一步，以往来会计202梁慧身份登录企业应用平台，单击"应收款管理"→"票据管理"，系统弹出"查询条件选择"对话框，如图7-81所示。

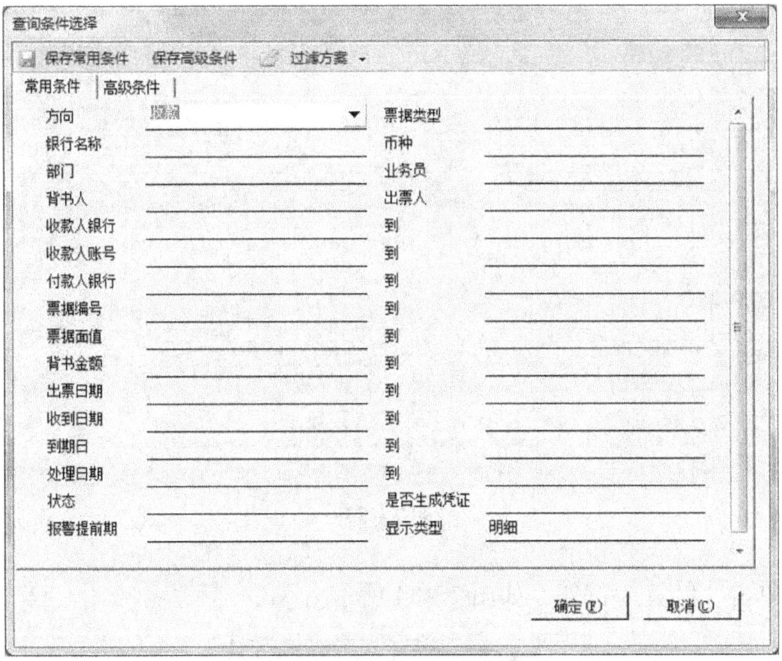

图 7 - 81

第二步,单击"确定",如图 7 - 82 所示。

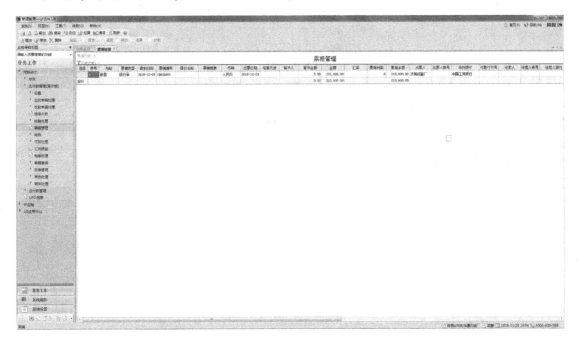

图 7 - 82

第三步,在"票据管理"中,选中单据并双击,如图 7 - 83 所示。

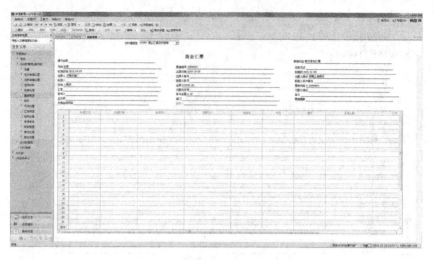

图 7 – 83

第四步，单击"结算"按钮，如图 7 – 84 所示。

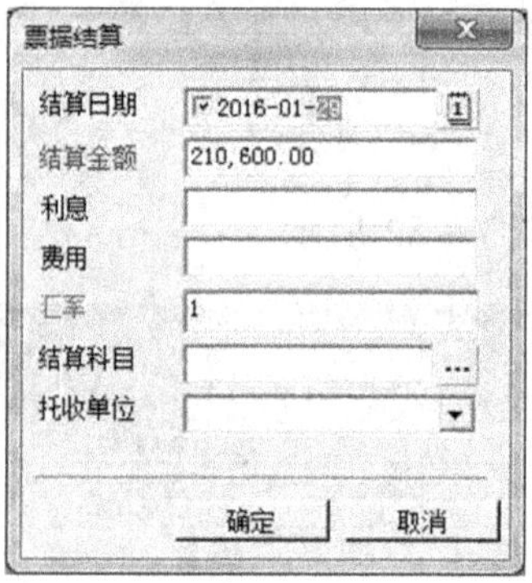

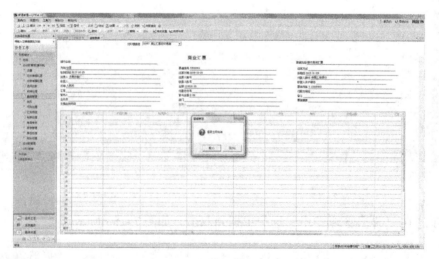

图 7 – 84

第五步，单击"确定"，如图 7 – 85 所示。

图 7 – 85

第六步,单击"是",如图7-86所示。

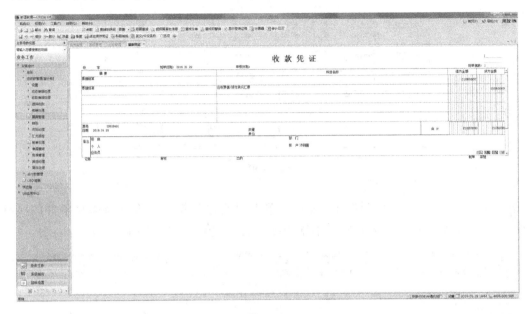

图7-86

第七步,修改凭证类别为"收"字,借方科目名称"银行存款—工行存款",单击"保存"按钮,生成凭证,如图7-87所示。

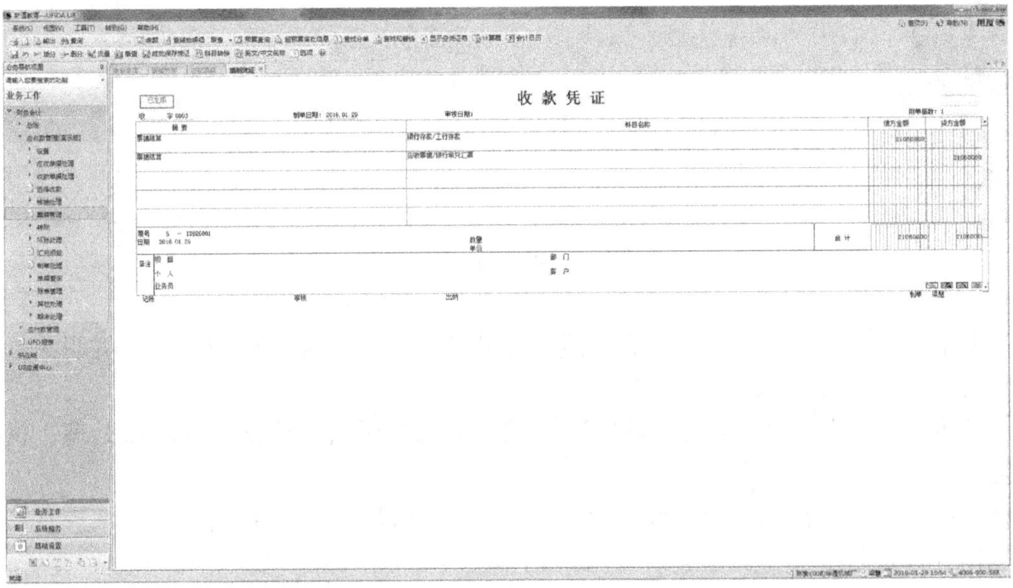

图7-87

第八步,关闭界面。
【子任务1.6】 坏账发生时的处理。
操作步骤如下:
第一步,以往来会计202梁慧身份登录企业应用平台,单击"应收款管理"→"坏账处理"→"坏账发生",屏幕显示"坏账发生"对话框,如图7-88所示。

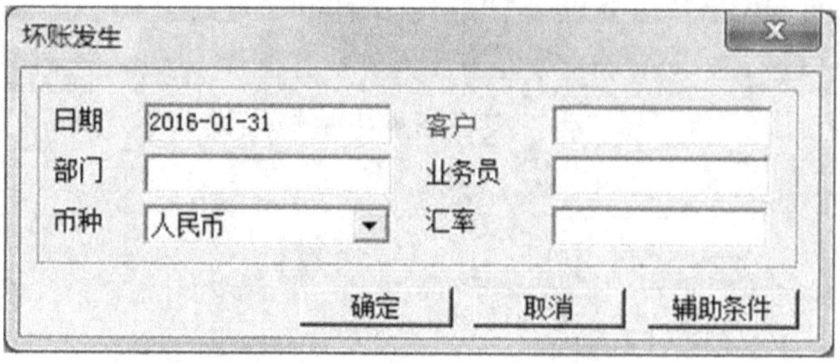

图7-88

第二步,在"客户"栏参照选入客户,单击"确定"按钮,系统将满足条件的所有单据全部列出。屏幕出现选择坏账发生单据明细界面,如图7-89所示。

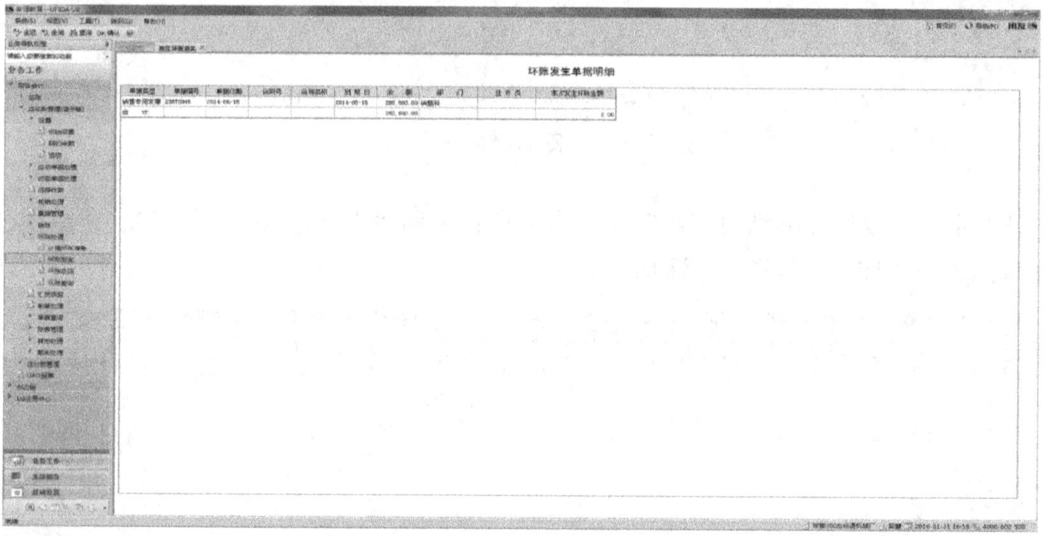

图7-89

在明细单据记录本次发生坏账的金额,也可以单击"全选"按钮,系统将明细单据中的余额自动带入本次发生的坏账金额。

第三步,输入完成后,单击"确定"按钮,系统对所选的单据进行坏账处理,执行记账功能。

【子任务1.7】 华通机械厂2016年1月31日,计提本月坏账准备。

操作步骤如下:

第一步,以往来会计202梁慧身份登录企业应用平台,单击"应收款管理"→"坏账处理"→"计提坏账准备",进入应收账款百分比法计提窗口。系统自动算出当年应收账款余额,并根据计提比率计算出本次计提金额,如图7-90所示。

图 7-90

第二步,单击工具栏中的"确认"图标,如图 7-91 所示。

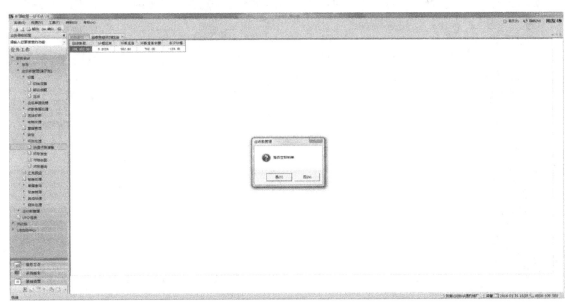

图 7-91

第三步,单击"是"按钮,如图 7-92 所示。

第四步,修改凭证字为"转"字,附单据"1"张,单击"保存",如图 7-93 所示。

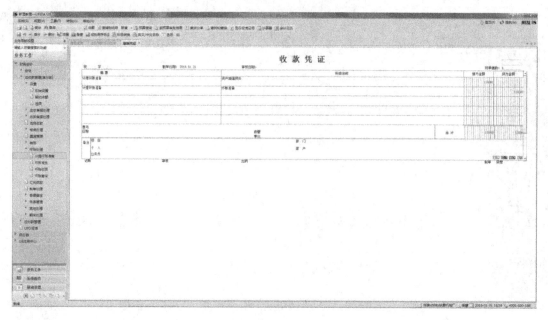

图 7-92

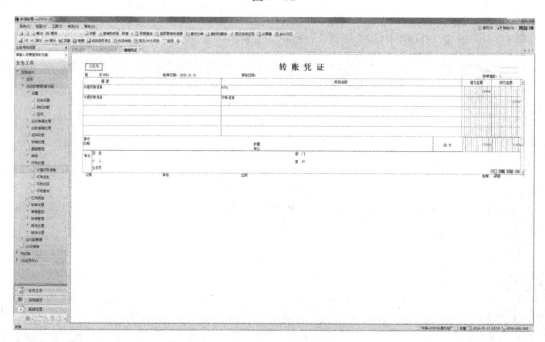

图 7-93

第五步,关闭界面。

注意:

(1) 初次计提时,首先应在初始设置进行设置。设置的内容包括计提比率、坏账准备期初余额。

(2) 应收账款的余额默认值为本会计年度最后一天的所有未结算完的发票和应收单余额之和减去预收款数额。

(3) 计提比率在此不能修改，只能在初始设置中改变计提比率。
(4) 确定此次计提成功后，本期将不能再次计提坏账准备，并且不能修改坏账参数。

【子任务 1.8】 发票制单处理。

操作步骤如下：

第一步，以往来会计 202 梁慧身份登录企业应用平台，单击"应收款管理"→"制单处理"，进入制单查询界面，如图 7-94 所示。

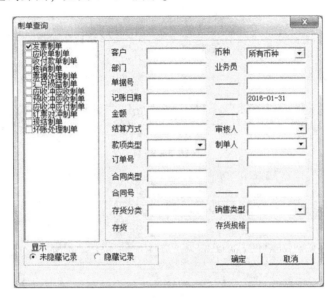

图 7-94

第二步，在窗口左边选择制单类型为"发票制单"，其步骤同现结制单。

【子任务 2】 应付款日常处理。

【子任务 2.1】 应付单据录入。

操作步骤如下：

第一步，以往来会计 202 梁慧身份登录企业应用平台，选择"应付款管理"→"应付单据处理"→"应付单据录入"，选择单据类型及方向，如图 7-95 所示。

第二步，单击"确定"后进入应付单据处理界面，如图 7-96 所示。

第三步，单击"增加"按钮，则可新增应付单据。输入各个栏目信息后，单击"保存"按钮将其保存。

【子任务 2.2】 2016 年 1 月 10 日，华通机械厂张明亮回厂交来郑州铸造厂的增值税专用发票一张，发票号 75330006，发票列明铸铁件 10 吨，单价 3 000 元，铁路运费 3 000 元，货运增值税专用发票号 56125031，材料已验收入库，款未付。

此业务在采购管理统已录入采购发票和运费单据，在应付系统对这两张单据进行审核。

操作步骤如下：

第一步，以往来会计 202 梁慧身份登录企业应用平台，对采购发票等单据进行审核，单击"应付款管理"→"应付单据处理"→"应付单据审核"，系统弹出"应付单查询条件"对话框，如图 7-97 所示。

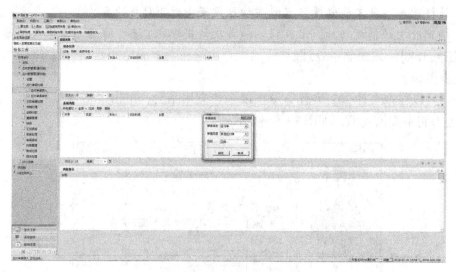

图 7-95

图 7-96

图 7-97

第二步，单击"确定"，如图 7-98 所示。

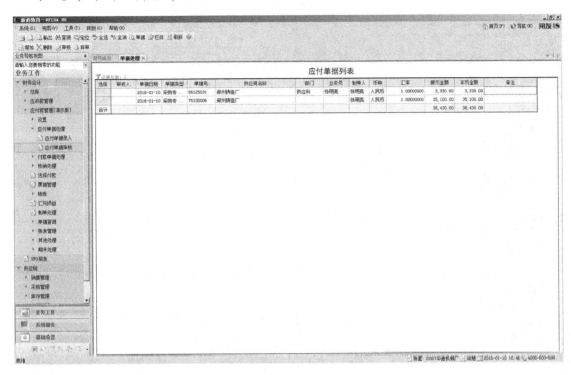

图 7-98

第三步，单击"全选"，单击"审核"按钮，如图 7-99 所示。

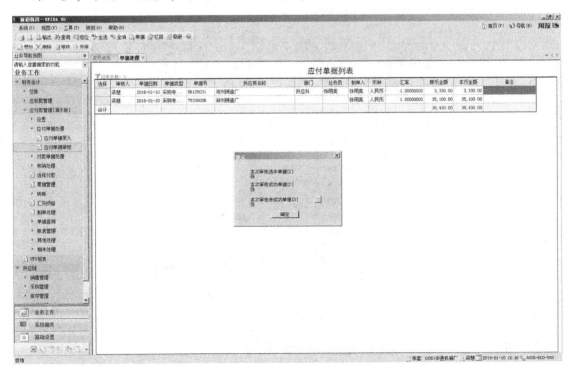

图 7-99

第四步，单击"确定"，如图 7-100 所示。

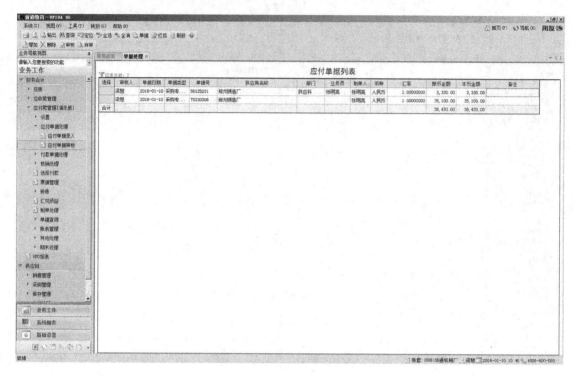

图 7-100

第五步，让企业相关会计人员进入企业应用平台，单击"应付款管理"→"制单处理"，选中"发票制单"，如图 7-101 所示。

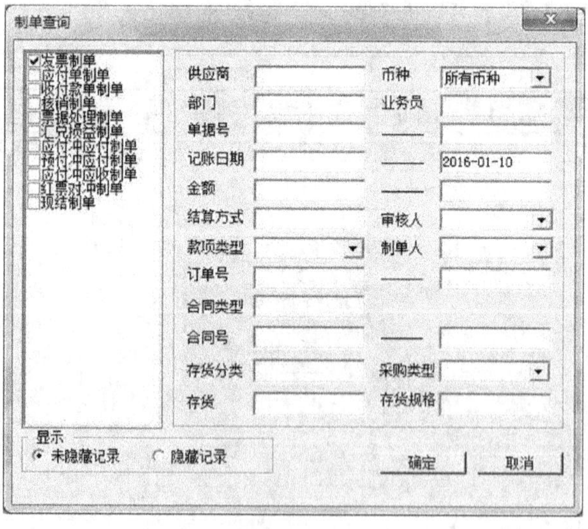

图 7-101

第六步，单击"确定"按钮，如图 7-102 所示。

项目七 应收应付款核算与管理

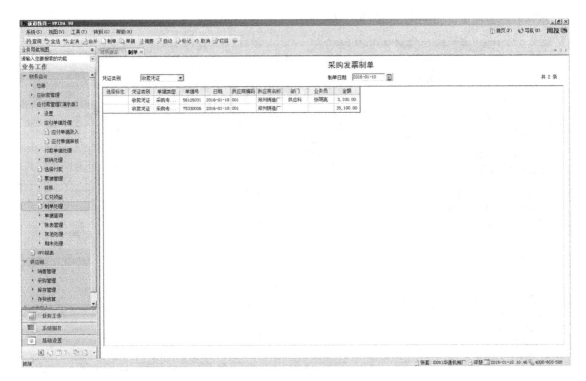

图 7-102

第七步，单击"全选"，再单击"合并"，如图 7-103 所示。

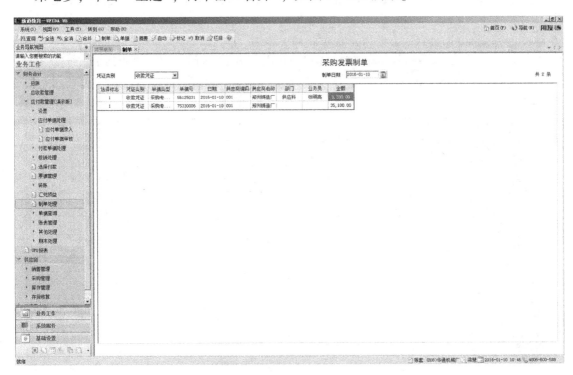

图 7-103

第八步，单击"制单"，如图 7-104 所示。

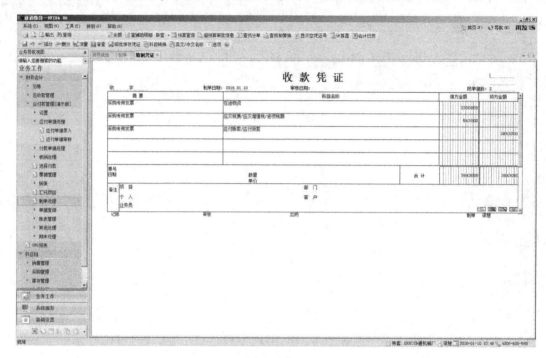

图 7-104

第九步，修改凭证为"转"字，附属单据"2"张，单击"保存"按钮，如图 7-105 所示。

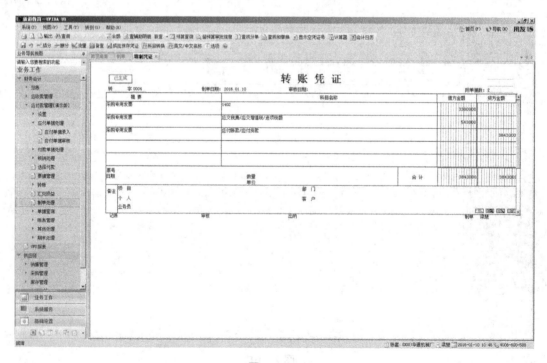

图 7-105

第十步,关闭界面。

【子任务 2.3】 2016 年 1 月 3 日,以电汇方式归还郑州铸造厂部分欠款 100 000 元。

操作步骤如下:

第一步,以往来会计 202 梁慧身份登录企业应用平台,对付款单据进行处理,选择"应付款管理"→"付款单据处理"→"付款单据录入",进入付款单据录入界面,单击"增加"按钮,新增付款单,如图 7 - 106 所示。

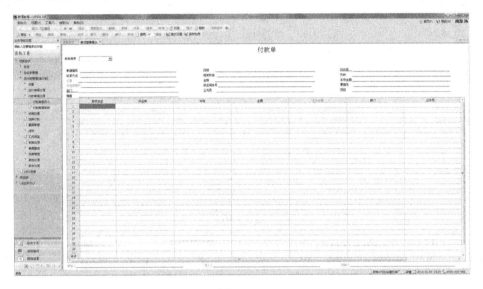

图 7 - 106

第二步,在日期栏录入"2016 - 01 - 03",供应商选择"郑铸",结算方式"电汇",金额"100 000",摘要"归还货款",如图 7 - 107 所示。

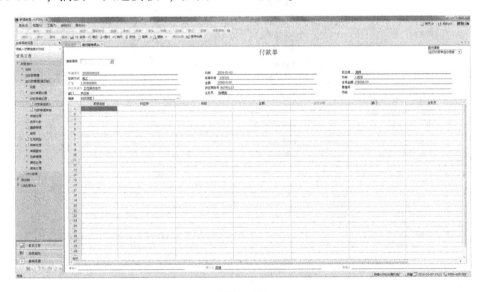

图 7 - 107

第三步,单击"保存"按钮,表体内容自动根据表头内容填列,如图 7 - 108 所示。

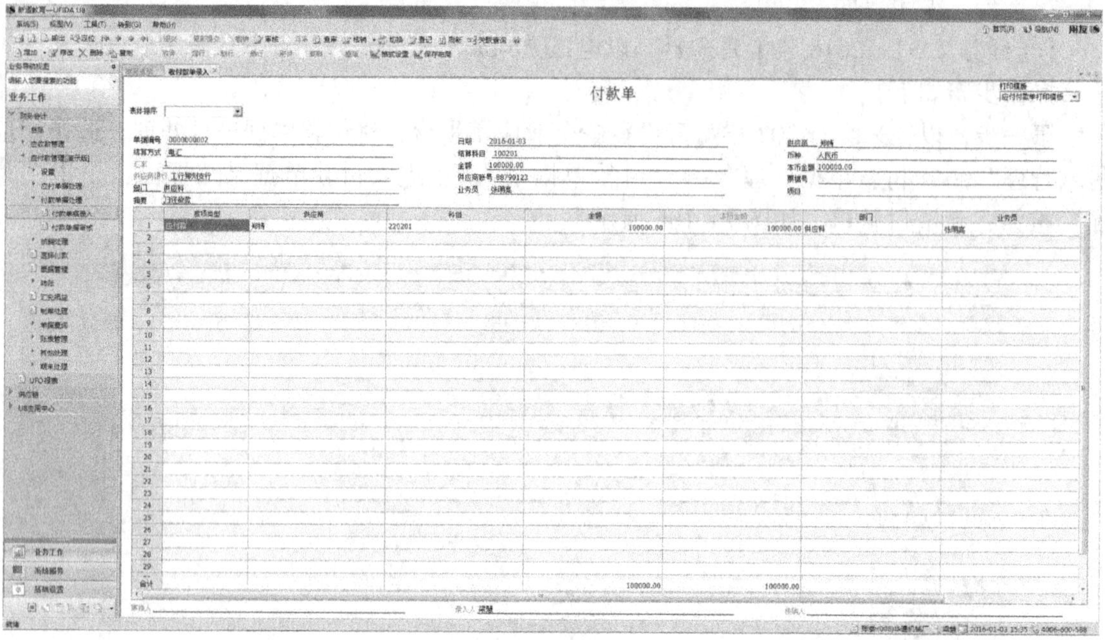

图 7-108

第四步，对付款单进行审核，单击"应付款管理"→"付款单据处理"→"付款单据审核"，如图 7-109 所示。

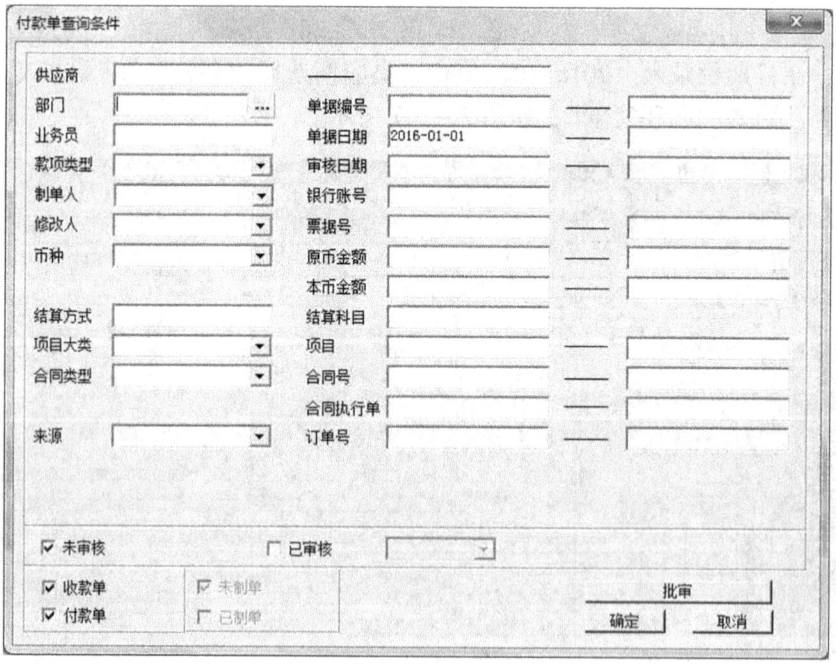

图 7-109

第五步，单击"确定"，如图 7-110 所示。

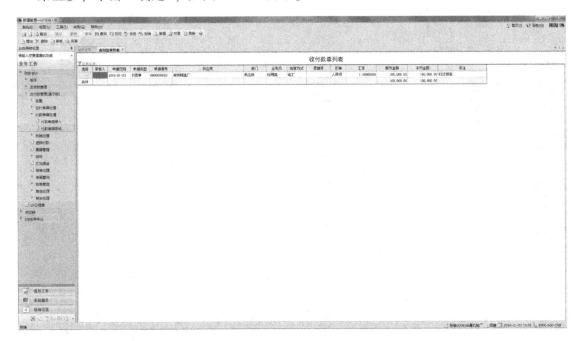

图 7-110

第六步，在"收付款单列表"中，选中单据并双击，如图 7-111 所示。

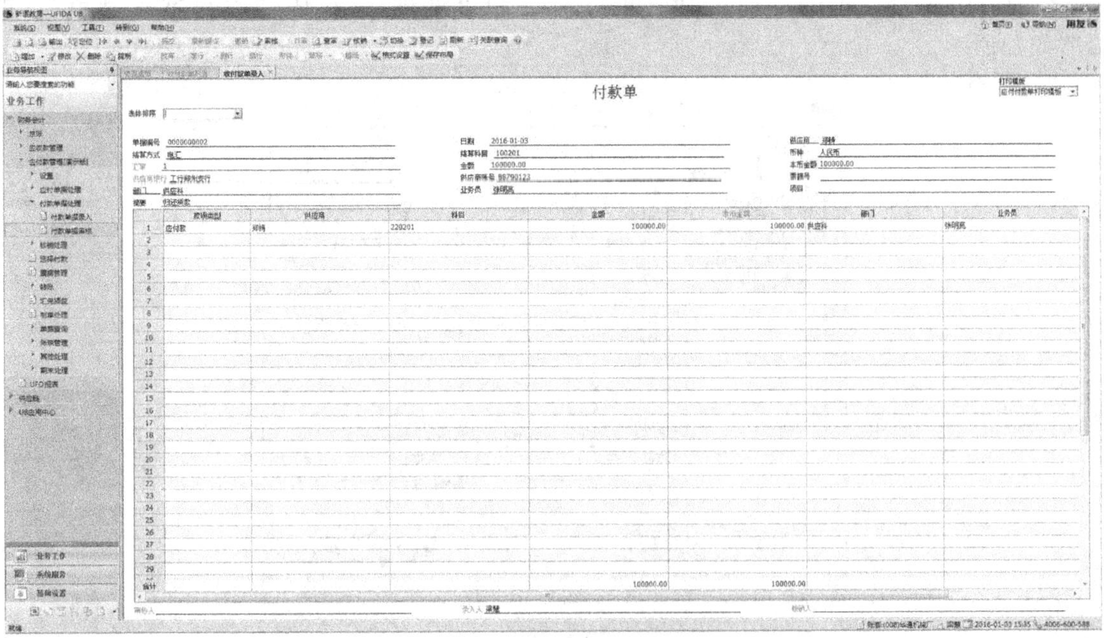

图 7-111

第七步,单击"审核",如图 7-112 所示。

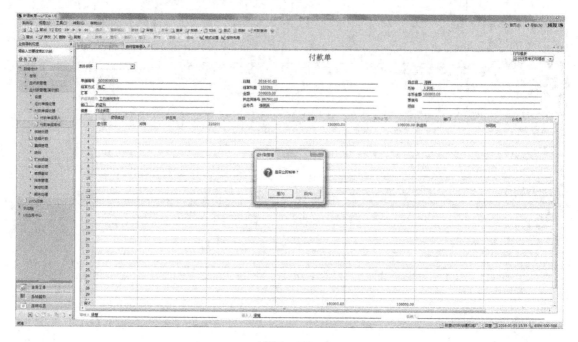

图 7-112

第八步,单击"是",就是当前审核人制单,如果单击"否",则让企业相关会计人员进入企业应用平台,单击"应付款管理"→"制单处理",选中"收付款单制单",如图 7-113 所示。

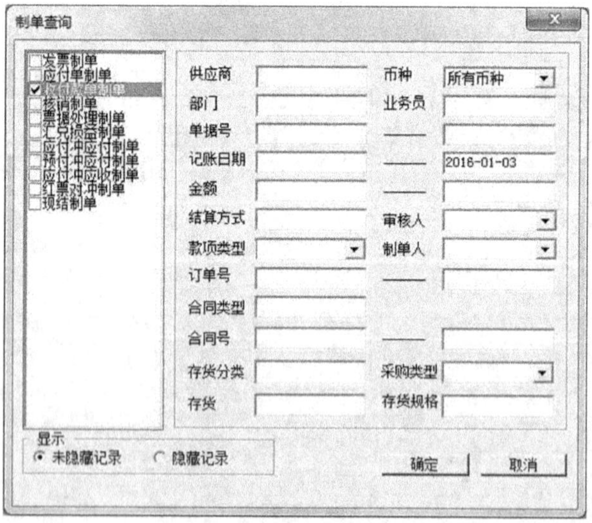

图 7-113

第九步,单击"确定",如图 7-114 所示。

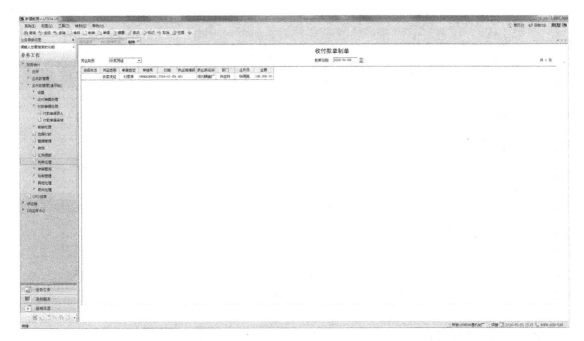

图 7-114

第十步，单击"全选"，再单击"制单"，如图 7-115 所示。

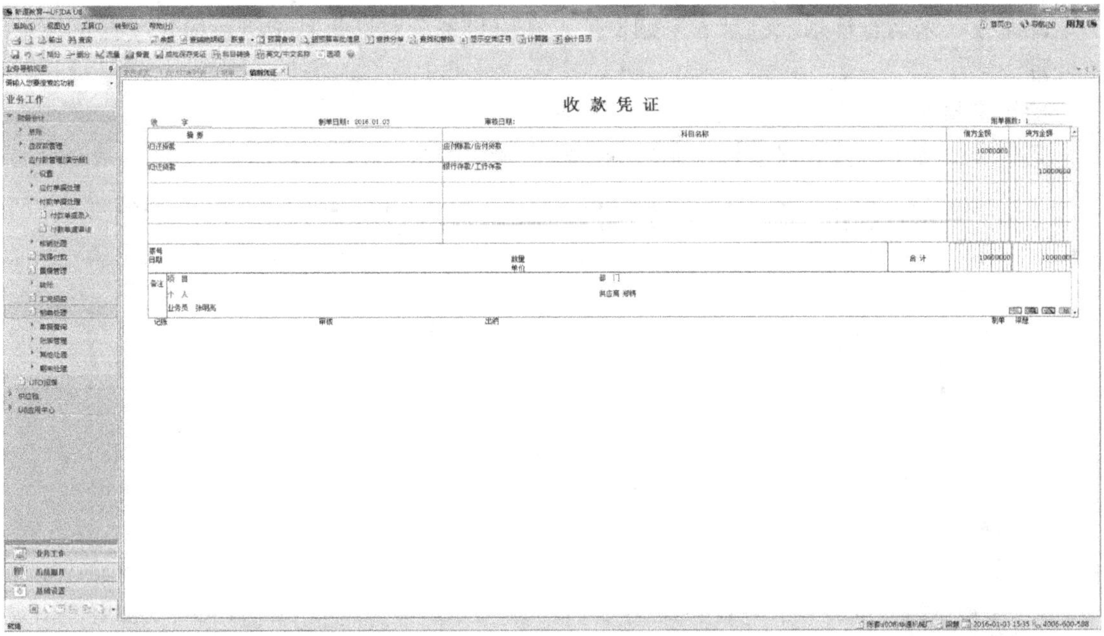

图 7-115

第十一步，修改凭证字为"付"，附单据"1"张，单击"保存"按钮，如图 7-116 所示。

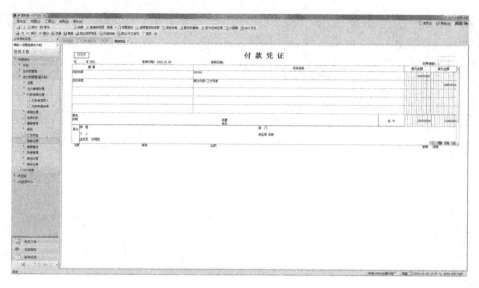

图 7 – 116

第十二步，关闭界面。

【子任务 2.4】 2016 年 1 月 16 日，成都文强公司发来包装用木箱 50 个，单价 410 元，增值税专用发票号 70207015，并结算预付款，差额以转账支票补付，支票号 54819523。木箱已验收入库。

此业务在采购管理系统已录入采购发票，在应付系统对这笔款项进行应付单据审核、制单处理。

操作步骤如下：

第一步，按照应付单据审核、制单的步骤，生成图 7 – 117 所示凭证。

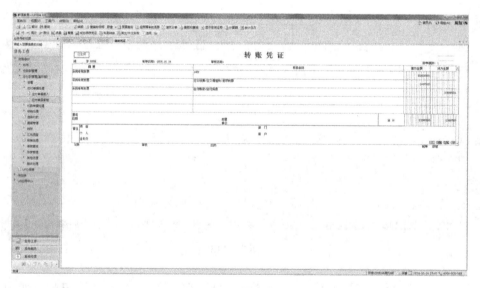

图 7 – 117

第二步，修改第三行会计科目为"预付账款"，如图7-118所示。

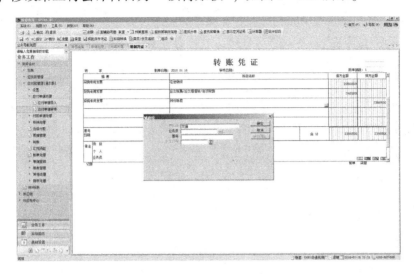

图 7-118

第三步，输入业务员，票号信息，如图7-119所示，单击"确定"。

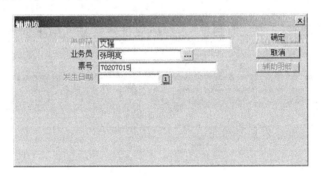

图 7-119

第四步，修改凭证类别"转"，附属单据"1"，单击"保存"，如图7-120所示。

图 7-120

第五步，根据付款单据处理步骤补付差额货款 3 985 元，如图 7 – 121 所示。

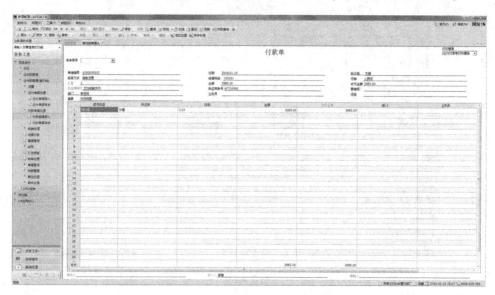

图 7 – 121

第六步，单击"审核"、"立即制单"，修改凭证字，输入附单据数，保存，如图 7 – 122 所示。

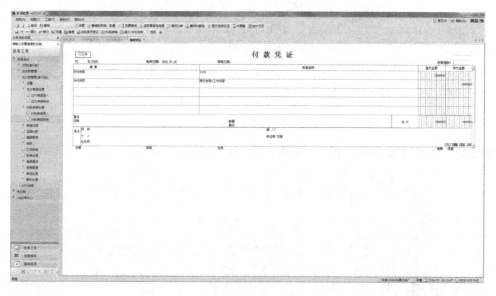

图 7 – 122

【子任务 2.5】 应付款制单处理。

操作步骤如下：

第一步，以往来会计 202 梁慧身份登录企业应用平台，单击"应付款管理"→"制单处理"，进入制单查询界面，如图 7 – 123 所示。

项目七　应收应付款核算与管理

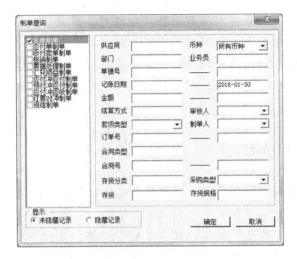

图 7-123

第二步，在左边制单类型中选中制单类型，记账日期输入业务日期，输入完查询条件，单击"确定"按钮，系统会将日期小于等于当前业务日期的所有未制单已记账的单据全部列出。

第三步，选择要进行制单的单据，在"选择标志"一栏双击，系统会在双击的栏目给出一个序号，表明要将该单据制单。可以修改系统所给出的序号，相同序号的记录会制成一张凭证；也可单击"合并"按钮，将所选单据合并生成一张凭证。

第四步，选择完所有的条件后，单击"制单"按钮，进入填制凭证界面。单击"保存"按钮，系统保存凭证后在凭证左上角显示"已生成"字样，并将当前凭证传递到总账系统。

知识链接

一、应收款日常处理

（一）应收单据处理

应收单据处理是指企业进行单据录入和单据管理的工作。通过单据录入和单据管理，可记录各种应收业务单据的内容，查阅各种应收业务单据，完成应收业务管理的日常工作。应收单据处理主要包括对应收单进行增加、修改、删除、审核及取消审核等内容。

如果同时使用应收款管理系统和销售管理系统，则发票和代垫费用产生的应收单据由销售系统录入，在应收款系统可以对这些单据进行审核、弃审、查询、核销、制单等功能。此时，在应收款管理系统需要录入的单据仅限于应收单。如果没有使用销售管理系统，则各类发票和应收单均在应收款管理系统录入。

1. 应收单据录入

应收单的实质是一张凭证，用于记录销售业务之外所发生的各种其他应收业务。应收单表头中的信息相当于凭证中的一条分录信息，表头科目为核算该客户所欠款项的一个科目。应收单表头科目必须是应收系统的受控科目。应收单的表体信息可以不输入，不输入的情况下，单击"保存"按钮系统会自动形成一条方向相反、金额相等的记录。表体中的一条记录也相当于凭证中的一条分录。当输入了表体内容后，表头、表体中的金额合计应借、贷相等。

应收款日常核算的原始单据主要有销售单据和收款单据。如果同时启用了销售系统，销售发票单据在销售系统录入，在应收系统可对上述单据的查询、核销、制单等进行操作以及录入其他应收单据。如果没有使用销售管理系统，则各类发票和应收单均在应收款管理系统录入。

2. 应收单据审核

应收单据的审核是对在销售系统录入的销售发票单据或在应收系统录入的销售发票和应收单据进行审核并制单处理。

（二）收款单据处理

收款单据处理主要是对结算单据进行管理，包括收款单、付款单的录入、审核。应收款管理系统的收款单用来记录企业所收到的客户款项，款项性质包括应收款、预收款、其他费用等。其中应收款、预收款性质的收款单将与发票、应收单、付款单进行核销勾对。在一张收款单中，若选择表体记录的款项类型为应收款，则该款项性质为冲销应收款；若选择表体记录的款项类型预收款，则该款项用途为形成预收款；若选择表体记录的款项类型为其他费用，则该款项用途为其他费用。录入收款单时，需要指定其款项用途，如果同一张收款单包含不同用途的款项，应在表体记录中分行显示。对于不同用途的款项，系统提供的后续业务处理不同。对于冲销应收账款，以及形成预收款的款项，需要进行核销处理，即将收款单与其对应的销售发票或应收单进行核销勾对，进行冲销客户债务的处理。对于其他费用用途的款项，则不需要进行核销。若一张收款单中，表头客户与表体客户不同，则视表体客户的款项为代付款。

应收款管理系统的付款单用来记录发生销售退货时，企业开具的退付给客户的款项。录入付款单时，需要指明付款单是应收款项退回预收款退回还是其他费用退回。付款单可与应收、预收性质的收款单、红字应收单、红字发票进行核销。

（三）转账处理

1. 应收冲应收

应收冲应收是指将一家客户的应收款转到另一家客户中。将应收款业务在客户之间进行转入、转出，实现应收业务的调整，解决应收款在不同客户间入错户或合并户问题。

2. 预收冲应收

预收冲应收功能可处理客户的预收定金和该客户应收欠款的转账核销业务。

3. 应收冲应付

应收冲应付是用某客户的应收账款，冲抵某供应商的应付款项，将应收业务在客户和供应商之间进行转账，实现应收业务的调整，解决应收债权与应付债务的冲抵。

（四）票据管理

票据管理主要是对商业承兑汇票和银行承兑汇票进行管理，记录票据详细信息及票据处理情况，包括票据贴现、背书、计息、结算、转出等日常票据处理。如果要实现票据的登记簿管理，必须将"应收票据"科目设置成带有客户往来辅助核算的科目。

1. 应收票据的增加、删除、修改

在日常业务处理中，收到客户的票据，则需要增加一张应收票据。输入票据的相关信息后，保存票据，其结果是系统自动增加了一张收款单，在单据结算中可查看到该张收款单。若发现已录入的票据有错，可利用系统提供的修改、删除功能进行修改或删除。

2. 票据贴现处理

当单位有应收票据时，由于企业对现金的需求，可能会把所持有的应收票据进行贴现以取得现金。在"票据管理"界面，选中要贴现的票据，单击"贴现"按钮即可对当前票据进行贴现处理。

3. 票据结算处理

应收票据到期时，如果对方付款，则需要对票据进行结算处理。在"票据管理"界面，选中已付款的票据，单击"结算"按钮即可。

（五）坏账处理

坏账处理指系统提供的计提应收坏账准备处理、坏账发生后的处理、坏账收回后的处理等功能。坏账处理的作用是系统自动计提应收款的坏账准备，当坏账发生时，即可进行坏账核销；当被核销的坏账又收回时，即可进行相应的处理。在进行坏账处理之前，首先应在系统选项中选择坏账处理方式，然后在初始设置中设置坏账准备参数。

1. 计提坏账准备

企业应当根据以往的经验、债务单位的实际情况制定计提坏账准备的政策，明确计提坏账准备的范围、提取方法、账龄的划分和提取比例。对预计可能发生的坏账损失，计提坏账准备，计提坏账准备的方法由企业自行确定。系统提供的计提坏账的方法主要有销售收入百分比法、应收账款百分比法和账龄分析法。

2. 坏账发生

坏账发生是在应收款项不能收回时进行的确定。通过坏账发生功能选定发生坏账的应收业务单据，确定一定期间内应收款发生的坏账，便于及时用坏账准备进行冲销，避免应收款长期呆滞的现象。

（六）制单处理

制单即生成凭证，并将凭证传递到总账记账。系统在各个业务处理的过程中都提供了实时制单的功能；除此之外，系统提供了一个统一制单的平台，可以在此快速、成批生产凭证，并可依据规则进行合并制单等处理。

应收系统可根据销售发票、应收单、结算单等原始单据生成相应的记账凭证，并传递到总账系统；它提供了成批制单功能，这些凭证可在总账系统中进行查询、审核和记账的操作。

二、应付款日常处理

（一）应付单据处理

应付单据处理主要包括应付单据的录入、审核。如果应付款系统和采购管理系统集成使用，则发票由采购系统录入，在应付管理系统可以对这些单据进行审核、弃审、查询、核销、制单等操作。此时应付系统需要录入的单据仅限于应付单。如果没有使用采购管理系统，则各类发票和应付单均应在应付款管理系统录入。

1. 应付单据录入

应付单用于记录采购业务之外发生的各种其他应付业务，例如，核算所欠供应商的购入固定资产款项、供应商为企业代垫的费用。应付单表头中的信息相当于凭证中的一条分录信息，表头科目应该为核算所欠该供应商款项的一个科目。表体中的一条记录也相当于凭证中的一条分录。当输入了表体内容后，表头、表体中的金额合计应借、贷相等。

2. 应付单据审核

应付单据审核是对在采购系统录入的采购发票单据或在应付系统录入的采购发票和应付单据进行审核并制单处理。

付款单据处理主要是对结算单据进行管理,包括付款单、收款单的录入、审核。应付款管理系统的付款单用来记录企业所支付的款项,收款单用来记录发生采购退货时,企业所收到的供应商退款。

(二) 转账处理

应付款系统提供了四种并账、转账方法,包括预付冲应付、应付冲应收、应付冲应付和红票对冲。

1. 预付冲应付

预付冲应付可将预付供应商款项和所欠供应商的货款进行转账核销处理。

2. 应付冲应收

应付冲应收是对某供应商的应付款项,冲抵对某客户的应收账款,以解决应收债权与应付债务的冲抵。

3. 应付冲应付

应付冲应付是指将某一供应商的应付账款转入另一供应商账中,以解决应付款业务在不同供应商间入错户或合并户问题。

4. 红票对冲

红票对冲是指将同一供应商的红票和其蓝字发票进行冲销。

制单即生成凭证,并将凭证传递到总账记账。制单类型包括发票制单、应付单制单、合同结算单制单、收付款单制单、核销制单、票据处理制单、并账制单、现结制单、坏账处理制单、转账制单和汇兑损益制单。

任务三 账表管理及期末处理

任务目标

通过学习,使学生独立操作财务软件完成应收应付款核算的账表管理及期末处理,进而在实际操作后理解账表管理及期末业务处理在模块中的作用。

任务导入

1. 查询应收单;
2. 查询应收账款账龄分析;
3. 查询应收账款科目余额表;
4. 应收、应付款期末处理。

任务解析

【子任务1】 查看华通机械厂2016年1月应收单。

操作步骤如下：

第一步，以往来会计202梁慧身份登录企业应用平台，单击"应收款管理"→"单据查询"→"应收单查询"，进入应收单查询界面，如图7-124所示。

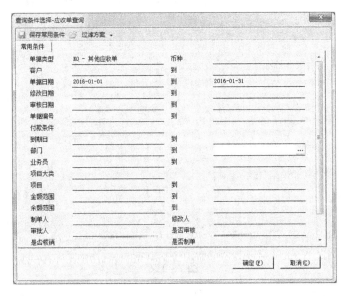

图7-124

第二步，选择单据类型"其他应收单"，单击"确定"按钮，如图7-125所示。

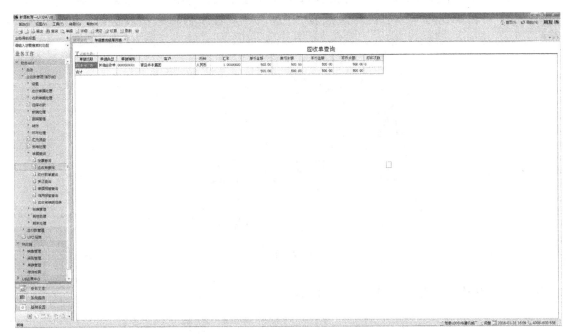

图7-125

第三步,选中应收单查询列表的单据,单击工具栏的"单据"按钮,可以查看该应收单的单据,如图 7-126 所示。

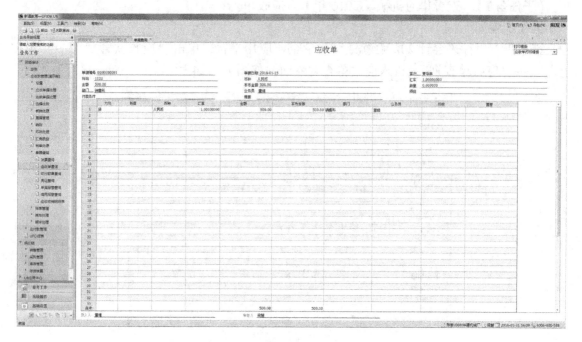

图 7-126

【子任务 2】 查看华通机械厂 2016 年 1 月应收账款科目余额表。

操作步骤如下:

第一步,以往来会计 202 梁慧身份登录企业应用平台,单击"应付款管理"→"账表管理"→"科目账查询"→"科目余额表",进入客户往来科目余额表窗口,如图 7-127 所示。

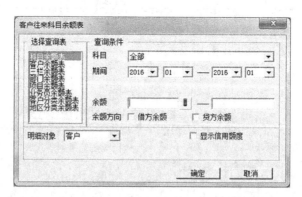

图 7-127

第二步,单击"确定",如图 7-128 所示。

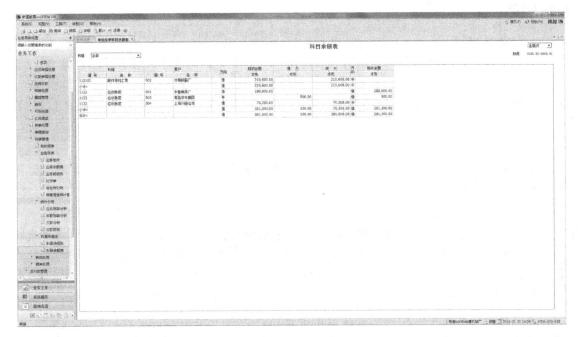

图 7-128

【子任务 3】 对华迪机械厂 2016 年 1 月应收账款、应付账款进行期末处理。

操作步骤如下：

在"其他处理"菜单中，单击"期末结账"→"月末结账"；双击需结账月份"结账标志"栏；单击"下一步"按钮，屏幕显示各处理类型的处理情况；在处理情况都是"是"的情况下，单击"确定"按钮，即可开始结账；在"结账成功"提示对话框，单击"确定"按钮（系统自动在对应的结账月份的"结账标志"栏目上标识"已结账"字样）。

在执行了月末结账功能后，该月将不能再进行任何处理。

注意：

（1）应收款系统与销售管理系统集成使用，应在销售系统结账后，才能对应收款系统进行结账处理。

（2）应付款系统与采购管理系统集成使用，应在采购系统结账后，才能对应付款系统进行结账处理。

反结账的操作步骤如下：

在"其他处理"菜单中，单击"期末结账"→"取消月结"，选择最后一个"已结账"月份，单击"确定"按钮，在"取消结账成功"提示对话框中，单击"确定"按钮，当月结账标志即可取消。

注意：

如果当月总账系统已经结账，则不可以执行应收应付系统的"取消结账"功能。

知识链接

一、单据查询

应收和应付款管理系统都提供对销售发票、采购发票、应收单、应付单、结算单、凭证等的查询。在查询列表中，系统提供自定义显示栏目、排序等功能，在进行单据查询时，若启用客户或供应商、部门数据权限控制时，则在查询单据时只能查询有权限的单据。

二、账表管理

账表管理包括业务账表、统计分析和科目账查询等内容。

（一）业务账表

通过业务账表查询，可以及时了解一定期间内期初应收款和应付款结存汇总情况、应收款和应付款发生、收款和付款发生的汇总、累计情况及期末应收应付款结存汇总情况；还可以了解各个客户和供应商期初结存明细情况，应收应付款发生明细及期末应收应付款结存明细，及时发现问题，加强对往来款项的监督管理。

（二）统计分析

通过统计分析，可以按用户定义的账龄区间，进行一定期间内应收应付款项账龄分析，收款、付款账龄分析，了解各个客户和供应商的应收应付款周转天数、周转率，了解各个账龄区间内应收应付款、收款付款及往来情况，以便及时发现问题，加强对往来款项动态的监督管理。

（三）科目账查询

科目账查询包括科目明细账、科目余额表的查询。

三、期末处理

如果当月业务已全部处理完毕，就需要执行"月末结账"功能。只有当月结账后，才可以开始下月工作。

进行月末处理时，一次只能选择一个月进行结账；前一个月没有结账，则本月不能结账；结算单还有未核销的不能结账；单据在结账前应该全部审核；年度末结账，应对所有核销、坏账、转账等处理全部制单，系统列出检查结果，并对"本月单据全部记账"和"本月结算单全部核销"进行检查，对其他栏目没有强制性约束。

（一）月末结账

（二）取消结账

在执行月末结账后，若发现该月还需要处理有关业务，则可以对应收应付系统取消结账。

项目八

会计报表计算与管理

项目目标

通过学习,要求学生掌握报表格式设计的内容和方法,能够熟练运用报表模板完成主要会计报表的计算,并对报表数据进行方便迅速的查询和管理。

项目重点难点

1. 报表格式设计、公式定义;
2. 利用报表模板生成报表。

项目内容

任务一 报表设计

任务目标

通过报表设计的学习,使学生理解报表编制的原理,掌握报表格式定义、公式定义的操作方法,能够独立操作财务软件,完成自定义报表的设计。

任务导入

设计一张货币资金表。

任务解析

货币资金表的要求如下:

1. 报表格式

货币资金表

编制单位：　　　　　　　　　　年　月　日　　　　　　　　　　单位：元

项　目	行　次	期　初　数	期　末　数
库存现金	1		
银行存款	2		
其他货币资金	3		
合计	4		

制表人：

说明：

（1）标题"货币资金表"设置为黑体、14号、居中。

（2）单位名称和年、月、日应设置为关键字。

（3）标题中文字设置为楷体、12号、居中。

（4）"制表人"设置为宋体、10号、右对齐第四栏。

2. 报表公式

库存现金期初数：C4 = QC("1001",月)

库存现金期末数：D4 = QM("1001",月)

银行存款期初数：C5 = QC("1002",月)

银行存款期初数：D5 = QM("1002",月)

他货币资金期初数：C6 = QC("1012",月)

其他货币资金期初数：D6 = QM("1012",月)

期初数合计：C7 = C4 + C5 + C6

期末数合计：D7 = D4 + D5 + D6

操作步骤如下：

1. 设置报表尺寸

第一步，执行"格式"→"表尺寸"命令，打开"表尺寸"对话框。

第二步，直接输入行数"8"、列数"4"，或者通过其文本框的微调按钮选择输入。

第三步，单击"确认"按钮。

注意：

报表尺寸设置完后，还可以单击"格式"菜单中的"插入"或"删除"选项，通过增加或减少行或列来调整报表大小。

2. 定义组合单元

第一步，选中需要合并的单元区域A1：D1。

第二步，执行"格式"→"组合单元"命令，打开"组合单元"对话框。

第三步，选择"按行组合"或"整体组合"，该单元即组合成一个单元格。

3. 画表格线

第一步，选中报表需要画线的单元区域A3：D7。

第二步，执行"格式"→"区域划线"命令，打开"区域划线"对话框。

第三步，选择"网线"单选按钮，确定画线类型和样式。

第四步，单击"确认"按钮。

4. 输入报表项目

第一步，选中需要输入内容的单元或组合单元。

第二步，在单元或组合单元输入相应文字内容，例如，在 A1 组合单元输入"货币资金表"字样。

注意：

报表项目指报表的文字内容，主要包括表头内容、表体项目、表尾项目等，不包括关键字。

单位名称、日期一般不作为文字内容输入，而需要设置为关键字。

5. 定义报表的行高和列宽

第一步，选中需要调整的单元所在行 A1。

第二步，执行"格式"→"行高"命令，打开"行高"对话框。

第三步，输入行高"7"，单击"确定"按钮。

第四步，选中需要调整的单元所在列，执行"格式"→"列宽"命令，可设置该列的宽度。

6. 定义单元属性

第一步，选中 D8 单元，执行"格式"→"单元属性"命令，打开"单元格属性"对话框，如图 8 - 1 所示。

第二步，选择"单元类型"中的"字符"单选按钮。

第三步，单击"确认"按钮。

7. 设置单元风格

第一步，选中 A1 单元。

第二步，执行"格式"→"单元属性"命令，打开"单元格属性"对话框，如图 8 - 2 所示。

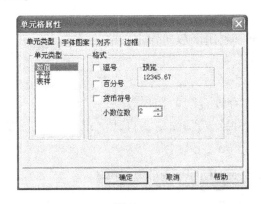

图 8 - 1

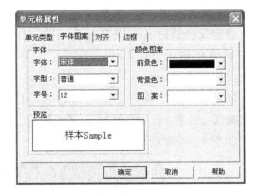

图 8 - 2

第三步，选择"字体图案"选项卡，设置字体为"黑体"，字号为"12"。

第四步，选择"对齐"选项卡，设置对齐方式为"水平居中"和"垂直居中"。

第五步，单击"确认"按钮。

8. 设置关键字

第一步，选中需要输入关键字的单元 A2。

第二步，执行"数据"→"关键字"→"设置"命令，打开"设置关键字"对话框，如图8-3所示。

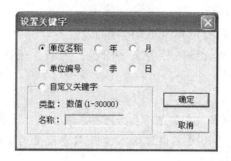

图8-3

第三步，选择"单位名称"单选按钮，单击"确定"按钮。

第四步，同理，设置"年"、"月"、"日"关键字。

注意：

每个报表可以同时定义多个关键字。

如果要取消关键字，须执行"数据"→"关键字"→"取消"命令。

9. 调整关键字位置

第一步，执行"数据"→"关键字"→"偏移"命令，打开"定义关键字偏移"对话框。

第二步，在需要调整位置的关键字后面输入偏移量。

第三步，单击"确认"按钮。

注意：

关键字的位置可以用偏移量来表示，负数值表示向左移，正数值表示向右移。在调整时，可以通过输入正或负的数值来调整。

10. 编辑公式

在定义公式时，可以直接输入单元公式，也可以利用函数向导定义单元公式。

◆ 直接输入公式

操作步骤如下：

第一步，选中需要定义公式的单元C4，即"库存现金"的期初数。

第二步，执行"数据"→"编辑公式"→"单元公式"命令，打开"定义公式"对话框，如图8-4所示。

图8-4

第三步，直接输入总账期初函数公式：QC("1001",月)。

第四步,单击"确认"按钮。

注意:

单元公式在输入时,凡是涉及数学符号的,均须输入英文半角字符;否则,系统将认为公式输入错误而不能被保存。

◆ 利用函数向导输入公式

如果用户对 UFO 的函数不太了解,可以利用函数向导输入公式。

第一步,选中需要定义公式的单元 D5,即"银行存款"的期末数。

第二步,单击"fx"按钮,打开"定义公式"对话框。

第三步,单击"函数向导"按钮,打开"函数向导"对话框。

第四步,选择函数分类"用友账务函数"和函数名"期末(QM)",如图 8-5 所示。

第五步,单击"下一步"按钮,打开"用友账务函数"对话框,如图 8-6 所示。

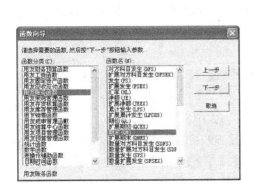

图 8-5 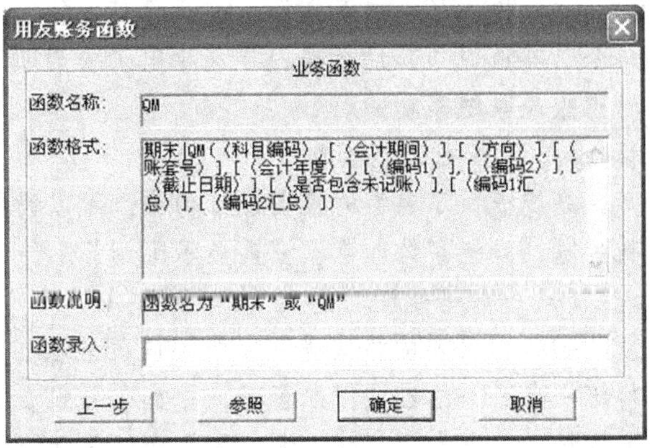   图 8-6

第六步,单击"参照"按钮,打开"账务函数"对话框,如图 8-7 所示。

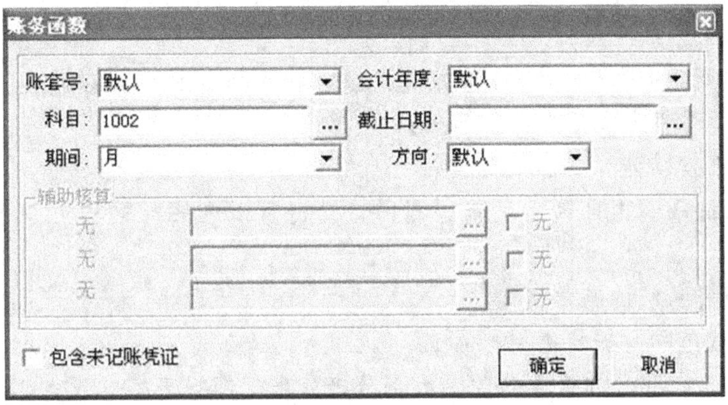

图 8-7

第七步,单击"…"按钮,选择"银行存款"选项。

第八步,单击"确定"按钮。

第九步,执行"文件"→"保存"命令,打开"另存为"对话框,在"文件名"文本框中输入"货币资金表",选择保存类型为"*.rep",单击"保存"。

11. 定义审核公式

审核公式用于审核报表内或报表之间勾稽关系是否正确。例如，"资产负债表"中的"资产合计＝负债合计＋所有者权益合计"。若要定义审核公式，执行"数据"→"编辑公式"→"审核公式"命令即可。

注意：审核公式在格式状态下编辑，在数据状态下执行审核公式。

知识链接

UFO 报表系统是报表处理的工具，与总账等各个系统之间有完善的接口，是真正的三维立体表，提供了丰富的实用功能，完全实现了三维立体表的四维处理能力。

一、UFO 报表系统的主要功能

（一）文件管理功能

系统提供了创建新文件、打开已有文件、关闭文件、保存和另存文件、文件口令、批命令、其他财务软件数据的导入导出、报表页面设置、打印设置、打印预览、报表打印、退出报表系统等功能。

（二）格式管理功能

系统提供了丰富的报表设计功能，可以设置报表尺寸、组合单元、画表格线、调整行高列宽、设置字体颜色、设置显示比例等。

（三）数据处理功能

UFO 以固定的格式管理大量不同的表页，能将多达 99 999 张具有相同格式的报表资料统一在一个报表文件中管理，并且在每张表页之间建立有机的联系。此外，还提供了表页的排序、查询、审核、舍位平衡和汇总功能。

（四）图表功能

UFO 可以很方便地进行图形数据组织，制作包括直方图、立体图、圆饼图、折线图等多种分析图表；可以编辑图表的位置、大小、标题、字体、颜色等，打印输出报表。

（五）打印功能

系统采用"所见即所得"的打印方式，报表和图形都可以打印输出；提供"打印预览"，可以随时观看报表或图形的打印效果。

（六）二次开发功能

系统提供了批命令和自定义菜单，利用该功能可以在短时间内开发出本企业的专用系统。

二、UFO 报表系统的基本概念

（一）格式状态和数据状态

财务报表将含有数据的报表分为两大部分来处理，即报表格式设计工作与报表数据处理工作。报表格式设计工作和报表数据处理工作是在不同的状态下进行的。实现状态切换的是一个特别重要的按钮——格式/数据按钮，点取这个按钮可以在格式状态和数据状态之间切换。

1. 格式状态

在格式状态下设计报表的格式，如表尺寸、行高列宽、单元属性、单元风格、组合单元、关键字、可变区等。报表的三类公式：单元公式（计算公式）、审核公式、舍位平衡公式也在格式状态下定义。在格式状态下所做的操作对本报表所有的表页都发生作用。在格式状态下不能进行数据的录入、计算等操作。在格式状态下时，所看到的是报表的格式，报表的数据全部都隐藏了。

2. 数据状态

在数据状态下管理报表的数据，如输入数据、增加或删除表页、审核、舍位平衡、做图形、汇总、合并报表等。在数据状态下不能修改报表的格式。在数据状态下时，看到的是报表的全部内容，包括格式和数据。

（二）单元

单元是组成报表的最小单位，单元名称由所在行、列标识。行号用数字 1~9 999 表示，列标用字母 A~IU 表示。

（三）组合单元

组合单元由相邻的两个或更多的单元组成，这些单元必须是同一种单元类型（表样、数值、字符），财务报表在处理报表时将组合单元视为一个单元。可以组合同一行相邻的几个单元，可以组合同一列相邻的几个单元，也可以把一个多行多列的平面区域设为一个组合单元。组合单元的名称可以用区域的名称或区域中的单元的名称来表示。

（四）区域

区域由一张表页上的一组单元组成，自起点单元至终点单元是一个完整的长方形矩阵。在财务报表中，区域是二维的，最大的区域是一个二维表的所有单元（整个表页），最小的区域是一个单元。

（五）表页

一个财务报表最多可容纳 99 999 张表页，每一张表页是由许多单元组成的。

一个报表中的所有表页具有相同的格式，但其中的数据不同。

表页在报表中的序号在表页的下方以标签的形式出现，称为"页标"。页标用"第 1 页"~"第 99 999 页"表示。

（六）二维表和三维表

确定某一数据位置的要素称为"维"。在一张有方格的纸上填写一个数，这个数的位置可通过行和列（二维）来描述。

如果将一张有方格的纸称为表，那么这个表就是二维表，通过行（横轴）和列（纵轴）可以找到这个二维表中任何位置的数据。

如果将多个相同的二维表叠在一起，找到某一个数据的要素需增加一个，即表页号（Z 轴）。这一叠表称为一个三维表。

如果将多个不同的三维表放在一起，要从这多个三维表中找到一个数据，又需增加一个要素，即表名。三维表中的表间操作即称为"四维运算"。

（七）固定区及可变区

固定区是指组成一个区域的行数和列数的数量是固定的数目。一旦设定好，在固定区域内其单元总数是不变的。

可变区是指屏幕显示一个区域的行数或列数是不固定的数字，可变区的最大行数或最大列数是在格式设计中设定的。

有可变区的报表称为可变表。没有可变区的表称为固定表。

> **(八) 关键字**
>
> 关键字是游离于单元之外的特殊数据单元，可以唯一标识一个表页，用于在大量表页中快速选择表页。
>
> 财务报表共提供了六种关键字，关键字的显示位置在格式状态下设置，关键字的值则在数据状态下录入，每个报表可以定义多个关键字。

任务二　报表模板

任务目标

通过报表模板的学习，使学生能够独立操作财务软件完成利用报表模板生成报表、自定义报表模板等工作任务。

任务导入

1. 利用报表模板生成资产负债表；
2. 自定义报表模板。

任务解析

【子任务1】　利用报表模板生成华通机械厂2016年1月31日的资产负债表。

操作步骤如下：

第一步，执行"文件"→"新建"命令，可自动生成一张空白报表，如图8-8所示。

第二步，在格式状态下，执行"格式"→"报表模板"命令，选择所在的行业为"2007年新会计制度科目"，财务报表为"资产负债表"，如图8-9所示。

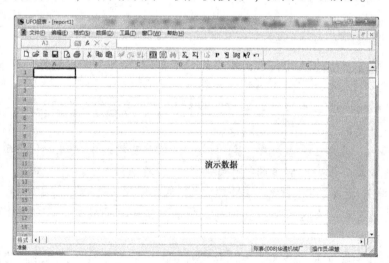

图 8-8

第三步，单击"确认"按钮，系统弹出"模板格式将覆盖本表格式！是否继续？"提示对话框，如图 8 – 10 所示。

图 8 – 9

图 8 – 10

第四步，单击"确定"按钮，即可打开"资产负债表"模板，如图 8 – 11 所示。

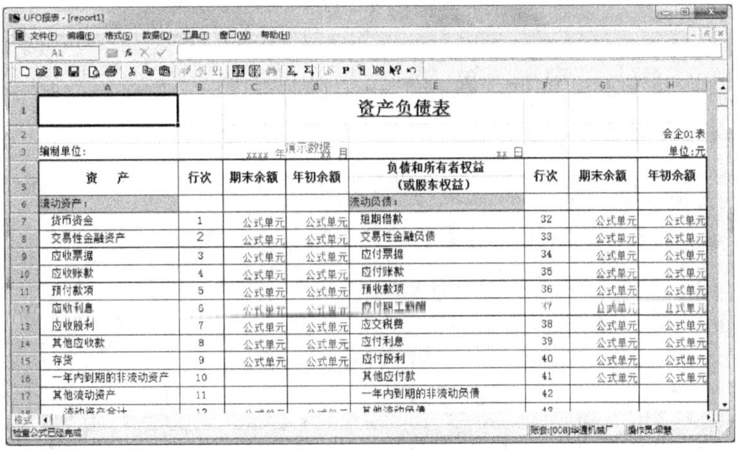

图 8 – 11

第五步，在格式状态下，执行"数据"→"关键字"→"设置"命令，如图 8 – 12 所示。

图 8 – 12

第六步，设置关键字"单位名称"、"年"、"月"、"日"，如图 8 – 13 所示。

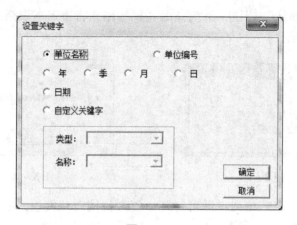

图 8-13

第七步，在数据状态下，执行"数据"→"关键字"→"录入"命令，如图 8-14 所示，打开录入关键字对话框。

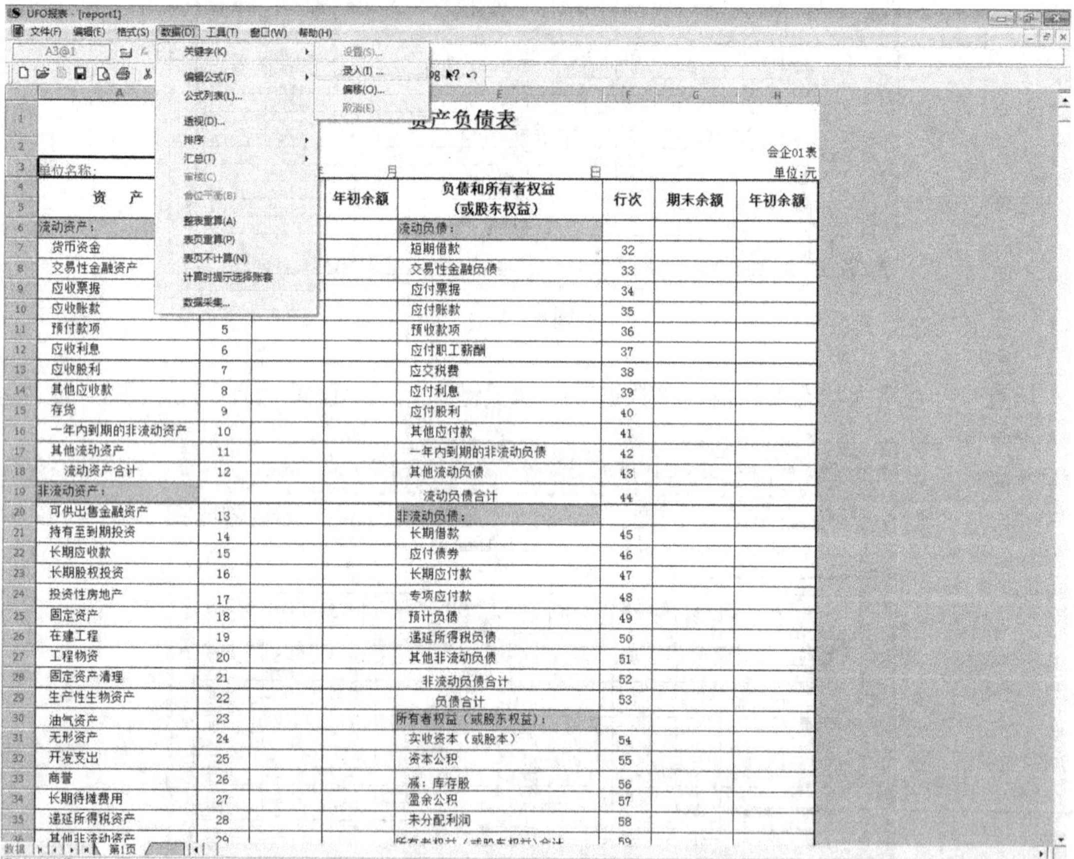

图 8-14

第八步，输入关键字，如图 8-15 所示。

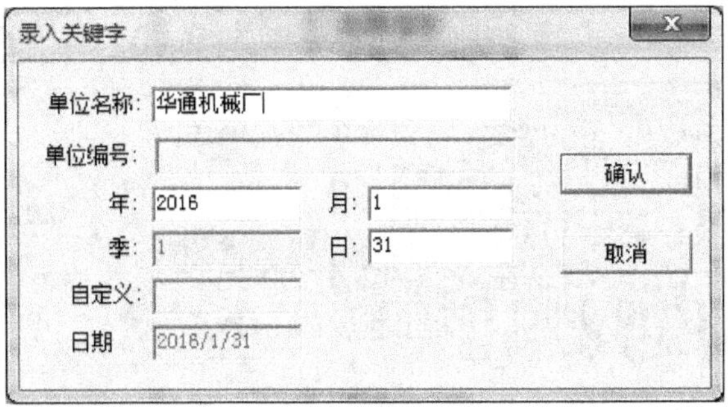

图 8-15

第九步，单击"确认"按钮，系统弹出"是否重算第 1 页？"提示对话框，如果此时就要生成有关报表数据，单击"是"按钮，否则单击"否"。以后可利用"整表重算"生成该报表。

第十步，单击"是"按钮，如图 8-16 所示。

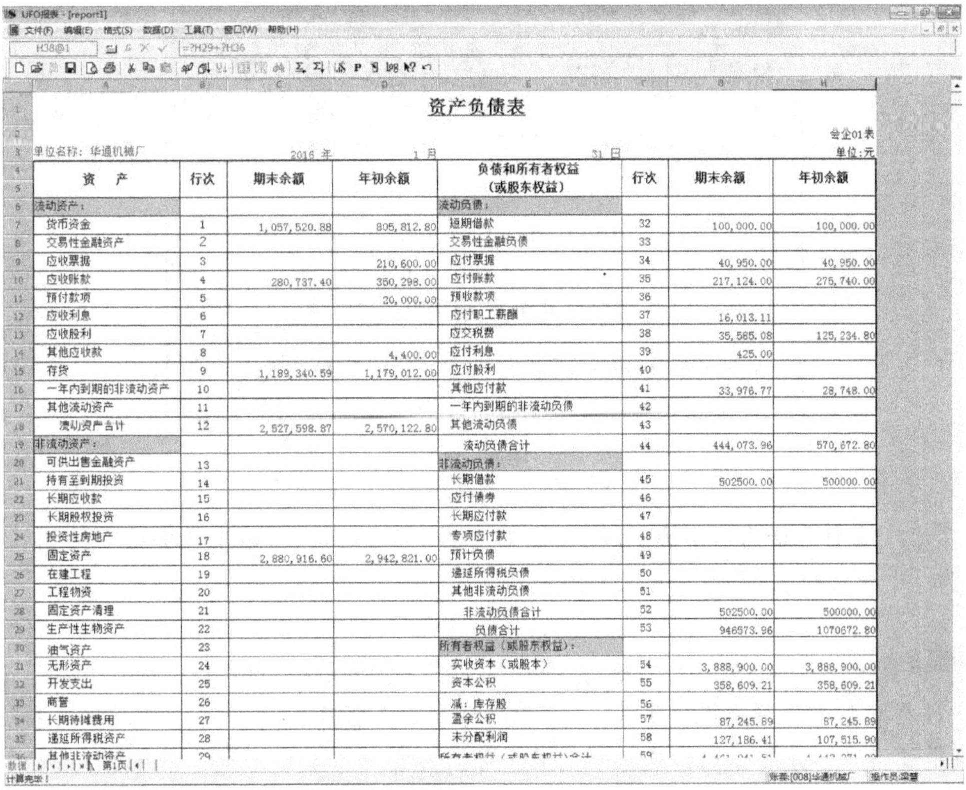

图 8-16

【子任务 2】 自定义货币资金表。

第一步，打开"格式"→"自定义模板"对话框。选择模板所属的行业名称，如图 8-17 所示。

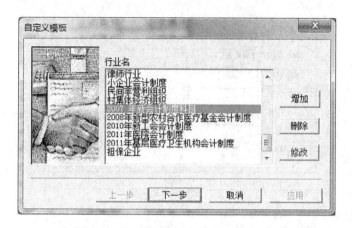

图 8-17

第二步,单击"下一步"按钮,再单击"增加"按钮,找到要定义为报表模板的文件,如图 8-18 所示。

图 8-18

第三步,选中"货币资金表.rep",单击"添加"按钮,再单击"完成"按钮,该报表便定义为一个会计报表模板。

知识链接

UFO 报表系统为用户提供了 33 个行业的标准财务报表格式。用户可以套用系统提供的标准报表格式,并在标准格式基础上根据自己单位的具体情况加以局部地修改,免去从头至尾建立报表、定义格式公式的烦琐工作。

利用报表模板可以迅速建立一张符合需要的财务报表。另外,对于一些本企业常用但报表模板没有提供标准格式的报表,在定义完这些报表以后,可以将其定制为报表模板,以后使用时可以直接调用这个模板。

财务业务一体化综合实训

第一部分　初始设置资料

一、系统管理

1. 账套信息

账套号：008；账套名称：华通机械厂；简称：华通机械；启用日期：2016 年 01 月 01 日。

地址：济南市天桥区堤口路 6 号；法定代表人：许一君；联系电话及传真：82667146。

纳税人登记号：562367007156809；开户银行：工行济南分行天桥办事处；账号：23098902（人民币户）。本币名称：人民币（代码：RMB）；行业性质：2007 年新会计制度科目（建账时按行业性质预置会计科目）。

进行经济业务处理时，无外币核算，需要对存货、客户、供应商进行分类。会计科目编码级次：42221；客户分类编码级次：22；供应商分类编码级次：22；存货分类编码级次：1222；部门编码级次：122；收发分类编码级次：12；结算方式编码级次：12。存货数量、存货单价、开票单价、件数及换算率、税率的小数均为 2。

2. 用户及其权限

（1）账套主管——张东（编号 201，口令：001），负责会计软件运行环境的建立，以及各项初始设置工作；负责会计软件的日常运行管理工作，监督并保证系统的有效、安全、正常运行；审核业务兼负责财务分析、决策支持和行业报表管理；负责供应链、财务链管理工作。

（2）会计岗位——梁慧（编号：202，口令：002）负责总账、应收应付、存货核算及会计报表计算工作。

（3）出纳岗位——李云（编号：203，口令：003），负责现金、银行存款核算、薪资及固定资产核算与管理工作。

（4）库管岗位——程林（编号：301，口令：004），负责库存管理工作。

（5）采购岗位——张明亮（编号：601，口令：005），负责采购业务的核算工作。

（6）销售岗位——董维（编号：701，口令：006），负责销售业务的核算工作。

二、基础档案

1. 部门档案

编 号	名 称	部门属性	负 责 人	电 话	地 址
1	厂办	管理	许一君	100	厂内
2	财务科	财务	张东	201	厂内
3	总务科	库房	程林	301	厂内
4	金装车间	基本生产	王洪	401	厂内
5	机修车间	辅助生产	马鸣	501	厂内
6	供应科	供应	张明亮	601	厂内
7	销售科	销售	董维	701	厂内

2. 职员档案（先设人员类别；张明亮、董维为业务员）

职员编号	职员名称	所属部门	职员属性	人员类别	性 别	学 历
101	许一君	厂办	负责人	企业管理人员	男	大本
102	林华	厂办	厂办秘书	企业管理人员	男	大本
201	张东	财务科	会计主管	企业管理人员	男	大本
202	梁慧	财务科	会计	企业管理人员	女	大本
203	李云	财务科	出纳	企业管理人员	女	大本
301	程林	总务科	保管员	企业管理人员	男	大本
401	王洪	金装车间	车间主任	车间管理人员	男	大本
402	周俊	金装车间	工人	基本生产人员	男	大专
403	于立鑫	金装车间	工人	基本生产人员	男	大专
404	钟立峰	金装车间	工人	基本生产人员	男	大专
405	朱廷	金装车间	工人	基本生产人员	男	大专
406	陈涛	金装车间	工人	基本生产人员	男	高中
407	王力	金装车间	工人（合同工）	生产工人	男	中专
408	孙海	金装车间	工人	生产工人	男	高中
501	马鸣	机修车间	工人	辅助生产人员	男	中专
601	张明亮	供应科	采购员	企业管理人员	男	大专
701	董维	销售科	销售员	销售人员	男	大本

3. 客户分类、客户档案

（1）分类：01 工业，02 商业，03 其他。

（2）档案：

客户编号	客户名称	客户简称	分类码	税务登记号	开户行	账号	地址	发展日期
001	长春轴承厂	长轴	01	658812943100782	工行长春分行	23671234	长春通安路38号	2013.08.26
002	济南钢窗厂	济钢窗	01	745233511415054	工行济南分行	30312345	济南解放路5号	2013.12.02
003	青岛华丰集团	青华丰	02	110233511410054	工行青岛分行	23012782	青岛中山路1号	2012.02.06
004	上海兴隆公司	上海兴隆	03	680233225689123	工行上海分行	02017495	上海闸北路008号	2014.05.18

4. 供应商分类（同客户分类）、档案

编号	名称	简称	分类	税务登记号	开户银行	账号	地址
001	郑州铸造厂	郑铸	01	338225533419040	工行郑州分行	88790123	郑州北京路12号
002	天津东华木器厂	东华	01	345812943100782	建行天津分行	36066134	天津平安路26号
003	北京顺达公司	顺达	02	008933511415054	工行北京分行	03011245	北京通会路116号
004	成都文强公司	文强	02	300934567891098	工行成都分行	67234062	成都劲松路18号
005	金华电机厂	金华	01	026235696332352	建行上海分行	09823452	上海长江路109号

5. 存货分类

存货分类编码	存货分类名称
1	原材料
101	原料及主要材料
102	辅助材料
103	外购半成品
2	周转材料
201	包装物
3	产成品
4	应税劳务

6. 计量单位组

计量单位组编号	计量单位组名称	计量单位组类别
01	数量单位	无换算率

计量单位：

计量单位编号	计量单位名称	所属计量单位组名称	计量单位组类别
01	吨	数量单位	无换算率
02	千克	数量单位	无换算率
03	台	数量单位	无换算率
04	套	数量单位	无换算率
05	个	数量单位	无换算率
06	千米	数量单位	无换算率

7. 存货档案

存货编号	所属分类码	存货名称	规格型号	计量单位	计划价	参考成本	参考售价	最新成本	最低售价	供应单位	最高进价
001	101	铸铁件	ZTJ	吨	3 000	3 100	3 600	2 900	3 500	郑铸	3 744
002	101	铸铝件	ZLJ	吨	20 000	20 000	38 000	21 000	37 500	郑铸	25 740
003	101	钢材	GC	吨	8 000	7 800	8 800	7 900	8 600	郑铸	9 360
004	102	润滑油	RHY	千克	3.9	4	4.8	4	4.6	顺达	4.914
005	102	油漆	YQ	千克	10	11	17	10	16	顺达	12.87
006	103	电动机	DDJ	台	800	810	880	810	860	金华	971.1
007	103	轴承	ZC	套	350	360	450	340	430	文强	421.2
008	103	电器元件	YJ	个	20	22	30	21	28	文强	26.91
009	201	木箱	MX	个	400	410	490	400	480	东华	491.4
010	3	钻床		台	30 000	31 000	60 000	30 500	58 000		
011	4	运输费		千米	20	20		20			

存货属性：1 类、2 类存货属性为外购、生产耗用；3 类为内销、自制；4 类为应税劳务。

除运输费税率 11% 以外，其他存货税率 17%。

8. 总账初始

选项：凭证制单时，采用序时控制，进行支票控制与资金及往来科目赤字控制；不允许修改他人填制的凭证，制单权限不控制到科目，出纳凭证必须由出纳签字。数量小数位和单价小数位 2 位，部门、个人按编码方式排序。

(1) 会计科目及期初数据：（客户往来在应收系统核算，供应商往来在应付系统核算）

科目名称	方向	辅助账类型	账页格式	期初余额
库存现金（1001）	借	日记账	金额式	4 332.8
银行存款（1002）	借		金额式	751 480
工行存款（100201）	借	银行账、日记账	金额式	751 480
其他货币资金（1012）	借		金额式	50 000
银行汇票（101201）	借		金额式	50 000
应收票据（1121）	借		金额式	210 600
银行承兑汇票（112101）	借	客户往来	金额式	210 600
应收账款（1122）	借	客户往来	金额式	351 000
预付账款（1123）	借	供应商往来	金额式	20 000
其他应收款（1221）	借		金额式	4 400
应收职工借款（122101）	借	个人往来	金额式	4 400
坏账准备（1231）	贷		金额式	702
原材料（1403）	借		金额式	1 025 312
库存商品（1405）	借		金额式	152 500
周转材料（1411）	借		金额式	1 200
固定资产（1601）	借		金额式	4 333 000
累计折旧（1602）	贷		金额式	1 390 179
固定资产清理（1606）	借		金额式	
无形资产（1701）	借		金额式	
短期借款（2001）	贷		金额式	100 000
应付票据（2201）	贷		金额式	40 950
商业承兑汇票（220101）	贷	供应商往来	金额式	40 950
应付账款（2202）	贷		金额式	275 740
应付货款（220201）	贷	供应商往来	金额式	259 740
应付暂估款（220202）	贷		金额式	16 000
应付职工薪酬（2211）	贷		金额式	
工资（221101）			金额式	
工会经费（221102）			金额式	
职工教育经费（221103）			金额式	
养老保险费（221104）			金额式	
单位（22110401）			金额式	
应交税费（2221）	贷		金额式	125 234.8

续表

科目名称	方向	辅助账类型	账页格式	期初余额
应交增值税（222101）	贷		金额式	
进项税额（22210101）	贷		金额式	
销项税额（22210102）	贷		金额式	
未交增值税（222102）	贷		金额式	79 658
应交企业所得税（222103）	贷		金额式	37 415
应交个人所得税（222104）	贷		金额式	196
应交城建税（222105）	贷		金额式	5 576.06
应交教育费附加（222106）	贷		金额式	2 389.74
其他应付款（2241）	贷		金额式	28 748
长期借款（2501）	贷		金额式	500 000
本金（250101）	贷		金额式	500 000
利息（250102）	贷		金额式	
实收资本（4001）	贷		金额式	3 888 900
资本公积（4002）	贷		金额式	358 609.21
盈余公积（4101）	贷		金额式	87 245.89
法定盈余公积（410101）	贷		金额式	87 245.89
本年利润（4103）	贷		金额式	
利润分配（4104）	贷		金额式	107 515.9
提取盈余公积（410401）	贷		金额式	
应付利润（410402）	贷		金额式	
未分配利润（410403）	贷		金额式	107 515.9
生产成本（5001）	借		金额式	
基本生产成本（500101）	借		金额式	
金装车间（50010101）	借		金额式	
钻床（5001010101）	借		金额式	
直接材料（50010101011）	借		金额式	
直接人工（50010101012）	借		金额式	
制造费用（50010101013）	借		金额式	
辅助生产成本（500102）	借		金额式	
工资（50010201）	借		金额式	
工会经费（50010202）	借		金额式	
职工教育经费（50010203）	借		金额式	

续表

科目名称	方向	辅助账类型	账页格式	期初余额
养老保险费（50010204）	借		金额式	
折旧费（50010205）	借		金额式	
制造费用（5101）	借		金额式	
工资（510101）	借		金额式	
工会经费（510102）	借		金额式	
职工教育经费（510103）	借		金额式	
养老保险费（510104）	借		金额式	
折旧费（510105）	借		金额式	
其他（510106）	借		金额式	
主营业务收入（6001）	贷		金额式	
主营业务成本（6401）	借		金额式	
销售费用（6601）				
工资（660101）	借		金额式	
工会经费（660102）	借		金额式	
职工教育经费（660103）	借		金额式	
养老保险费（660104）	借		金额式	
管理费用（6602）				
工资（660201）	借		金额式	
工会经费（660202）	借		金额式	
职工教育经费（660203）	借		金额式	
养老保险费（660204）	借		金额式	
折旧费（660205）	借		金额式	
其他（660206）	借		金额式	
财务费用（6603）				
利息支出（660301）	借		金额式	

注：①指定科目：库存现金为"现金总账科目"，银行存款为"银行总账科目"。

②个人往来数据：其他应收款——应收职工借款：2015年12月31日，付18号凭证，供应科张明亮出差借款4 400元。

(2) 凭证类别：

类　　别	限制类型	限制科目
收款凭证	借方必有	1001，1002
付款凭证	贷方必有	1001，1002
转账凭证	凭证必无	1001，1002

(3) 结算方式：

编　码	结算方式	票据管理标志
1	现金结算	
2	支票	√
201	现金支票	√
202	转账支票	√
3	商业汇票	
301	商业承兑汇票	
302	银行承兑汇票	
4	银行汇票	
5	电汇	
6	其他	

9. 本单位开户银行

工行济南分行天桥办事处，账号：23098902（银行档案：修改账号长度为8）。

10. 银行对账期初数据

单位日记账期初余额751 480元，对账单期初余额821 680元，有银行已收企业未收的未达账项70 200元。

日　期	结算方式	结算单号	金　额
2015.12.31	电汇	26800567	70 200

11. 薪资管理

(1) 工资账套参数：工资类别个数：多个；核算币种：人民币；代扣个人所得税；不进行扣零处理。

(2) 工资类别：正式工、合同工。

正式工所在部门为所有部门；合同工所在部门为金装车间。

(3) 数据权限设置：203李云为"正式工"和"合同工"的工资类别主管。

(4) 人员附加信息：学历。

(5) 工资项目：

项目名称	类　型	长　度	小　数　位	工资增减项
基本工资	数字	8	2	增项
岗位工资	数字	8	2	增项
奖金	数字	8	2	增项
交通补贴	数字	8	2	增项
加班天数	数字	8	2	其他
加班费	数字	8	2	增项

续表

项目名称	类 型	长 度	小 数 位	工资增减项
工龄	数字	8	2	其他
日工资	数字	8	2	其他
事假天数	数字	8	2	其他
事假扣款	数字	8	2	减项
病假天数	数字	8	2	其他
病假扣款	数字	8	2	减项
应发工资	数字	8	2	其他
计税基数	数字	8	2	其他
养老保险金	数字	8	2	减项
代扣税	数字	8	2	减项
扣款合计	数字	8	2	减项
实发合计	数字	8	2	增项

(6) 正式工的初始设置：

① 人员档案：见基础档案2（除407王力和408孙海为合同工，其他全部为正式工；全部人员均为中方人员；通过工商银行代发工资；账号长度8位；按人员档案编号顺序分别为：20988101～20988115）。

② 工资项目：基本工资、岗位工资、奖金、交通补贴、工龄、日工资、事假天数、事假扣款、病假天数、病假扣款、应发工资、计税基数、养老保险金。

③ 计算公式：

岗位工资：IFF(人员类别＝"企业管理人员",900,IFF(人员类别＝"辅助生产人员",800,850))

奖金：IFF(人员类别＝"企业管理人员",300,400)

交通补贴：IFF(人员类别＝"销售人员",300,200)

日工资：(基本工资＋岗位工资＋奖金)/20.92

病假扣款：IFF(工龄＞＝10,日工资*病假天数*0.2,IFF(工龄＞＝5 AND 工龄＜10,日工资*病假天数*0.3,日工资*病假天数*0.5))

事假扣款：事假天数*日工资

养老保险金：应发工资*0.08

计税基数：基本工资＋岗位工资＋奖金－病假扣款－事假扣款－养老保险金

应发工资：基本工资＋岗位工资＋奖金＋交通补贴－事假扣款－病假扣款

④ 扣税设置：对应工资项目（计税基数）；扣税基数3 500元。

(7) 合同工的初始设置：

① 人员档案：见基础档案2（407王力和408孙海为合同工，中方人员；工行代发；账号长度8位，分别为20988116、20988117）。

② 工资项目：基本工资、加班天数、加班费、应发工资、计税基数、养老保险金。

③ 计算公式：

加班费：加班天数×50

应发工资：基本工资+加班费

计税基数：基本工资+加班费

养老保险金：应发工资×0.08

④ 扣税设置：对应工资项目（计税基数）；扣税基数3 500。

12. 固定资产管理

选项：按平均年限法（一）计提折旧，折旧分配周期为1个月。类别编码方式为：2112；固定资产编码方式：类别编码+部门编码+序号自动编码，卡片序号长度：3；要求与账务系统进行对账，固定资产对账科目：固定资产；累计折旧对账科目：累计折旧，在对账不平的情况下不允许月末结账。月末结账前一定要完成制单登账业务；固定资产默认入账科目：1601；累计折旧默认入账科目：1602。

（1）资产类别：

编　　码	类别名称	净残值率	单　　位	计提属性
01	房屋建筑物	4%		总计提
011	生产用	4%		总计提
012	非生产用	4%		总计提
02	通用设备	4%		正常计提
021	生产用	4%		正常计提
022	非生产用	4%		正常计提
03	交通运输设备	4%		正常计提
031	生产用	4%	辆	正常计提
032	非生产用	4%	辆	正常计提
04	电子设备	4%		正常计提
041	生产用	4%	台	正常计提
042	非生产用	4%	台	正常计提

（2）部门对应折旧科目：

部　　门	对应折旧科目
1厂办、2财务科、3总务科	管理费用——折旧费
4金装车间	制造费用——折旧费
5机修车间	生产成本——辅助生产成本——折旧费
6供应科	管理费用——折旧费
7销售科	销售费用——折旧费

（3）增减方式设置：默认系统提供的常用增减方式。

增加方式	对应入账科目	减少方式	对应入账科目
直接购入	银行存款——工行存款	出售	固定资产清理
投资者投入	实收资本	盘亏	待处理财产损溢
捐赠	营业外收入	投资转出	固定资产清理
盘盈	以前年度损益调整	捐赠转出	固定资产清理
在建工程转入	在建工程	报废	固定资产清理
融资租入	长期应付款	毁损	固定资产清理

（4）原始卡片（固定资产使用状态：在用）：

固定资产名称	类别编号	所在部门	增加方式	使用年限	开始使用日期	原值	累计折旧	对应折旧科目名称
办公楼	012	厂办	在建工程转入	30	2005.3.14	1 500 000	522 450	管理费用
厂房	011	金装车间	在建工程转入	30	2005.3.1	1 200 000	417 960	制造费用
厂房	011	机修车间	在建工程转入	30	2005.3.14	500 000	174 150	生产成本－辅助生产成本
车床	021	金装车间	直接购入	10	2013.3.1	80 000	21 120	制造费用
铣床	021	金装车间	直接购入	10	2013.3.23	180 000	47 520	制造费用
刨床	021	金装车间	直接购入	10	2013.3.1	20 000	5 280	制造费用
钳工平台	021	金装车间	直接购入	10	2013.3.1	70 000	18 480	制造费用
数控车床	021	金装车间	直接购入	10	2013.5.25	165 000	40 920	制造费用
原料库	012	总务科	在建工程转入	30	2005.3.1	100 000	34 830	管理费用
成品库	012	总务科	在建工程转入	30	2005.3.1	250 000	87 075	管理费用
汽车	032	厂办	直接购入	10	2015.3.30	250 000	18 000	管理费用
复印机	042	厂办	直接购入	6	2015.2.26	12 000	1 596	管理费用
微机	042	财务科	直接购入	6	2015.2.28	6 000	798	管理费用

13. 采购管理

（1）单据编号设置：采购、销售、运费发票完全手工编号。
（2）仓库档案：

仓库编码	仓库名称	所属部门	仓库地址	电话	负责人	计价方式
1	材料库	总务科	厂内	301	程林	移动平均
2	成品库	总务科	厂内	301	程林	全月平均

(3) 收发类别：

收发类别编码	收发类别名称	收发标志
1. 入库		
101	生产采购入库	收
102	产成品入库	收
2. 出库		
201	销售出库	发
202	生产领用出库	发

(4) 采购类型：

采购类型编码	采购类型名称	入库类别	是否默认值
1	生产采购	生产采购入库	是

(5) 采购期初数据（仓库：材料库）：

单据名称	单据类型	入库时间	供应商名称	业务员	货物名称	数量	单位成本	金额
入库单	生产采购	2015-12-31	金华	张明亮	电动机	20	800	16 000

14. 销售管理

业务控制参数：无委托代销业务；新增发票参照发货单生成，其他默认系统参数。

(1) 销售类型：

销售类型编码	销售类型名称	出库类型	是否默认值
1	产品销售	销售出库	是
2	材料销售	销售出库	否

(2) 费用项目（费用项目分类：代垫费用）：

费用项目编码	费用项目名称
01	运输费
02	其他

15. 存货管理

业务控制参数：存货暂估方式：月初回冲；销售成本核算方式：销售出库单。

(1) 期初数据：

存货名称	计量单位	结存数量	单价	入库日期	部门	科目
原料及主要材料						
铸铁件	吨	10	3 000	2013-10-12	供应科	1403
铸铝件	吨	2	20 000	2014-01-06	供应科	1403

续表

存货名称	计量单位	结存数量	单 价	入库日期	部 门	科 目
钢材	吨	105	8 000	2013-09-06	供应科	1403
辅助材料						
润滑油	千克	80	3.9	2014-12-11	供应科	1403
油漆	千克	1500	10	2012-02-11	供应科	1403
外购半成品						
电动机	台	50	800	2014-10-20	供应科	1403
轴承	套	80	350	2014-01-20	供应科	1403
电器元件	个	1600	20	2013-10-11	供应科	1403
周转材料						
木箱	个	3	400	2014-10-11	供应科	1411
产成品						
钻床		5	30 500	2015-10-30	金装车间	1405

(2) 存货科目:

仓 库	存货分类	存货科目
材料库 1	原料及主要材料 101	原材料 1403
	辅助材料 102	原材料 1403
	外购半产品 103	原材料 1403
	周转材料 2	周转材料 1411
成品库 2	产成品 3	库存商品 1405

(3) 对方科目:

分 类	收发类别编码	对方科目
入库分类	1	
生产采购入库	101	1402
产成品入库	102	50010101011
出库分类		
生产领用	202	50010101011
销售出库	201	6401

16. 库存管理

修改、取数、审核并对账。

17. 应付款管理

选项:按单据核销应付款;控制科目依据:按供应商;采购科目依据:按存货;受控科

目制单方式：明细到供应商。

(1) 基本科目设置：

科目	编码	科目	编码
应付科目	220201	采购科目	1402
预付科目	1123	税金科目	22210101

(2) 结算方式科目设置：

结算方式	科目	结算方式	科目
现金结算	库存现金（1001）	转账支票	银行存款/工行存款（100201）
现金支票	银行存款（100201）		

(3) 期初数据：应付账款、预付账款（结算方式：电汇 20 000）余额：

单据名称	单据类型	方向	开票日期	供应商名称	部门	业务员	科目编码	货物名称	数量	单位成本	增值税发票号	价税合计
采购发票	专用发票	贷	2015-05-16	郑铸	供应科	张明亮	220201	铸铁件	20 吨	3 200	36098015	74 880
采购发票	专用发票	贷	2015-12-28	郑铸	供应科	张明亮	220201	钢材	20 吨	7 900	26009560	184 860
预付款	付款单	借	2015-11-24	文强	供应科	张明亮	1123	木箱	50 个	400		20 000

应付票据期初余额：

单据名称	单据类型	方向	票据编号	签发日期	收票单位	到期日	科目编码	票据面值
应付票据	商业承兑汇票	贷	SD543218	2015-11-15	顺达	2016-2-15	220101	40 950

8. 应收款管理

选项：按单据核销应收款；坏账处理方式：应收余额百分比法；代垫费用类型：其他应收单；受控科目制单方式：明细到客户；控制科目依据：按客户；销售科目依据：按存货；录入发票时，显示提示信息。

(1) 基本科目设置：

科目	编码	科目	编码
应收科目	1122	税金科目	22210102
销售收入科目	6001	银行承兑科目	112101

(2) 结算方式科目设置：

结算方式	科目	结算方式	科目
现金结算	库存现金（1001）	转账支票	银行存款/工行存款（100201）
现金支票	银行存款/工行存款（100201）	电汇	银行存款/工行存款（100201）

(3) 坏账准备设置：

项目	设置	项目	设置
提取比率	0.2%	坏账准备科目	1231
坏账准备期初余额	702	对方科目	6701

(4) 账龄区间设置：

序号	总天数	序号	总天数
01	30	03	90
02	60	04	120

(5) 报警级别设置：

序号	总比率/%	级别名称	序号	总比率/%	级别名称
01	10	A	03	50	C
02	30	B	04	100	D
			05		E

(6) 期初数据如下：应收账款期初余额：

单据名称	单据类型	方向	开票日期	客户名称	部门	业务员	科目编码	货物名称	数量	增值税发票号	价税合计
销售发票	专用发票	借	2014-6-15	长轴	销售科	董维	1122	钻床	4台	23670945	280 800
销售发票	专用发票	借	2015-8-18	上海兴隆	销售科	董维	1122	钻床	1台	56908900	70 200

应收票据期初余额：

单据名称	单据类型	方向	票据编号	签发日期	开票单位	收到日期	到期日	承兑银行	科目编码	票据面值
应收票据	银行承兑汇票	借	YD626801	2015-10-29	济钢窗	2015-10-29	2016-01-29	工商银行	112101	210 600

第二部分　经济业务

1. 2016年1月份发生的经济业务如下：

（1）1日，冲销上月暂估入账的20台电动机。（存货核算系统）

（2）1日，收到上海兴隆公司电汇款70 200元，票号26800567。（应收款管理系统）

（3）3日，以电汇方式归还郑州铸造厂部分欠款100 000元，票号35680893。（应付款管理系统）

（4）5日，录入正式工、合同工工资数据、计算并汇总，签发转账支票一张，支票号54819521，委托工商银行代发工资，并代扣养老保险金及个人所得税。（薪资管理系统）

本月的职工工资及考勤情况如下表。

正式工：

职员编号	职员名称	所属部门	基本工资	工　龄	事假天数	病假天数
101	许一君	厂办	4 900	25		
102	林华	厂办	2 400	12		
201	张东	财务科	3 950	26		
202	梁慧	财务科	2 238	10		1
203	李云	财务科	2 120	5		
301	程林	总务科	2 098	14		
401	王洪	金装车间	3 259	18		
402	周俊	金装车间	2 925	15		
403	于立鑫	金装车间	2 796	12		
404	钟立峰	金装车间	2 216	11		
405	朱廷	金装车间	2 075	8		
406	陈涛	金装车间	1 920	5	1	
501	马鸣	机修车间	2 050	7		
601	张明亮	供应科	3 076	16		
701	董维	销售科	2 121	9		

合同工：

职员编号	职员名称	所属部门	基本工资	加班天数
407	王力	金装车间	1 600	7
408	孙海	金装车间	1 600	8

（5）8日，供应科张明亮出差归来，报销差旅费4 580元，出纳员以现金补足差额。（总账系统）

（6）10日，张明亮回厂交来郑州铸造厂的增值税专用发票一张，发票号75330006，发票列明铸铁件10吨，单价3 000元，铁路运费3 000元，货运增值税专用票号56125031，材料已验收入库，款未付。（采购管理系统、库存管理系统、应付款管理系统、存货核算系统）

（7）11日，2013年12月从金华电机厂购进20台电动机的账单已到，单价810元，增值税专用发票发票号45356400，款未付。（采购管理系统、应付款管理系统、存货核算系统）

（8）12日，生产领用材料如下表。（库存管理、存货核算）

部门		原料及主要材料			辅助材料		外购半成品		
		铸铁件	铸铝件	钢材	润滑油	油漆	电动机	轴承	电器元件
金装车间	钻床	10	1	50	50	1 000	20	60	1 200

（9）15日，通过工行缴纳上月应交未交增值税79 658元，企业所得税37 415元，城建税5 576.06元和教育费附加2 389.74元，代缴上月已代扣的个人所得税196元。当日收到电子缴税支付凭证，票号2300081200040209。（总账系统）

（10）15日，按合同发给青岛华丰集团钻床3台，每台60 000元（无税单价），增值税发票号65889102，代垫铁路运费500元，以转账支票支付给市火车站，支票号54819522，全部货税款已办理银行汇票进账手续，票据号29004508。（销售管理系统、应收款管理系统、库存管理系统）

（11）16日，成都文强公司发来包装用木箱50个，单价410元，增值税专用发票号70207015，并结算预付款，差额以转账支票补付，支票号54819523。木箱已验收入库。（采购管理系统、库存管理系统、应付款管理系统、存货核算系统）

（12）20日，以票号54819524转账支票购买微机1台，当月交厂办使用。微机价值5 000元，预计使用6年，预计净残值率为4%，按平均年限法计提折旧，增值税率17%。（固定资产系统）

（13）29日，收到济南钢窗厂银行承兑汇票款210 600元，票号YD626801。（应收款管理系统）

（14）31日，计提坏账准备。（应收款管理系统）

（15）月末计提本月固定资产折旧。（固定资产系统）

（16）出售金装车间钳工平台一台，收款56 000元，转账支票09823508，增值税率17%，原价70 000元，已提折旧19 040元，结转处理固定资产净损益。（固定资产系统、总账系统）

（17）31日，分配工资费用并制单。（薪资管理系统）

（18）31日，按应发工资的2%计提工会经费、2.5%计提职工教育经费、20%计提养老保险金并制单。（薪资管理系统）

（19）31日，分配机修车间费用。（全部由金装车间负担）（总账系统）

（20）分配制造费用。（总账系统）

（21）结转金装车间完工入库产成品钻床10台的成本，其中，直接材料277 339.3元，工资薪酬12 426.2元，制造费用11 984.75元。（库存管理系统、存货核算系统）

（22）月末结转已销售产品成本。（存货核算系统）

(23) 计算本月借款利息（短期借款、长期借款年利率分别为5.1%和6%）。(总账系统)

(24) 计算本期应交未交增值税。(总账系统)

(25) 按流转税的7%、3%计算本期应交城建税、教育费附加。(总账系统)

(26) 月末结转期间损益。(总账系统)

(27) 计算企业所得税并结转损益。(总账系统)

2. 2016年1月银行对账单

日　　期	结算方式	票　　号	借方金额	贷方金额	余　　额
2016-01-03	电汇	35680893		100 000	
2016-01-05	转账支票	54819521		59 942.12	
2016-01-15	其他	2300081200040209		125 234.8	
2016-01-15	转账支票	54819522		500	
2016-01-15	银行汇票	29004508	210 600		
2016-01-16	转账支票	54819523		3 985	
2016-01-20	转账支票	54819524		5 850	
2016-01-29	银行承兑汇票	YD626801	210 600		

第三部分　财务决策

1. 计算生成资产负债表、利润表

2. 变现能力分析：流动比率、速动比率、存货周转率、应收账款周转率、流动资产周转率、资产负债率、产权比率

3. 盈利能力分析：销售净利率、销售毛利率、资本金利润率、销售成本率